Children and Family Ministry Handbook

キッズ＆ファミリー ミニストリー ハンドブック

サラ・フラナリー ［著］
Sarah Flannery

杉本玲子 ［訳］

いのちのことば社

推薦のことば

　本書は米国の中東部に位置するケンタッキー州の合同メソジスト教会において、15年以上の実践経験を持つ女性教師、サラ・フラナリー（Sarah Flannery）先生によって書かれています。ハンドブックというタイトルにもあるように、取り扱う内容は多岐にわたっています。乳児期の子どもから思春期の若者、さらにその親や保護者までをも対象とし、それぞれの信仰の成長や心のケアにつながるカリキュラムやプログラムが、先生ご自身の豊かな経験談を交えつつ、具体的に紹介されています。フラナリー先生は、親（保護者）になることを神からの召し（calling）であると位置づけています。したがってファミリーを対象にした信仰教育やケアは、牧師や教会学校教師の役割でありつつも、信者である子どもの親（保護者）が率先してそれに関わること（イニシアチブをとること）が重要であると語ります。親（保護者）をもミニストリーの対象と位置づけることは、まずそのための第一歩であると言えるでしょう。

　本書の特徴は、教会とそこにつながるファミリー（広い意味での家族）を統合的（holistic）に捉えているという点にあります。そこではキリストを中心にしてなされる教会の礼拝、学び、そしてケアにおいて、常に年齢横断的（intergenerational）なアプローチが心がけられています。20世紀中盤以降の多くの米国の教会では、対象者を年齢層で細かく区切り、それぞれに対して独自の方法を用いたミニストリーが展開されてきました。もちろん各年齢層には、特有の必要や発達の課題があり、そこに注力すること自体に大きな問題があるわけではありません。しかし細分化が進んでしまったことにより、教会全体の一致や団結（unity）が結果として犠牲になってしまうことが多かったという経緯があります。2020年に出版された本書では、それぞれの年齢層特有の現代的な必要や課題をしっかりと押さえつつも、常に統合的（年齢横断的）な視点からのミニストリーのアプローチが提案されています。

　ミニストリーの統合性を担保するための方策の基本として、本書では信仰者による傾聴（holy listening）の重要性が強調されています。教会教育はともすれば、聖書の内容を生徒に対して一方的に伝える（教える）という方向性に偏りがちです。英語のNIV訳聖書では、ギリシア語のdiakoniaということばが、ministry（ミニストリー）と訳されています。同じことばの動詞形、diakoneoは、新改訳聖書では、「もてなす」そして「仕える」と訳されています。ミニストリーにおいて、福音を「伝える」、聖書を「教える」といった教師による能動的な働きが必要不可欠であることは言うまでもありません。しかしそれらの働きは、まずミニストリーの対象者に「仕える者」としてへりくだり、そして「対象者の状態や必要」にしっかりと目を向けた上で行わなくてはなりません。誰かに仕えるには、まず仕える対象とその必要を知らなければならないからです。教師による受動的な働き、つまり対象者を知り、その必要を理解することもファミリーミニストリーの大切な要素であることが、本書の中では強く印象づけられています。著者はまた、祈り、献金、聖餐式、洗礼式（信仰告白式）といった礼拝の伝統的な要素がミニストリーにおいて果たす役割を、教会形成のみならず、クリスチャンによる家庭形成にとっても重要であると主張します。そしてそれらを教会と家庭が共に、そして積極的にミニストリーにおいて活用することを奨励しています。

　本書は、近年の米国の教会で大きな課題となっている離婚やLGBTとファミリーミニストリーの関連性についても言及しています。そこには米国の合同メソジスト教会の一般的な神学的立場が少なからず反映されていると思いますが、フラナリー先生は、それらに関する神学的論考や倫理的境界線を引くことにではなく、生活の現場において実際に悩み苦しんでいる人が必要とするミニストリーのあり方に焦点を当てた実践的な方法を紹介しています。

　本書の著者は米国人であり、その考察はおもに今日の米国の教会を対象になされていますので、そのような文脈において書かれた本として読むことが必要でしょう。しかし、聖なる公同の教会の一員であり、現代の米国と重なる社会背景を有する日本の教会が学べる点はとても多いと思います。翻訳者である杉本玲子先生は、日本におけるキリスト教教育の専門家として、その点をしっかりと考慮した上で翻訳されておられます。本書は、日本のプロテ

スタントの主流派や福音派といった垣根を越え、ファミリーミニストリーの
実践に従事する者にとって非常に有用な著作であると確信します。

東京基督教大学大学院教授

岡村直樹

目　次

第 **1** 章

教会の全世代と家族へのミニストリー

ナザレの近所でのうわさ話

　マリアが妊娠して、地元の人たちはどんなうわさをしたか、想像したことがありますか。イエスの誕生について、どのようにささやき合ったのでしょうか。私は、幼少期のイエスが庭に飛び出した場面を思い浮かべます。私の想像では、それを見た近所の2人の会話は次のような感じかもしれません。

隣人Ａ：あの子の生まれた時の話、知ってる？　もう、絶対信じられない。すごい、うわさになっていたの。

隣人Ｂ：少し聞いたことがあるわ。ママがまだ若い時に赤ちゃんができちゃって、パパがいなかったんでしょ？

隣人Ａ：それが、神様が父親なんだって！　妊娠してすぐ、親戚の家に逃げ込んだみたい。だって、不倫とうわさされたら、結婚がだめになっちゃうじゃない。

隣人Ｂ：きっと驚いたんじゃない？　気持ちを整理して、落ち着く時間が必要だったんでしょ。

隣人Ａ：未婚の母は、まずいよね。みんなが神に祝福された良い子を育てようとしているから。

隣人Ｂ：彼女、どうしてこんなことになったのかわからないけど、守ってくれる親戚がいてよかったよね。1人だと絶対孤独で落ち込むよね。

隣人Ａ：彼女のお父さん、ずっと前に婚約相手を決めていたんだって。それなのに、急にお腹が大きくなってきて、絶対婚約解消になると思ったみたい。でも、その婚約者は結婚することにしたんだって。

自分の子どもでない他人の子を育てるのは大変。でも彼は、その子を育てることが神の御心だと言っていたわよ。

隣人Ｂ：私は、そういう家族は無理。でも、人それぞれだよね。あの子はシングルマザーの息子で、養父がいるんだ。それとも義理の父親かな？　なんて言ったらいいかわからないわ。

隣人Ａ：パパは赤ちゃんが生まれた時、その場にいたんだって。もしかして、複雑な心境だったかもね。ママが家畜小屋で赤ちゃんを産んで布で包んだ時、薄汚い羊飼いたちが押しかけてきて、ひれ伏して拝んだんだって。あの子のほかに、普通に生まれた兄弟もいるみたい。とにかく、あの複雑な家族は、何か不思議なのよ……。

ファミリーミニストリー／全世代へのミニストリー

　イエス様の家族を２人の隣人の目を通して見る時、「普通の」家族が何なのかは文化によって異なることに気づきます。ファミリーミニストリーや教会の全世代へのミニストリーは、家族に対する価値観の違いによって、様々な意味を持ちます。第１章では、現代の教会で出会う家族の事例として、イエスの家族について少し時間をかけて考えます。聖書の事例は、効果的なファミリーミニストリーを行うために、家族の定義を広げるのに役立ちます。次に、古代から現代までの家族というユニット（構成単位）の歴史を簡単に振り返って、聖書と家族の歴史的概念を、教会のミニストリーに結びつけたいと思います。

イエスの生涯の事例

　多くの家族は、ある意味でイエスの家族と共通点があります。イエスの家族のように労働者階級で、複雑で、褐色の肌のユダヤ人家族が、米国の標準的な教会に足を踏み入れたなら、教会は受け入れる準備ができていないかもしれません。イエスの時代から多くのことが変化しているのに、変わっていない点も多いと言えます。

● 予期せぬ妊娠

　天使の「恐れることはありません」ということばが耳に響いていても、マリアは聖霊によって身ごもった後、複雑な感情を抱いたことでしょう。マリアの性格のタイプはわかりませんが、両親や隣人からの批判や誤解を予想して、大きな不安を抱いたと思います。同様な境遇の女性たちが今日、直面しているのと同じ悩みと決断に直面したのです。

　2006年、米国では妊娠の約半数が予定外の妊娠であり、18〜24歳の若い女性がかなりの割合を占めています[1]。突然の妊娠は予定どおりの妊娠よりもストレスが多く、母子の健康リスクが高くなってしまいます。母親、父親、家族が、子どもの認否をどうするか、協力して育てるか別れるか、医療費をどうするか等、多くのストレスが原因で難しい決断に直面し、危機的状況に陥っています。

　ガットマッカー研究所によると、米国の10代の若者の妊娠率は1990年代にピークを迎え12％でしたが、避妊具の普及により、2013年には過去80年で最低水準まで低下しています。黒人女性で7.6％、ヒスパニック女性で6％、白人女性で3％です[2]。10代の性行為が減っているのではなく、単に性行為の結果の妊娠が減っているのにすぎません。

　教会で妊娠している10代を見かけることが減ったとしても、母親世代、また祖母の世代で何年も前のピーク時に望まない妊娠を経験し、心に傷を抱えている人が相当数いることを忘れてはいけません。

● 複雑な家族

　ミニストリーに参加する子どもの中には、イエスが実子でなかったということに共感する子どももいます。親子関係は誰にとっても複雑なものですが、継父母と継子の関係はさらに複雑です。ヨセフは良い父親として愛情を注いでイエスを養い育てたと想像しますが、2人の関係については、実はよくわかっていません。ただ、イエスがヨセフから大工の仕事を学んだということは、少なくともヨセフがイエスの人生に寄り添い、家族としてイエスを受け入れていたことを示しています。また、御使いを通して神がヨセフに語られた時、ヨセフが導きに従ったこともわかっています。実の親であれ、里親で

あれ、養父母であれ、すべての親は、神の御声に従ったヨセフの例に倣うことによって祝福されるでしょう。

継父の半数近くが、継子を愛することは実子よりも難しいと答えていますが、継父は継子と愛情深く、権威的で健全な関係を築くことが多いという調査結果が出ています[3]。継父母と子どもとの関係性は、家庭内の夫婦関係によって影響を受けます。健全な結婚生活による満足感は、継父母と子どもたちの絆を深めます。

●貧困にあえぐ家族

イエスの家族が貧しかったのか、普通の労働者階級だったのかはわかりませんが、社会の上流階級に属していなかったことは明らかです。大工という職業はブルーカラーで、神殿で幼子イエスのためにささげた鳩は、貧しい人のいけにえとして知られていました。家族は貧しい地域の質素な家に住み、収入の少ない家庭と同じように出費を気にしながら生活していたと考えられます。イエスの生い立ちが宣教に影響を与えたことは間違いないでしょう。裕福な宗教指導者に対して謙遜になるよう厳しく教えられましたし、弱さを抱えている人に対する深い共感も、幼少期の経験から培われたものかもしれません。

幼少期の貧困は、虐待、離婚、投獄、家庭での薬物乱用などといった有害な経験と相関関係があるということが、研究によって明らかにされています[4]。この結果は残念ですが、社会経済的地位が低いことは、恥でも不名誉でもありません。ミニストリーのリーダーや家族にとって、経済的な葛藤は隠しておきたいという誘惑があります。沈黙しているとますます恥ずかしく思えてしまいます。イエスも貧しかったのですから、何も恥じることはありません。

家族とは何か

イエスの家族構成は、典型的なステレオタイプとは違っていて、家族の概念が再構築される必要があることを示しています。本章の目的は、マリア、

ヨセフ、そしてイエスが問題なく属することのできる教会のミニストリーを構築するための基礎を固めることです。ファミリーミニストリー、そして世代を超えたミニストリーとは何でしょうか。この微妙で複雑な定義に取り組むために、可能な限り柔軟に考えていきましょう。

　まず、「家族」ということばが非常に厄介です。このことばの意味は、それぞれの家族関係や経験、またはその欠如によって、一人ひとり異なるものとなっています。家族を定義してくださいと言われたら、多くの人が、愛に基づく関係、支えてくれる人、安心できる場所、信頼できる人のいる場所などと話すでしょう。すばらしいことです。しかし同時に、すべての人に当てはまるわけではありません。家庭で虐待や拒絶、ネグレクトを経験した人にとって、このような配慮に欠ける視点がいかに排他的で残酷であるかを考慮しなければ、ミニストリーのリーダーは問題に直面することになるでしょう。

　家族関係の経験が人によって大きく違うように、「家族」の定義も人によってかなり異なります。ミニストリーのリーダーは、多様な家族構成を包括する形で「家族」を定義することが大切です。合同メソジスト教会の『規約』から、「家族」の定義の一部を紹介します。

　　　　私たちは、家族が、相互の愛、責任、尊敬、誠実によって人々が育まれ、守られる基本的な人間の共同体であると信じます。……また、家族とは、親子の2世代のユニット（核家族）よりも幅広い選択肢を含むものであると理解します。[5]

　上記の定義のように、家族についての考えは1つだけではありません。まず、構造上の核となる定義があります。この定義に当てはまる家族は、多くの米国人の頭の中にある家族像、つまり、お父さん・お母さん・子どもたちに相当します。しかし、あとで触れますが、このような家族の捉え方は歴史的に見てもかなり新しいものです。このカテゴリーに当てはまる家族は現在、少数派で、過去にも多くありません。

　結婚している両親と2人の子どもという構造は、ある意味、規範的で社会において理想的な家族のモデルとなっています。米国のクリスチャンの多く

は、すべての家族がこの形でなくても、完璧な世界における家族のあるべき姿であると信じています。けれども私は、家族に関して言えば、完璧な世界など存在しないし、完璧な家族も存在しないと考えています。これは、ファミリーミニストリーの計画を立てる際の大切な前提です。

　家族についての核となる構造上の定義ではなく、家族の機能面に注目してほしいと思います。家族は法律的、生物学的、理想的な関係だけで構成されていると理解するのではなく、機能面、すなわち家族が実際にどのようなもので、どのように関係し合っているか、現実的な視点から理解するのです。機能的な家族観は、家族を構成する様々な関係を許容します。ダイアナ・ガーランドの著書 *Family Ministry* によれば、家族とは「役割、約束、力の分配によって特徴づけられる人々の集まり」であり、その中で人々は所属欲求を満たし、人生の目的と生活資源を共有しているのです。[6]

　この広い定義のもとでは、養子のいる単身者、妊娠中の 10 代の若者を受け入れるパートナー、孫を育てる祖父母、実子を持つ同性カップルも受け入れる余地があります。私はそれぞれの家族形態の正当性について、読者を説得しようとしているのではありません。その議論は他の本が取り上げるでしょう。でも、教会は罪のない完璧な人間のための場所でないということには賛同していただけると思います。むしろ教会は、不完全な人間が他の不完全な人間と正直な関係を持ちながら、神の姿に似るように造り変えられていく場所なのです。

　家族をどのように定義するかは、ファミリーミニストリーを計画し、企画する段階において非常に重要です。私たちの多くは、どのような家族でもミニストリーに迎え入れたいと正直に言うことができると思いますし、その願いに安心感を持つことができます。しかし、本当の問題は、私たちが提供するイベントに、従来とは異なる形態の家族が歓迎されていると感じるかどうかということです。教会のウェブサイトを見ただけで納得してくれるでしょうか。多様な家族を含めた企画になっているでしょうか。イベント案内の文言を選び、部屋を設定し、バナーの画像を選ぶ時、どんな種類の家族が参加することをイメージしているでしょうか。案内文には、大切な言外の意味が（時にあからさまな表現も）含まれていて、それが私たちの本心を物語りま

す。標準的とされない家族は、自分たちが受け入れられるかどうかを判断できるキーワードを探すでしょう。

　このように広い意味で家族を定義することに、私たちの多くは恐れを覚えますし、それはよく理解できます。その違和感を分析してみましょう。「なしくずし」という論法があります。それは次のようなものです。「『家族』ということばを、単に互いを思いやり、互いの必要を満たすすべての人々の集まりに広げてしまうと、そのことばは無意味になってしまうのではないか。そうすると教会には、家族として認められない人はいなくなってしまうのではないか」。このような議論をよく耳にしますし、自分自身もこの疑問と葛藤してきました。私が機能的家族観を肯定するようになったのには、以下の2つの理由があります。

比喩としての家族

　家族はもともと神の独創的な創造です。聖書は一貫して、神の民のすべてを家族のようにたとえています。時として神は、私たちを守る父親のようであり（詩篇91篇）、愛する者を子として訓練する（ヘブル12：6〜7）とも書かれています。また神の民は、互いに家族として接するように勧められています（Ⅰテモテ5：1〜2）。

　神の民に対する神の命令は一貫して揺るぎなく、さらにもっと包括的になるように勧めています。預言者や使徒たちは、家族としての教会に孤児ややもめの世話をするように促しました（イザヤ1：17、ゼカリヤ7：9〜10、ヤコブ1：27）。使徒パウロと同労者たちは、異邦人に教会の門戸を開くことを生涯の使命としましたが、この多様性への取り組みは、当時の選民にとって困惑に満ちたものだったに違いありません（エペソ3：6）。

　おそらく、神は私たちを家族の中に置き、最初の最も基本的な人間の経験が教会の青写真となるようにされたのでしょう。親に従い、子どもを大切にするという聖書の教えは、教会の人間関係にも反映されています。聖書全体の中で、神が機能不全の家族を通してご計画を成し遂げられたように、神は分裂して不完全な教会を通してはたらかれます。聖書によると、家族にも教

会にも、様々な役割や状況に置かれているすべての神の民が含まれ、神の国をもたらすために共に働くように召されているのです。

養子縁組

養子縁組は、私たちと神との関係を表す聖書の重要な比喩です（ローマ8：14〜17）。人間の理解を超えたすばらしい三位一体の関係によって、父なる神は、聖霊を通して、子であるイエスと共に家族の一員となるよう私たちを招かれます。神の子としての私たちのアイデンティティは、養子縁組によって実現するのです。この考えは信仰に不可欠なものです。

私たちが神の家族に養子として迎えられたように、神は私たちにも他の人々を家族に迎えるように求めておられます。親元を離れて暮らす大学生も、妻を亡くして1人でどう生きればよいかわからない男性も、居場所がなくて毎日教会でブラブラしている人も、みんな教会という家族の一員として招かれています。養子縁組によって、教会は誰一人、孤立させないという使命を与えられたのです。ある家庭が他の家庭より優れているというような家族の捉え方は、聖書の養子縁組の神学と比べてあまりにも偏っています。

時代を超えた家族

このような家族に対する神のご計画は、古代から家族がどのように発展してきたかという議論につながります。家族の絆、親子の本能的な愛など、変わらないものもありますが、家族の構成、一人ひとりの役割や目的などは、変化し続けてきました。

ギリシア語やラテン語には、現代の英語の Family に相当する単語はありません。[7]古代では、家族は「家」という文脈の中で存在していました。親戚でも、滞在客でも、奴隷でも、家にいるすべての人が家族の一員と見なされました。[8]家族の形態が大きくなるほど、その家族が力を持ち、大きな権力を行使していたのです。[9]家というと一般的に 50 〜 100 人くらいの大人数を抱えていて、経済的にも一元化されていたわけです。[10]当時は個人主義は呪いで

あり、家の中で確固たる地位にある人は、個人の利益など考えもしませんでした。人間のアイデンティティは、当然のようにその家に属する一員であることでした。やもめ、孤児、ツァラアトに冒された人など、家に属さない人は、社会で力のない存在でした。文字どおり、社会的に受け入れてもらえるカテゴリーがなく、命が常に危険にさらされていたのです。[12] 神の家族の包括性を理解する鍵として、ここでも養子制度が登場します。聖書が私たちに、追放された人々を家族に迎え入れるよう命じる時、それは神の声であり、ひとりぼっちの人生に、新しいアイデンティティを与えるのです。アブラハム、ロト、マルタとマリア、そして聖書に登場する他の人々も、旅人を家に迎え入れましたが、単におもてなし文化を実践しただけでなく、守りや支えのない人たちを迎え入れる使命があると、信念を持っていたことがわかります。

　家での生活は、すべての領域が関わり合っていました。赤ちゃんは多くのおば、祖父母、兄弟、そして上流階級では使用人によって世話され、[13] 子どもたちはいとこ、使用人、奴隷、年長者と共に家業に従事し、[14] 食事は家全体で共有していました。[15] 家は疑いもなく所属の場所だったわけです。

　紀元前 800 年から 500 年にかけて、戦争や征服による力のぶつかり合いによって、ヨーロッパと中東の主要な経済国は封建制に移行し、領地を持つ領主と、保護を受けて領主に貢物をする農民という社会的階級が作り出されました。[16] その結果、金持ちは大きな世帯を維持し続け、貧しい人々は細々と生活を続けるようになりました。農民の世帯が制限されたのは、大きな世帯を維持するだけの力や収入を持たなかったからです。[17] これが、現在の核家族と呼ばれる家族の由来です。

　その後、何世紀も後になって、北米の植民地化によって、侵略してきた入植者と先住民の双方にとって、それまでの家族形態が大きく変化したことがわかります。入植者が持ち込んだ病気によって先住民の大半が亡くなった一方で、入植者は風雨にさらされ、開拓生活への準備も不十分だったため、寿命は短くなりました。生き残った人々は、それぞれの力を結集して、新しい混血家族を作り上げていったのです。[18]

　アメリカの初期には、家族は個人個人というより、家庭として存在していました。子どもの生存率は高くありませんでしたが、[19] 5 歳を過ぎて生き延び

た子どもは、すぐに集団の生産に貢献するようになりました。農耕や狩猟、あるいは商売など、家族全体が力を合わせて生活していました。ほとんどの人にとって生存だけが唯一の目的であり、生活は厳しかったのです。財産を持つ者だけが法的に結婚でき、そのルールは新しい家族の発展と形成に大きな影響を与えました。アフリカで誘拐された人々が奴隷としてアメリカに連れて来られると、富裕層は彼らを財産として扱い、家族関係を認めないことで富を拡大しました。しかし、そのような抑圧の中で、有色人種はあらゆる家族形態を受け入れるようになり、自分たちの生存に貢献するのであれば、一家の中のどのような縁組も認めるようになりました。また、この時代のアフリカ系アメリカ人の家庭のもう１つの特徴は男女平等であり、男女が家庭内で同等の責任とリーダーシップを担っていました[22]。

　アメリカやイギリスで産業革命が起こると、家族関係が再び大きく変化しました。当初は家族全員が働きましたが、畑ではなく工場や製紛所で労働に従事するようになりました。この時期、献身的な信徒たちは、子どもたちの休日を利用して、聖書を用いて子どもたちに読み書きを教える最初の日曜学校を始めました[23]。しかし、恵み深い児童労働法の成立によって、子どもたちは初めて、稼ぐ存在ではなく、経済的負担をかける存在になりました。大人や青少年が様々な仕事をするようになり、仕事は個別化されていきました。家族は、自分たちや他の人々が必要とする製品を作る生産者ではなく、工場で生産された製品を購入する消費者になったのです。

　この体系は、南北戦争によって崩壊しました。父親や息子は戦場に送られ、老人や女性、幼い子どもたちだけが家に残されて農場や工場で仕事をするようになりました。数十万人の兵士の命が失われた戦後、人々の生活は元どおりには戻りませんでした。２世代だけの家族が初めて標準になりました。そして今から約150年前、男性が兵役から職場に復帰するにつれて、稼ぎ頭である父親と、主婦である母親という概念が生まれたのです[24]。信じられないことですが、父親、母親、２人の子どもという核家族が理想のように見なされるようになったのはごく最近で、長い歴史ではほんの一瞬の出来事です。

現代の家族

　現代において、家族は生物学的というより、むしろ選択によって形成され
ています。多くの子どもが一人親の家庭で育ちます。[25]未婚の父親や母親は、
文化的な期待を満たすために結婚を強制されることはなくなり、離婚した親
が再婚する可能性は低くなっています。独身者でも子どもを産んだり養子を
迎えたりする選択肢がかつてないほど増えています。カップルは法的に結婚
しなくても、事実婚や、婚約関係を長期間続ける選択肢があります。独身者
は 1 人で住居を確保することが難しくなっているため、性的関係のないルー
ムメイトと同じ家に住み、それを何年も継続することがあります。同居する
家族を選ぶ方法は、本当に無限大にあると言えます。

　現代の家族は経済的に支配されており、誰が家族に含まれるかだけでなく、
家族がどのように機能するかについても選択を迫られます。子育て費用や確
実な避妊方法の有無は、家族が産む子どもの数を決定します。平均寿命が長
くなったことで、働き盛りの大人たちが、親から財産や事業を相続し、経済
的に成功することをあてにできなくなりました。

　経済的負担が大きく、個人主義が根強く強調される中、子育てという仕事
は、親が孤立して担当しなければならない重い責任になっています。親は子
育てに関するすべての疑問や課題に対応できるはずだと信じているのですが、
このような考え方は、つい最近まで存在しなかったことに気づいていません。
親も子も、このような仕組みに苦しめられているのです。

　子どものいる教会スタッフは、特に孤立した子育てをしがちです。私は子
どもたちが生まれてから最初の数年間、自宅から車で 30 分以上かかる教会
でフルタイムで働いていました。夫の通勤はさらに長時間でした。教会の仕
事は夜も週末も必要で、下の子を寝かしつけるのと、絶え間ない幼児の世話
で、私たちはすぐに切れそうな糸 1 本でつながっているように感じていまし
た。特につらかったのは、保育園から息子たちを連れて帰り、さっと夕食の
支度をした後、教会の役員会に出席するためにまた外出しなければならなか
ったことです。車に乗ろうとして抱っこをやめた時、子どもは泣き叫びまし
た。もう疲れきっていた私は、子どもを抱きしめて家にいたいのに、物理的

に子どもを追いやらなければならないような気がしました。このようなつらい経験は、どの子育て中のスタッフも同じだと思います。

　後日、この話を牧師にしました。彼は愕然とした顔で、「なぜ電話して休みたいと言ってくれなかったの？　教会を優先しなければならないこともあるけど、家族を優先しなければならないことよりずっと少ないと思うよ」と言いました。私は牧師の知恵に感謝し、何年もたった今でもこのことばを忘れてはいません。しかし、私はそれを実践してきたと言えるでしょうか。それは疑問です。米国の個人主義は、自分1人で何もかもすべきだという偽りを植えつけます。そのために、私が弱さを認めたり、家庭生活の実態を人に見せたりしたら、それを逆手に取られて批判されるかもしれないと恐れてしまうのです。弱さを認めることは、聖書的な家族の価値観を背負っている「教会の有給スタッフ」には許されていない特権のように感じられることもあります。逆説的ですが、今日の家族は自由に選択できる機会が増えた一方で、文化的な期待に合わせようとして、抱えきれないほどの罪悪感や経済的負担、孤立感に苦しんでいます。

ファミリーミニストリーとは

　ファミリーミニストリーを定義する際に、確立すべき基本的な考え方が2つあります。ことばの定義の微妙なニュアンスは教会によって異なるかもしれませんが、2つの譲れないものが出発点です。これらの基準を提示する前に、ことばの定義が必要になります。本書では、「子ども（キッズ）」ということばは、財源や住居を親に依存している22歳未満の人に適用されます。「大人（成人）」とは、18歳以上で経済的に自立している人を指すことにします。さて、ここではファミリーミニストリーの大原則を以下のように考えます。

1. 対象は、子どもとその親である。
2. ファミリーミニストリーの中でのすべてのプログラムは、神と家族の関係、また互いの関係を強めることを目的としている。

　包括的なファミリーミニストリーは、一人親、親以外の人に養育されている子ども、離婚している家族など、教会で典型的とは言えない多くの家族のタイプを意図的に含んでいます。同時にこの定義は、子どもや若者と関わりのない世帯を意図的に除外しています。定年退職した大人と成人の息子・娘がいる世帯、独身で子どもがいない世帯、毎月教会に集う高齢者のグループなどは、一般的にファミリーミニストリーには含まれません。とはいえ、このようなご家族がファミリーミニストリーを支援して献金してくださるかもしれません。ただ、ファミリーミニストリーの計画はこれらの世帯を念頭に置いているわけではありません。このような世帯は、たまに参加することはあっても、ターゲットにはならないのです（子どもと直接関わりがなくても、これらの方々も用いられます。次の「世代を超えたミニストリー」の項をご覧ください）。

ファミリーミニストリーの道徳的規範

　離婚、同性婚、非婚カップルの子育てなど、ファミリーミニストリーに影響を与える道徳的、倫理的な問題について、良心的なクリスチャン同士でも異なる意見を持っています。非常に賢い人たちの間でも、これらのテーマに関する聖書解釈において、意見が対立することもあります。教会のスタッフが、様々なタイプの家族にどのように対応するかについて話し合い、リーダー全員が、教会の方針を優しさと愛をもって実行する準備をすることが重要です。教会はそれぞれ異なっていますし、すべての人に有効なアプローチなどありません。しかしながら、教会があらゆるタイプの家族を支援し、受け入れるための具体的な方法を探しているのであれば、第 2 章で具体的なアイデアを見つけることができるでしょう。

世代を超えたミニストリー（Intergenerational Ministry）

　子どもとの直接的なつながりがある家庭もない家庭も、「世代を超えたミ

ニストリー」というカテゴリーに当てはまります。この広い枠組みはすべての人を対象としていて、あなたもメンバーです。世代を超えたミニストリーの目標は、教会の全世代の間に親密な関係を作り、世代間の交流を深めることです〔訳注：本書では、統合的（年齢横断的）視点からのミニストリーを「世代を超えたミニストリー」と記述する〕。このミニストリーは、年齢その他の条件によって誰一人差別されないことを明確にするために、すべての人々にオープンでなければなりません。このミニストリーを大切にしている教会では、誰もが年齢層の異なるメンバーと親密な関係を持ちます。

世代を超えたミニストリーとは、「教会」や「集会」と同義ではありません。これは、礼拝、霊的育成、奉仕の領域において、意図的に複数の世代を統合しようとする試みです。世代間交流のある教会は、家族向けのイベントや、おひとり様対象のイベントも企画しますが、中心的な礼拝にはすべての人が含まれます。世代を超えたミニストリーを計画する教会は、子育てクラスに託児を提供したり、クリスマスのイベントに独身の人々も歓迎します。

　世代を超えたミニストリーは、古くからある考え方ですが、今また復活しつつあります。この100年ほどは、他の文化的なイベントが年齢によって区分されていたため、一般的ではなくなっていました。たとえば、学校では学年によって子どもが分けられ、育児や仕事は家の外で行われ、スポーツや課外活動は就寝時まで家族全員を分断し、高齢者は介護施設でケアを受けるようになりました。このような年齢による区分は必ずしも悪いことばかりではありませんが、それが教会活動全般にも及ばなければならない理由はありません。

　私は、すべての教会で世代を超えたミニストリーが生まれることを望んでいます。教会によっては年齢別のミニストリーが確立されている場合もあり、長年の伝統に挑戦することは非常に困難であることも認識しています。全面的な変化は1日にして起こりませんし、すべてを枠にはめることもできません。ですから、各教会にとって何が最もふさわしいのかを見極めてください。どの教会でも、親の希望を取り入れ、教会全体の行事や礼拝に全年齢層を含めるよう努めることができます。しかし、世代を超えたミニストリーが成功するためには、主任牧師の支援と複数のスタッフ、信徒奉仕者のリーダーの協力が必要です。第13章では、教会で傷ついたり失望したりすることなく変化を起こす方法を紹介しますので、参照してください。以下には、どこからどのように変革を始めるかを考える際に注意すべき点を幾つか取り上げます。

世代を超えたミニストリーのための聖書的根拠

　聖書では、世代を超えた信仰の分かち合いが強く推奨されています。最初に取り上げるのに最もふさわしい箇所は申命記6章でしょう。次の聖句は、多くのファミリーミニストリーの手引き、教会の壁、クリスチャン向けの育児書にも掲載されています。

　　　聞け、イスラエルよ。主は私たちの神。主は唯一である。あなたは心を尽くし、いのちを尽くし、力を尽くして、あなたの神、主を愛しなさ

い。私が今日あなたに命じるこれらのことばを心にとどめなさい。これをあなたの子どもたちによく教え込みなさい。あなたが家で座っているときも道を歩くときも、寝るときも起きるときも、これを彼らに語りなさい。これをしるしとして自分の手に結び付け、記章として額の上に置きなさい。これをあなたの家の戸口の柱と門に書き記しなさい。

（申命記6：4～9）

　このみことばは「シェマ」と呼ばれていますが、それはヘブル語で「聞け」という意味で、この聖書箇所の最初のことばです。神様は「よく聞きなさい」と語っておられるのです。神様がこの教えを伝える対象は、常に親であると考えられています。家でも、旅先でも、寝る前でも、朝でも、子どもたちに伝えなさいということなのでしょう。それは家族との時間であるとも言えます。
　しかし、よく考えてみると、神のことばの対象はより広い範囲に及んでいます。神はイスラエル、つまり神の民の信仰共同体全体に向けて語っておられます。これは子育てについてではなく、「神の民」として生きることに関する勧告だったのです。そして、本章の前半ですでに述べたように、このことばが最初に伝えられた当時、子どもたちは私たちが経験している家族よりもはるかに大きな家の中で育てられていました。祖父が就寝時に神の命令を子どもたちに語りかけ、隣人が道端で同じ子どもにそのみことばを伝えることは、当然ありうることでした。つまり、信仰共同体全体が、神の愛のうちに、子どもたちをみんなで育てるという責任を負っていたのです。

独身者へのエール

　独身者を家族に巻き込む方法は、単に全員を結婚させることではないことに注意してください。教会で独身者の存在の価値を強調してこなかったため、彼らはしばしば教会に自分の居場所がないかのように感じています。青年ミニストリーは、クリスチャンの出会い系アプリの対面版になりやすく、既婚者のほうが独身者よりも幸せという偽りを伝えています。実際、独身という

生き方のすばらしさとその召命について、聖書的な根拠を示すことは簡単で
す。聖書には、結婚することなく神の使命を果たした方（イエス）の実例も
あります。最近離婚した友人が、数年前に長年通っていた成人科のクラスに
参加したところ、その日の導入が「配偶者との出会いを話してください」だ
ったので、不意を突かれたと言っていました。私たちが使うことば、カリキ
ュラム、リーダーの当番表、そして規約も、私たちが前提としている価値観
を明確に伝えてしまいます。教会で結婚が、期待やステータスシンボルにな
っていないことを確認してください。

終わりに

　ヨセフ、マリア、イエスと兄弟たちがある週、教会の会堂に入って来たら、
教会で歓迎されるでしょうか。自分にとって家族とは何か、あるいは世代を
超えたミニストリーとは何か、どのように追求していくのか、1 人の専門ス
タッフとして、また礼拝共同体のメンバーとして、改めて考えることができ
たでしょうか。ファミリーミニストリーの境界線を知り、あらゆる年齢の
人々が教会に所属できるような包括的な環境を整えることは、私たち一人ひ
とりにとって重要な召命です。最善のファミリーミニストリーの原点は、そ
の意味を理解し、できる限りすべての人に参加していただくための目標を設
定することにあります。

　家族を対象としたミニストリーは、心が震えるほどすばらしく、圧倒され
るような神からの召命です。今日の家族の多様性を祝福し、家族の霊的な必
要を満たすために現実的で有意義な体験を企画するかどうかに、教会の存続
がかかってくるでしょう。ファミリーミニストリーがなければ、他者との共
同体の中でしか真に生きることのできない信仰がますます個別化してしまう
危険があります。次の章から、ファミリーミニストリーの中の具体的な働き
について考えていきましょう。

第 **2** 章
親、保護者、養育者

　子どもの両親や保護者、または養育者への特別な愛を抱いていないなら、ファミリーミニストリーという働きから身を引きたいと思うことでしょう〔訳注：実子、継子、養子等のケースを想定して親、保護者、養育者等の表現が使われているが、以下は煩雑な表現を避けるために「親」という表現の中にすべてのケースを含むこととする〕。心配性で真面目ですばらしい親という存在は、ファミリーミニストリーのすべてです。責任感には圧倒されますが、子どもへの愛は、子どもの成長とともに、誇りと喜びをもって報われることが多いのです。

　第2章では、親の役割について、信仰を持って子どもを育てるという尊い働きの中で、教会と親の役割の違いも含めて説明します。また本章では、親が自らの信仰の旅路を整えるためのツールを提供します。最後に、特別な配慮を必要とする親について、支援の提案をして締めくくります。

召しとしての子育て

　人生の目的を体現している友人はいますか。私の大学時代の友人であるアダムとアリソンは賢く、健康的な食事をし、有意義でやりがいのある仕事をし、ブルーグラスという名前の猫を飼ってインスタグラムにも積極的に投稿しています。私は年を重ねたら、彼らのようになりたいと思っています。数年前、彼らに子どもを持つ予定があるか聞いたのですが、アリソンの返事に驚きました。「私たちは、子どもを産むように召されているとは思わない」と答えたのです。正直に言って、「子育てが既婚者のデフォルトではない」と言われたのは、この時が初めてでした。もし子どもを育てることが典型的な役割でないなら、子育てとは何なのでしょうか。

　子育てとは、神の召命を受け入れることです。望んで子育てをするにせよ、思いがけず子育てすることになったにせよ、それは神からの召命です。親の仕事は、やがて子どもたちが自ら神の召しを受け止めることができるように、その子を愛し、教え、しつけることです。親にとって子育てとは、18年の歳月を子どもたちの人生に注ぎ込み、独立させることを意味します。子どもたちは、最初は他人に依存しています。良い子育てとは、毎日、ゆっくりと時間を取って話し、子どもたちを自立させ、巣立たせていくプロセスです。

　サムエル記第一では、ハンナが巣立たせることの明確な例を示しています。ハンナは、なかなか妊娠せず、悲惨な状態にある女性として紹介されています。彼女は神殿に行き、「もし子どもが与えられたら、その子を主にお渡しします」と祈りながら誓いました。そして、そのとおりになったのです。すぐに男の子が与えられ、サムエルと名づけました。サムエルが乳離れすると、ハンナは神殿の祭司のところに連れて行き、神に仕えさせるために彼をささげました。私は、親が子どもを私の教会に預けて生涯奉仕することを勧めたいわけではありませんが、もっと多くの親が、子どもの人生に対する神のユニークな召命を理解して子どもを育ててほしいと思います。

子育てには共同体が必要

　最初の子が生まれた時、子どもは泣いてばかりで、親である自分も泣きたくなりました。ある夜、真っ暗な部屋に立って、子どもを肩に乗せてあやしながら、必死に寝かしつけようとしていました。自分は高学歴で、経済的にも安定し、助けてくれる友人もいます。でも、睡眠不足と赤ちゃんの泣き声で完全にイライラがピークに達しました。まして、サポートが手薄で1人で子育てを抱え込まなければならない親は、どれほどの負担を感じているのでしょうか。

　最初の1か月間だけでもストレスですが、子育てはマラソンであり、その働きには際限がありません。大人2人でも到底無理で、まして1人でなしうる務めではありません。子どもに必要なことを教え、励まし、経験させ、育てるには、愛に満ちた大人たちのネットワークが必要で、みんなで子どもを

育てることに献身しなければなりません。これこそ共同体としての教会の役割です。誰も親の代わりにはなれませんが、教会の大人たちはみな、信仰の良き模範として、教会の子どもたちを見守る責任があることを理解すべきです。手伝いもせずに、神の召しを受け止める人へと育てる子育てを親だけに期待することはできません。子育ての務めは、第一に親、第二に教会である神の家族全員に属するのです。

無力感

　食事の支度、宿題の手伝い、送迎、沐浴、鼻水を拭いたりなど、子育ての実際的な責任に加え、この務めの精神的、情緒的な重みを考慮する必要があります。私の知る限り、ほとんどの親は、子どもをふさわしくしつける資格がない、あるいはできないと感じ、答よりも疑問を多く抱えています。多くの親は、自分が子どもをダメにするのではないかと不安を抱いているのですから、親から「子育てが不安」と言われても驚かないでください。どんなに有能で自信があるように見えても、表面下には疑いが潜んでいることを理解して、子育て中の大人には優しく接しましょう。

　私は、このような自己不全感を「子育て自信喪失症候群」と呼んでいます。多くの親にとって、子どもをしつけるということ自体がひどく偽善的に感じられるようです。子どもと関わる仕事をしている人なら、子どもは常に周りの大人を見て、スポンジのように知識を吸収していることに気づいているでしょう。自分がキリスト教の価値観を実践できていないのに、子どもに聖書の価値観を教えるのは不誠実だと感じる親もいます。親からは、「先週、私が赤信号を無視しているのを見られたのに、規則を守れと、どうやって子どもに教えればいいのでしょう」と何度も聞かれました。そのほかによく聞かれる質問としては、「自分自身もみことばについて知らないのに、子どもにどうやって教えればいいのですか」というものです。

　多くの親が教会やミッションスクールに頼っているのは、自分でしつけることを恐れているからです。教会の指導者たちはしばしば、家庭で信仰継承に関わらない親たちを嘆きますが、これは怠慢や無関心によるものではない

ことを理解しなければなりません。それは自信喪失の問題なのです。

子育て中の親の信仰を導く

　親は子どもの第一の信仰指導者ですから、ファミリーミニストリーにとっては、親の信仰を育てることのほうが、子どもの信仰を育てることより重要です。親が信仰的に生きていれば、当然、子どもを信仰的に育てるようになります。しかし、教会で親の信仰を導くためには労力がかかります。

● 親のための霊的実践

　親の信仰は、他の人と同様、実践を通して最も強められます。親が子育てにおける無力感や自信喪失と戦うための基本的な方法の第一は、祈りの中で神に気持ちを吐き出すことです。ミニストリーのスタッフは、様々な子育てカリキュラム、教会学校成人科、子育ての専門家を講師にセミナーを企画することができますし、多少の効果をもたらすでしょう。しかし、無力感や不安に対する基本的な備えが日々の祈りであることを、ミニストリーの中で十分に明確にしてきたか自問すべきです。親は、祈りの実践が、時間の経過とともに子育ての働きの中で霊的な糧として開花し、危機的状況の中での絶望の祈りだけでなく、神と親密に対話するようになるということを知る必要があります。親には、人生で最高の友情を育むように、祈りの生活を立て上げていくように励ましましょう。

　また、幅広い聖書知識は良い子育ての条件ではありませんが、何らかの形で個人的に聖書を読むことは必要です。数年前、上司が週1回のミーティングで、「ディボーションで聖書を読むために時間を取っている？」と質問してきました。私は、結婚してからその習慣がなくなっていたので、「いいえ」と答えました。彼は私の目をじっと見て、ディボーションの習慣を実践していないなら、教会スタッフとして働き、ミニストリーに参加している家族に信仰教育をする資格はないと言いました。私は「努力します」と伝えました。翌週会った時、上司は大胆にも、再び聖書を読んでいるか尋ねてきました。読んでいなかったので、私は再び呼ばれました。このままではダメだ

と思われたのか、プレゼントとして新しい聖書を与えられたので、1年に1回聖書を通読する計画を始めました。基本的に聖書をざっと読むだけでしたが、2か月で私の人生が変わったように感じました。

　子どもの信仰教育という重責を果たすための秘訣は、まず自分自身の信仰が高められることです。親にとって初めての領域であれば、小さなことから始めるよう勧めてください。信仰の実践は、次のようなことから始めるとよいでしょう。

- アプリやポッドキャストで聖書の1章を毎日聴く。
- 毎朝または毎晩、祈りを忘れないよう、スマートフォンのアラームをセットしておく。
- 毎日、1行でも感謝の日記をつける。
- 図書館から聖書研究の本を借りてくる。

　私たちの目標は、教会が、イエスの弟子としての道を忠実に歩む大人たちでいっぱいになることです。その一歩一歩は小さくてもよいのです。心を尽くして主を求める者は、神を見出します。

すべての親へのミニストリー

　章の終わりに、特別な（または特殊な）配慮を必要とする保護者のタイプを紹介します。その前にまずは、どのような親に対しても、信仰を導く際に取るべきアプローチについて説明します。

●1対1の会話

　私の経験では、信仰育成の機会はほとんどの場合、対面で個人的な会話を通して行われます。教会の談話室でコーヒーを飲んでいる時に親御さんに出会うと、お子さんが新しい薬を飲んでいること、祖父母の死が近いこと、過密スケジュールで疲れ切っていることなどを知ることができます。親御さんからコーヒーに誘われる時は、カウンセリングの利点、市販されている最良

の子ども聖書、寝る前の祈りに関する質問など、様々な話になります。私が
メールを送って誰かの成長を助けたことがあったかわかりませんが、対面で
顔を合わせながら信仰による子育てについて話すと、お互いが成長できるこ
とは確かです。家族の生活の中に聖霊のリバイバルを望むなら、親御さんと
テーブルを囲み、コーヒーや紅茶を片手に話を聞くしかないのです。ミニス
トリーは人間関係を通して実現し、人間関係を築くには、対面で話すしかあ
りません。

●親自身の育成のために

　教会の予定表を手に取り、「この行事は、親の役に立っているのか？」と
問いかけてみてください。教会のイベントには時間とお金のかなり多くが割
かれますが、それは永続的な影響を与えているでしょうか。教会で行われる
イベントのほとんどはすばらしい体験であり、視点を変えれば、家族全体が
主の弟子となるチャンスとなります。たとえば、土曜日の夜にユースのロッ
クコンサートを計画したとします。若者やその友人を連れて来ることもでき
ます。このイベントを通して親が成長するためには、さらにどんなステップ
を踏めばよいでしょうか。幾つかのアイデアを紹介します。

- 送迎後に親が集まってコーヒーと会話を楽しめるようなスペースを予約
  するか、家を提供してくれる人を募集する（ユースの親への共感やサポ
  ートが特に必要）。
- イベントを開催する週に、若者にとって心と心の友情がもたらす恵みや、
  家を離れて過ごす重要性について、親にメールする。
- イベント期間中、ユースを対象に、親と話したいけれども気軽に話題に
  できない大切なテーマを１つ挙げてもらう。答えをリストアップし、許
  可を得て親に匿名で公開する。親に対して、子どもからの質問を歓迎し、
  オープンに話を聞くように励ます。

　もし、子育て中の親を強めることがおもな目的なら、イベントは違ったも
のになります。子どもやユースのためだけのイベントに何時間も費やすこと

はもったいないでしょう。子どもイベントを通して、親の信仰体験にいのち
を吹き込む方法を見つけてください。

●カウンセリング

　誰もがいつかはカウンセリングを必要とします。ファミリーミニストリー
のスタッフは、資格と信頼のある地元のカウンセラーのリストを作成し、こ
のリストを定期的に提供する必要があります。私は何年も親たちにカウンセ
リングを受けるよう促してきたので、紹介手数料をもらってもよいのではな
いかと時々思います。

　親と直接会って話をする恵みを重視してきましたが、一般人が親の人生に
関われる深さには限界があります。教会の仕事は、弱さに寄り添い、一人ひ
とりの魂に存在する傷の発見を助けることです。しかしその他のことにおい
ては、関わりを持っている親に、精神的・霊的な専門家を紹介しなければな
らない時もあります。

　ためらわないでカウンセリングを提案し、そのステップを踏んだかどうか
を後で確認することです。もし、スタッフ自身が職業的なカウンセリングを
体験したことがないのであれば、予約を入れてください。カウンセラーが、
心の中のインナーチャイルド〔子どもの頃の傷ついた記憶や感情〕まで一緒に
歩いてくれるようにするのです。あなたが抱えている機能不全や痛みを、安
全性を守って受け止めてくれます。教会の家族のために、癒やしと完治への
道を示し、そうすることで、助けを求めることへの障壁を取り除く手助けを
するのです。

　そのようにして、親、保護者、養育者、そしてミニストリーリーダーとい
う教会の役割を確立したところで、教会で親と共に、親のための具体的なミ
ニストリーに取り組みましょう。

親と共に

　本書で「親」とは、子どもの主要な保護者であるすべての人を指します。
それは、実の両親、継父母、子どもと同居する祖父母、里親、養父母、子ど

もと同居する親族、または、子どもを愛し、子どもの生活に深く関わっている責任ある大人である場合があります。子どもがお母さんのお腹にいる時から巣立つ時まで、成長段階のほとんどを共に経験する大人を指します。

　乳幼児を持つ親は、昼寝の時間や哺乳瓶に入れる母乳の量まで正確に量るなど、ルールとルーティンで生活を規定することが多くなります。未就学児を持つ親は、子どもがことばをかわいく読み間違えることに黙っていません。我が家の幼児は、トイレ（バスルーム）のことを「ブラフルーム」と言い、家族（ファミリー）のことを「フラムリー」と呼んでいましたが、私はその発音と正しい発音を半々で使うようにしました。学童期になると、親は子どもの成績、友人関係、保護者会、休校になった時の学童保育などのストレスを抱えるようになります。課外活動が徐々に家庭のスケジュールを支配していきます。免許を取得させるために10代の子どもを教習所に連れて行くのが楽しみでもあり、怖くもあります。免許を取得し、自分で予定を決めるようになったティーンエイジャーに、親は制御できない喪失感を味わいながら、彼らが大人になっていくのを見守るのです。

　これらの段階のすべてに、否定的感情とストレスが伴います。多くの親が口をそろえて言うのは、子育ては「動く標的」だということです。ある段階に慣れ、対処できるようになったと感じると、すぐにまた変化します。5月に心配した問題は、7月には変わっています。親と関わるたびに思い出してほしいことがあります。それは、親は濁流にのまれてずぶ濡れになりながら、曲がり角や障害物に近づき、変化する流れの中で気を取り直そうとしているということです。親には共感を持って接しましょう。倒れそうになった時に投げてあげられる命綱を、手元に置いておきましょう。

善い父親である神

　神はただひとりの、実に善い父親であられます[2]。イエスは、ルカの福音書15章11節から32節にある放蕩息子のたとえで、神をこのように表現なさいました。この物語で父親は、愛と赦しの神の役割を演じました。しかし、もしこの物語が今日起こったら、私たちはこの父親を、息子と同じくらい厳

しく裁いてしまうかもしれません。もっと厳しくしていれば息子は家出しな
かったかもしれない。もっと一緒に時間を過ごしていれば、喜んで家業を継
いでいたかもしれない。でも息子が家に戻って来た時のようすを見ると、父
親は私たちが思うような批判を気にも留めていないようです。父親は、息子
が帰って来るのを許容しただけでなく、道を駆け抜けて息子を抱きしめ、盛
大な「歓迎会」を開いたのです。感謝なことに、神は親に対する批判的な姿
勢に注意を払わないのです。神は私たち一人ひとりに（体裁を整えている人
にも、外見に傷を負っている人にも）恵みを与えてくださいます。私たちも
子どもたちに、そして互いに、受け入れ合う姿を示したいと思います。

子どもたちのために最善を尽くす親

　ほとんどの親は、子どもにとって最善を尽くすことを望んでいます。しか
し、残念ながら、子どものために最善を尽くしたいという思いは、不安によ
って過干渉に発展しやすいものです。子どもたちの成長は親だけにかかって
いると間違って思い込んでいます。この信念は、子どもたちの健康や幸せを
脅かすようなことが起こると、非難、恥、不平へとエスカレートしていきま
す。つまり、親が質問や懸念を抱いて教会のリーダーに接触した時、パニッ
クを起こしているように見えても、昔からの恐怖や無力感を抱えているとい
うことです。1泊2日のお泊り会、小グループでの学び、仲間内のいじめな
どに関する親の質問は、最も深い恐怖を表しており、理解と責任をもって対
応する必要があります。心配する親に対しては、賢明であることです。質問
をして、本音で話してもらい、それから問題の解決に取り組むようにしまし
ょう。

　数年前、10代の若者のための信仰と性の修養会の初日に、息子を参加さ
せていた親しい友人が私を引き留めて、激しく非難しました。彼女の息子は
教会の外から2人の友人を誘って来ていて、リーダーたちは週末の間、わざ
と彼らを別のグループに配置しました。2人が離れていたほうが、友人以外
の若者とも仲良くなれるかもしれないと考えたからです。ところが、母親の
考えは正反対でした。3人の若者たちを離したことに、とても腹を立ててい

ました。リトリートのほんの一部をグループで過ごすだけなのに、彼女は３人をこのイベントに参加させないようにしようとしたのです。明らかに過剰反応だったと思う一方で、その後の対応について後悔しています。彼女のパニックの根本的な原因を突き止めようとする代わりに、私はスタッフと話し合って、彼女に連絡すると言いました。私たちは黙認することに同意し、若者たちを一緒のグループに入れることにしたのです。

　その後、友人は「あんなに怒ってごめんね」と謝ってくれました。しかし、いまだに怒った理由がわかりません。他の友人の親が嫌な思いをしないか、心配したのでしょうか。息子と引き離された２人の衝突を恐れたのでしょうか。子ども時代に、このような嫌な経験があったのでしょうか。私があの時、適切な質問をして耳を傾けていたら、心の問題に対処することで、互いの距離を、また神との距離を縮めることができたかもしれません。でも、私たちはこれまでと変わらない関係のままです。

　一方イエスは、親の必要に応えることに関して、全くの天才でした。ある父親が自分の息子を癒やしてもらおうとイエスのもとに連れて来ました。その子は口がきけず、発作を起こすので、日常的に危険と隣り合わせの状態でした。弟子たちが癒やそうとして失敗したので、父親はイエスを最後の頼みの綱のように思ったに違いありません。イエスはこのような状況でも慌てることはありませんでした。医療技術者がするように、少年の状態についての質問を父親にし、「信じる者には、どんなことでもできるのです」と、霊的に重要な教えを語られました。その後、父親は、恐れと希望を抱く親たちと同じ叫びを口にしました。「信じます。不信仰な私をお助けください」（マルコ９：24b）。親はみな、同じような叫びを口にするのです。

不満分子をリクルートする

　私が大切にしているミニストリーのヒントを紹介します。不満を持っている親は、声がかかるのを待っている奉仕者である、ということです。ミニストリーのリーダーは、奉仕者不足と親の不満という２つの問題を抱えています。２つの問題に対する解決策は１つです。ミニストリーの現状に不満を持

つ親は、その状況を改善したいと心から思っているか、自分自身の心の傷や必要を示しているということを理解してください。どちらの状態なのかを見極める簡単な方法は、その人が文句を言っている問題に対して解決策を考えてくれるよう頼むことです。親の目的が問題解決であれば、喜んで引き受けてくれるでしょう。引き受けてくれなかった場合は、彼らと一緒に本当の問題を発見することが次の目的になります。

　たとえば、あるお母さんが、自分の子の年齢層の子どもたちが深い友情を育んでいないことを心配して相談に来たことがあります。私たちの教会では、年齢別の教会学校のクラスに、15の別々の学校に通う20人の子どもたちが集まっています。その子どもたちは日曜の朝以外に一緒に過ごす時間がないため、彼女は子どもたちに本当の友だちが教会にいないように感じていたのです。話をすればするほど、このお母さんは解決策の一部になりたいと願うようになりました。彼女は、教会学校のグループで友情を育む活動を行うというアイデアを思いつきました。保護者コーディネーターを募って各クラスに立て、教会外で子どもたちが一緒に遊べるような簡単で楽しい集まりを企画しました。また別の親たちは、礼拝の後で他の家族とレストランに集まったり、休日をボウリング場で過ごしたりして、楽しい時間を過ごしました。この状況で最も助かったのは、キッズミニストリーのスタッフである私が、一度もメールを送らず、イベントを企画する必要がなかったことです。これは、問題を感じて私のもとに来た親が、その問題を解決することに同意し、最初から最後まで自発的に動いてくれたからできたことです。

　クレームを奉仕者募集のチャンスと捉えれば（そうでない場合は、助けを求める親の声と捉え、対応できて感謝だと思えば）、親からの意見を聞くことが少し楽しみになります。謙虚な気持ちで親の悩みを受け止めて、さらに良いミニストリーに変えていきましょう。

特別な配慮が必要な親

　ファミリーミニストリーの担当者は、当然すべての親を大切にします。しかし、多くの家族を含めるために、特別に考え、意図する必要がある状況が

幾つかあります。どの家族も悩んでおり、特定の家族だけが苦悩を経験するわけでも、免れるわけでもありません。しかし、文化的に恵まれない立場にある家族や、または単に教会関係者を困惑させることの多い家族もいます。この状況を変えたいなら、完全に理解できない人々をも支援する方策を積極的に模索すべきです。

●一人親

離婚や配偶者の死、独身時代の妊娠、一人親の養子縁組などで、1人で子育てをすることがあります。どのような理由であれ、1人で子ども（たち）を育てるのは大変なことです。1人の親だけで抱え込んでしまうことは許されません。親は適応力のある子どもを育てようとしやすく、特に一人親にはその傾向が強く表れます。計画が現実的でないために崩れた時、親の自信は崩れ去ります。

一人親の場合、すべてのことがより複雑になります。配偶者が亡くなった場合、残された親と子どもは通常、生涯にわたって悲しみを味わうことになります。離婚した場合は、弁護士、面会交流、デート、継親、共同養育などで生活に影響が出るかもしれません。離婚は何年も引きずることのある、傷を伴う経験なので、死別よりも乗り越えるのが困難かもしれません。

以下は、一人親に接する際に考慮すべき方策です。

- 一人親とその子どもたちは、定期的に教会に通うことができない場合があることを忘れないでください。週末に子どもたちが他の親を訪ねたり、親が週末の朝に子どもたちを家から連れ出すのに苦労している場合、その家族は礼拝や、ファミリーミニストリー主催の行事を欠席するかもしれません。教会学校の皆勤にこだわらず、興味があれば、欠席したレッスンの持ち帰りシートを渡したり、内容をメールで連絡したりしましょう。
- できる限り託児を提供しましょう。保育士がいない場合は、雇うか、幼い子どもたちに愛を持って接する奉仕者チームを募集しましょう。聖書研究会、礼拝、小グループ、特別なイベントなどでは、基本的に、要望

があれば託児を利用できるようにしましょう。質の高い保育を提供することは、一人親に霊的育成に参加してもらう最善の方法です。

- お見合いさせようとしないこと。独身者は、結婚していなくても人格的に完全な存在です。もし、彼らが交際や結婚について話したがっているのならかまいませんが、そうでなければ、無理に恋愛させないでください。

- 離婚しようとしている夫婦が裁判所に行く時、手続きのために同行する必要があれば、同行しましょう。夫婦と弁護士と共に祈りましょう。

- 母の日や父の日のお祝いには注意が必要です。記念日に工作や活動をしたい場合は、お母さんやお父さんだけでなく、幅を広げることを意図的に提案しましょう。自分を愛してくれる人たちにカードを書くのもよいアイデアです。

- 一人親に教会で奉仕をするようプレッシャーを与えないでください。奉仕できるライフステージにあり、奉仕を望んでいれば、子どもが病気の時は家にいられるような自由度のある役割を担ってもらいましょう。

- 一人親を小グループに迎え入れましょう。独身者だけのグループである必要はありません。

- 一人親の子どもたちにメンターを紹介しましょう。一人親にも、一緒にいてくれる別のボランティアを推薦します。子どもが大きくなったら、その子は教会の別の大人とペアになるようにし、一緒に時間を過ごしたり、信仰的教育をしてもらったりします。一人親がひとりぼっちではないことを知ることができるようにします。

教会にいる一人親に何が必要か尋ねることをためらわないで、答えに耳を傾けてください。私たちの教会では、非常に多くの子どもたちが１人の親と暮らしています。このような家庭を見過ごすわけにはいきません。

●LGBTQIA の保護者

LGBTQIA とは、Lesbian（レズビアン）、Gay（ゲイ）、Bisexual（バイセクシャル〔両性愛者〕）、Transgender（トランスジェンダー〔生まれつきの身体的

性別と自認する性別が異なる人〕）、Queer または Questioning（クィア〔性的マイノリティを総称する語〕、クエスチョニング〔性的指向や性自認を定めていない人〕）、Intersex（インターセックス〔体の性に関わる部位が一般的な男女の形と異なる人〕）、Asexual（アセクシャル〔性愛の対象や性的欲求を持たない人〕）の頭文字をとった略語です。ギャラップ社の調査によると、米国の成人の約4.5％が LGBT であると認識していて[3]、他の推定では、LGBT の成人の37％が親になったことがあるとのことです。[4]テレビやメディアの多くの描写とは異なり、LGBTQIA 成人が親である家庭は、親が異性同士である家庭よりも貧困に近い状況にあることが多く、同性同士の親とその子どもは、人種や民族のマイノリティである可能性が高くなるとも言われています。[5]また、LGBTQ の親を持つ子どもたちの中には異性との関係から生まれた子もいますから[6]、両親の離婚を経験し、結婚外の生みの親との関係を維持している可能性があります。

　LGBTQIA の統計に表れている家族は、教会から特別に支援される必要がありますが、祝福もたくさんあることを忘れてはいけません。たとえば、LGBTQIA の親を持つ子どもは多様性を受け入れられることがわかっています[7]。同性カップルに育てられた子どもに関する多くの研究をまとめた後、ある研究者は次のように結論づけました。「1人の母親と1人の父親だろうと、2人の母親、または2人の父親、または他の保護者（年上の兄弟、祖父母、親戚など）だろうと、安定と愛情を与えてくれる家庭では子どもたちの順調な成長が見られた[8]」。同性の両親に育てられた子どもも、異性の両親に育てられた子どもと同じように、学業成績、情緒的健康、ドラッグの使用、心理社会的発達など、ほとんどすべての面において良好であるということが、文献で広く否定できない形で認められています[9]。こうしてみると、LGBTQIA家族は他の家族と全く同じで、異性愛家族と同じ支援と信仰育成を必要とするのです。

　LGBTQIA の家族が共同体から差別や排除を受けた時に、特別な支援の必要性が出てきますが、これは教会の中でも日常的に起こります[10]。教会がアイデンティティに課題を持つ家族にとって安全でない場所になってしまうなら、それは問題です。LGBTQIA の親とその子どもたちが受ける不名誉の影響に

ついて考えてみてください。教会だけが原因というわけではありません。親族、友人、医師や学校関係者などの専門家は、LGBTQIA の成人が保護者である家庭を理解し、信頼することが難しい傾向があります。私たちが聖書の中のイエスの例に従うなら、教会のミニストリーは、すべての人、特に誤解されたり排除されたりしがちな人たちを受け入れ、力を与える場所になることでしょう。イエスが示されたように、教会が愛と優しさで受け止めてくれると確信できる場所にしましょう。

　以下は、LGBTQIA の保護者を支え、招くための幾つかの実践的な方法です。

- 彼らの意見を聞きましょう。LGBTQIA の成人は、ミニストリーにおける差別的なことばやポリシー、慣習に気づかせてくれます。何が適切で、何が適切でないのかを尋ね、彼らの提案を参考にして行動します。
- 彼らを指す代名詞は、本人が望むもの〔彼・彼女〕を使いましょう。
- 性的アイデンティティを唯一の主要な特徴にしないこと。LGBTQIA の保護者には、異性愛者の親に話す以上にセクシュアリティについて話さないようにし、相手に対して自分の心の広さを証明しなければと感じないようにします。他の保護者と同じように接し、紹介し、話をしましょう。
- LGBTQIA の成人のプライバシーや自己開示の必要性を尊重しましょう。
- LGBTQIA の保護者に、ミニストリーのチーム、リーダー、子育てグループに参加してもらいましょう。
- LGBTQIA の保護者は、養子縁組や里親の手続き、また法的な親権の手続きの中で、他の親よりも教会の手助けを必要とする可能性が高いかもしれません。招かれれば共に裁判に出席し、推薦状を書き、争いになりそうな経験を通じて一緒に祈りましょう。
- 異性愛者のミニストリーリーダーにとって、LGBTQIA の保護者とその家族の真実、統計、麗しさについて学ぶことは不可欠です。学んでおけば、誤った情報や偏見を正す機会を得ることができます。Straight for Equality（http://www.straightforequality.org/）は LGBTQIA をより理解

するための情報源の1つです。

- ファミリーミニストリーのLGBTQIAの成人が他のLGBTQIAのネットワークとつながっていない場合は、教会の内外を問わず、友好的なコミュニティを見つける手助けをしてあげてください。PFLAG（https://pflag.org/）などの組織は、地域の支部とのつながりや、LGBTQIAの保護者のための資料を提供しています。

●養父母・里親について

　この項目を準備するために、私は養子縁組をした親や里親に連絡を取り、意見を求めました。[11]彼らの回答から得られたことに、感謝と興奮が抑えきれませんでした。養子縁組や里親になるための費用、時間、孤独、ストレス、学びの過程を経験した家族は、自分たちの必要を教会が理解し、配慮してくれているとはあまり感じていないことがわかりました。

　多くの家族は、教会が養子縁組の神学を支持しているから養子縁組をするのですが、子どもが家に帰り、家族になるための本当の働きが始まると、教会はもはや安全で役に立つ場所ではないように感じます。養親や里親の道筋をサポートすることは、私たちの責任です。以下に幾つかの重要な配慮事項を挙げます。

Do（お勧めしたいこと）：

- 個々の家庭に、親と子のことをどんなことばで呼んでいるのか聞いてみましょう。
- 家族を指す場合は、「養父母」または「里親」を使用しましょう。
- 妊娠・出産した両親を指す時は、「生物学的親」または「生みの親」と呼びましょう。
- 子どものお迎えの際に子どもを引き渡していい人といけない人を、明確に区別してもらいましょう。
- 養子や里子に影響を与えそうな問題について、自分自身やリーダーと共に学びます。養子や里子との関係を築くためにメンターやバディ（相棒）を用意し、親が安心して礼拝できるようにしましょう。

- 養子縁組の経済的なハードルを乗り越えるために、経済的な支援をしてくれる養子縁組団体を紹介しましょう。
- 教会が養子縁組家庭を支援し、助けるために、レスパイトケア〔一次的に休養を取れるようにする援助〕、教育イベント、トレーニングを提供しましょう。
- 家族の他の兄弟姉妹のことも忘れないでください。養子にばかり目を向けて、血のつながりのある子どもが疎ましくならないようにしましょう。
- 子どもを迎えた家庭に食事を提供しましょう。
- 洋服を買うのに使えるギフトカードや、スタッフの家にある古着を提供しましょう。
- 教会にいる里親と養子縁組の家族を祈りの中で覚え、教会で配布する祈りのリストに加えてください。

Don't（避けたいこと）：
- 「本当の親」ということばを使わないこと。生みの親も育ての親も本当の親です。
- 「養子に出す」ということばを使わないこと。生みの親の場合にはほとんどない無関心や冷酷さを意味します。
- 子どもたちに、自分の家族の状況を説明させようとしないこと。肌の色、名字、行動などが家族と一致しているかどうかにかかわらず、ありのままの彼らを受け入れることが大切です。

　里親になることや養子縁組をすることは、非常に多くの不確実性を伴います。里親は生みの親と調整することが多く、監視つきまたは監視なしの面会が可能であること、そして何か問題が起きた場合の対応に追われることになります。生みの親と暮らしていない子どもは、何らかのトラウマや虐待を経験していることが多いものです。新しい家族に移行する過程で、すべての家族はトラウマの精神的、心理的、情緒的、身体的な影響に直面します。
　新しい家庭で子どもが生活する最初の数か月間は、家族全員に大きな調整

が必要です。教会は可能な限り祈りに集中し、できる限りのギフトを贈るだけでなく、彼らに時間の余裕を与えてください。絆を深め、新しい生活習慣を身につけるためには、互いに集中する時間が必要です。これらの家族が教会に戻る準備ができたら、柔軟に対応してください。養子が年齢の違う兄弟と一緒にいたいと言っている場合は、2人のためのスペースを作ってあげましょう。親が子どもを車から降ろし、適切な部屋に移動させるために助けが必要なら、駐車場で出迎える奉仕者を募集しましょう。

　最後に、何らかの事情で養子縁組や里親関係を解消しなければならなくなった場合、感情を挟まないで、家族一人ひとりを受け入れ、サポートすることです。このような事態に陥ると、家族は深い葛藤の中に置かれ、立ち直るのに長い時間がかかります。家族が必要なことを話してくれたら、それを受け入れましょう。

経済的・物質的に援助が必要な保護者

　食料や生活必需品の不足は、その家庭に精神的、身体的、情緒的、そして霊的な面で多大なストレスを与えます。[12] 貧困はまた、多くの人にとって気の重い話題で、貧困に苦しむ人々は、黙って苦しむか、信頼できる少数の友人にだけ相談することを選ぶ傾向があります。

　よく注意しなければならないのは、家庭が常に教会に経済的に依存しないようにすることです。教会は、機会があれば慈善基金から援助することを光栄に思っています。困っている人を助けるために資金を手元に置いておくことは優先事項です。しかし、教会では、同じ家族のためにこの基金を繰り返し利用しないように注意しています。緊急事態が繰り返されると、経済の根本的な原因に対処することなく、ますます緊急事態を招くことになるからです。ある家族が経済的な困難に直面している場合は、以下のように支援することができます。

• 就職カウンセリングの実施。親が履歴書を作成するのを手伝い、地域で求人していそうな企業経営者を紹介します。

- 経済的アドバイスの提供。会計士、ビジネス専門家、または教会の財務アドバイザーに、経済的安定のための長期的方策について家族に話してもらうように依頼します。
- すべてのイベント予算に奨学金を含めます。教会イベントに参加費がかかる場合は、奨学金制度があることを案内に明記します。可能な限り、数ドルであっても、すべての家族に何らかの負担を求めましょう。できる範囲で負担してもらうことが重要です。
- フードパントリー（食料配給所）とレスキューセンター（避難所）の情報を集めましょう。この情報リストは、教会に立ち寄って援助を求める人たちや、教会に来ている家族にも提供します。ホームレスや失業者、経済的に困窮している人々への奉仕を目的としている機関は、そうした家庭を助けるために、教会スタッフより優れた仕事をするでしょう。
- 明確な境界線を伝えておきましょう。家族が教会から経済的な援助を受けた場合、次回いつ、どんな形で援助を受けることができるかを知らせます。援助が1回限りならその理由を説明し、将来的に援助が必要ないようにするための次のステップについて話し合います。

何よりも、耳を傾け、牧会的なケアを提供することです。私たちの多くは、給料日までの予算を立てるのが大変だということを知っているはずです。また、給料日まで食べていけるかどうか不安な気持ちを理解できる人もいるはずです。励まし、受け入れながら、金銭的な援助以外を提供することが適切です。

精神疾患の影響を受けている親

精神疾患は目に見えない障がいです。全米精神疾患同盟（National Alliance on Mental Illness）によると、毎年、成人の5人に1人が精神疾患を経験しています。[13] しかし、教会で精神疾患の診断を受けた成人を全員知っているでしょうか。おそらく知らないでしょう。精神疾患を取り巻く根強い偏見は、人間関係における不快感や、社会的あるいは雇用の場における差別にもつな

がるため、人々は診断結果を隠す傾向があります。[14]誰かに話すと、時として非難されたり、害を受けたりするため、共有するメリットよりも、リスクを恐れてしまうのです。

　教会員の精神疾患の兆候を見つけるのは難しいことです。私の経験では、精神疾患と診断された人は、社会的な状況では強気な態度で臨み、家の安全な場所でしか症状が表れません。幾つかの兆候は、教会で表れる可能性があります。たとえば、過度な心配、恐れ、混乱、教会の活動や人々との会話を避ける、または控える行動、明らかな原因がない複数の体の不調の話（胃の不調、頭痛など）、ドラッグや過度の飲酒、自死についての話などです。[15]精神疾患は、他人には全く見破れないこともあります。

　他の家族と同様、精神疾患を持つ人がいる家族も、ユニークな方法で恩恵を受けることができます。そのような家族は、他の種類の問題に対処する際に、より大きな回復力が育まれることが多くなります。また、人生や人生に与えられるものに対する感受性、勇気、前向きに受け止めることにもつながります。[16]差別されるのではないかという恐怖を乗り越え、治療や投薬、病気に対する支援を求めることができた家族には、神が与えてくれた心と身体、そして神が他の人々との共同体に結びつける方法に対する深い感謝があります。

　親が精神疾患の診断を打ち明けてくれたならば、それは名誉なことで、信頼の証しであると考えてください。その信頼に応えられるようにしましょう。あなたが牧師でない場合は、牧師に診断を伝えてよいかどうか、許可を得てください。何よりも、精神疾患に関する会話から逃げたり、表面下に隠してしまったりしないことです。精神疾患を持つ人々は、自分たちの経験について話す安全な場所を切実に必要としていますが、それを見つけるのは非常に困難です。質問をしたり、時々彼らの反応を見たりしてください。彼らの経験や状態を恐れていないことを証明するのです。そして、まだ良いセラピストがいないのであれば、彼らに（そして子どもたちに）紹介してあげてください。

終わりに

百科事典のように、親、保護者、養育者の方々と接するためのあらゆるアドバイスをこの章に盛り込むことはできません。しかし、掲載されている情報がファミリーミニストリーの中心的な役割を担う親に対して、自信と恵みをもって導くためのよい出発点として用いられることを願っています。もし親の霊的な必要が満たされれば、家族の他のメンバーすべてが益を受けるでしょう。子育ての召命は、親だけで受け止めるものではありません。実際、親だけでその責任を果たすことはできません。それは神の定めたやり方ではないのです。子育てはみんなの役割です。あなたの教会で、親の最大の必要が何であるかを見極め、満たされるように心を尽くしましょう。

第 **3** 章
子どもミニストリー

　私はこの部門からミニストリーの働きを始めました。ナーサリーの奉仕者から始め、教会学校の教師になり、最終的には、子どもミニストリー、つまり子どもたち、親たち、そして奉仕者たちを指導することを仕事にしています。子どものためのミニストリーには、特別な祝福と課題があります。子どもの目を通して神を見ることができるという祝福を受けます。そこは神がしばしばご自身を現してくださる、他にはないミニストリー部門です。しかし、最も多くささげ、最もよく奉仕する会員を尊ぶ教会文化の中で、子どもたちの賜物はしばしば過小評価されがちです。同様に、子どもたちと一緒に働くリーダーたちも見落とされたり、未熟で大きなビジョンに欠けると見なされたりすることがあります。私は、教会の子どもたち、またリーダーたちに対して、別の評価を提案したいと思います。子どもたちは教会の未来ではなく、最も価値のある、最も忠実な現在の存在なのです。

　第3章では、まず、子どもと家族の発達について概観します。次に、教会の中で最も弱い立場にある子どもたちの安全対策の重要性を確認します。次に、ナーサリー（誕生から2歳）、プリスクール（3歳から5歳）、エレメンタリー（幼稚園年長から小学校3年生）の各年齢層の子どもたちを導くための具体的な方策について述べます。最後に、子どもミニストリーの最善の実践例を紹介します。

子どもと家族の発達

　子どもの脳、身体、魂がどのように発達するのか、そして発達が家族の状態とどのように関わっていくのかを理解することは、子どもと家族のためのミニストリーのあり方を変えることになります。指導者として私たちは賢く

行動する責任がありますが、子どもたちがどのように成長するのかを理解しなければ、十分な働きができません。[1]本章では、子どもの発達についての詳しい解説はできませんが、代わりに、子どもの発達と家族というシステムに関して、ミニストリーを通して教えられた重要な発見を幾つか紹介します。

●睡眠

子育ての最初の5年間は、家族が睡眠という問題の人質に取られているようです。昼寝と就寝の時間は家族の都合を左右します。この時間を軽視することはできません。あえて午後2時に幼児対象のイベントを企画して、誰が来るか見てみましょう。先日、ある新米パパから「睡眠時間が1時間半しかないと、本当に何もできないね」と言われました。睡眠は子どもにとって、成長ホルモンが分泌され、身体も大きく成長する時間です。[2]私の夫は、子どもが生まれたばかりの頃、夜中のお世話を交替する時によく、「睡眠不足は、国連の世界人権宣言第5条の『残酷な、非人道的または品位を傷つける取扱い』に当たる」[3]と言っていました。ミニストリーのイベントや奉仕者の募集は、子どもの昼寝や就寝の時間など、親が重視することに配慮すべきです。

●託児

良質で、手頃な価格で利用できる託児というのは、超党派で取り組むべき課題だと言われることがあります。同居する祖父母や身近な親戚がいない場合、親は託児について難しい決断を迫られます。二人親の家庭では、どちらが働いてどちらが子どもの世話をするのか、あるいは両方働いて保育料をどうするのか、費用と恩恵を天秤にかけなければなりません。私の友人の1人は3人の子どもがいますが、彼女も夫もフルタイムで働いています。1人は学校、1人は2つの保育園に行き、赤ちゃんは別の託児所に通いながら週に1〜2日は友人宅で過ごしています。保育料は別として、送迎はどんな家庭にとってもストレスになるものです。また、別の親友は外で働きたいと願っていますが、ソーシャルワーカーの彼女には、保育料に見合うだけの収入がありません。彼女は家で、夫が子どもと一緒に家にいられる日に、週に1日だけ働いています。

　経済政策研究所は 2015 年、米国のほとんどの家庭で保育料が家賃を上回っており、低所得世帯にとって託児は、簡単に手の届く選択肢ではないとの調査結果を発表しました。[4] 子育てにはお金がかかるし、時にはストレスも発生します。良い託児の場所を見つけ、維持するという負担が加わると、家族の生活に多大な影響を与えます。

●変化

　幼い子どもたちは、日々変化しています。その変化に対応するために、子どもたちは常に「学びたい」と要求してきます。特に、子どもの疑問や要求は、最も好ましくないタイミングで生じることがあるため、親は、教える瞬間にうんざりしてしまいます。日曜日の朝、教会のドアを開けて入ってくる家族は、すでに靴ひもの結び方を教え、木星の大きさを学校の大きさと比較して話し、朝食にパンケーキは食べられるけれども、誕生日ケーキは食べられない理由を説明したことでしょう（誰かに説明してもらえたら、親はどれほど助かるでしょう）。

　親同士が常に情報交換しているように見えるとしたら、それは子どもが常に変化しているからです。子どもの発達段階を把握した途端に、その段階は変わってしまうのです。「子どもが食べられる野菜を見つけた」「寝かしつけに成功した」と感謝したのに、翌週には子どもの好みや習慣ががらっと変わってしまった、というようなことが何度あったかわかりません。

●子どものような信仰

　信仰の発達に関して、ジェームズ・ファウラーは、幼児の認知能力の発達と霊的目覚めの相互作用について述べています。3 歳から 7 歳の子どもは、ファウラーが「直観的投影的信仰」と呼ぶ、論理にとらわれない想像力を特徴とする段階にあります。[5] ファウラーは、幼い子どもには想像力があるが、それを働かせるためには、具体的な物や、限られた人生経験を利用するしかないと説明します。そのため、象徴や物語、謎に対して非常に興味を持ちます。まだことばにできない人生の不思議や不安を表すために、新しいことばを常に探しているのです。[6]

この段階では、子どもたちは常に新しい考えや出来事を経験し、それまでの経験や教えでは理解できないようなことを体験しています。現実と空想の境界線は非常に見えづらく、全くないこともあり、おとぎ話やワクワクするような聖書の物語は、彼らにとって特に現実的で魅力的です。つまり、ライオンの穴に入ったダニエルの物語は、この段階の子どもにはかなり現実的で怖く感じられるかもしれない、ということです。そのような子どもを導く大人は、愛情に満ちた関係の中で、力強く、意味のある物語を分かち合う必要があります。ノアの物語を話すなら、それに含まれる善と悪の両方を語り、その後、子どもたちが物語を理解するための時間を取ることを怠らないでください。質問を投げかけ、子どもたちからも質問を受けるようにします。そして、子どもたちが意味不明な想像の世界に飛び込んだり、物語を軽んじたりしているように見えても耳を傾け、不思議さを受け入れてあげてください。子どもたちは、安心できる大人の指導の下で聖書の意味を理解しているのです。このプロセスは健全で美しいものです[7]。

子どもたちの霊的な理解に耳を傾けられることを光栄なことと考えてください。幼児の信仰教育者であるソフィア・カヴァレッティとジャンナ・ゴッビは、子どもたちが神と向かい合った時に示す独特の喜びについて述べています。神のイメージは「子どもたちの中に特別な透明性をもって映し出される」と書いています[8]。子どもたちは、神聖な真理を不思議なほど特別に手に入れていて、自分と神との不思議な絆を、物語や象徴を用いずには説明できない状況にあるのです[9]。

デイヴィッド・ヘイとレベッカ・ナイは、この霊的な能力を「関係意識」と呼んでいます。つまり、子どもは学んだことすべてを、自己、神、被造物の関係に反映させるのです[10]。イエスが物知りのように見える大人に「子どものようになりなさい」と戒めたのには理由があります。子どもは神を単純に、あるいは何の疑問もなく受け入れるわけではありません。多くの大人が失っている信仰の想像力、洞察力を持っているのです。教職者は、子どもたちが生来持っている霊性をつぶすのではなく、育んでいかなければなりません。子どもたちがどのような方法で信仰について教えられたかは、それが教訓的で教条的な方法であれ、探索的で思い巡らすような方法であれ、思春期や成

人期に信仰を内面化する方法に影響を与えるのです[11]。

　祈り、信仰、そして神の性質を受け入れることに関して、子どもたちの理解力と、取り組む能力を過小評価してはいけません。自然な霊性が芽生えるこの時期に、彼らの心と身体に起きている深いレベルの霊的成長を認識することが、指導者の役割です。神に対して開かれた心を育て、成長の可能性を示し、信仰生活の基礎を築く方法を見出すことが、指導者である大人の役割なのです[12]。

子どもの安全性への配慮

　安全という基本的な必要を満たさないなら、子どもたちの霊性を育むために、ほとんど何もすることはできません。安全性といっても、それぞれの年代ごとに違った課題があります。私が子どもミニストリーの奉仕者と共有しているように、これは楽しい話題ではありませんが、子どもが直面する危険性を知ることは不可欠な最初のステップです。ミニストリーの計画を立てる前に、子どもの安全を脅かす脅威について考えてみてください。

●虐待と安全な聖域

　米国小児科学会によると、18歳になるまでに、女子の4人に1人、男子の8人に1人が性的虐待を受けるとされています[13]。その情報源は、20人に1人の子どもが身体的虐待を経験すると示唆しています。2017年、米国保健福祉省は、年間1,000人に9人以上の子どもが身体的虐待、性的虐待、ネグレクトを経験し[14]、虐待者の90％以上が被害者の親であると発表しました[15]。

　教会のミニストリーでは、認識しているかどうかにかかわらず、ことばにできない被害を受けた子どもたちに出会う可能性が高いのです。同じくらい恐ろしいことに、牧師、青年担当牧師、その他のスタッフやリーダーとして、奉仕者を装って子どもに危害を加えようとする大人に遭遇する危険性も十分にあります[16]。

　教会は、親が安心して子どもを任せられる安全な場所と考えられがちですが、宗教的指導者から虐待を受けた子どものことが、ニュースでも頻繁に報

道されています。

　訓練を受けた教会の指導者や子どもに関わる奉仕者は、子どもたちに奉仕し、虐待の兆候を見分けることができます。私たちの役割は、常に目配りして、疑惑がある場合には進んで難しい質問をすることです。米国保健福祉省が発表した児童虐待の症状のリスト[17]に目を通し、ミニストリーに参加している子どもたちの中に、複数の基準に当てはまる子どもがいないか確認してください。

●身体的虐待
　身体的虐待とは、「親、保護者、その他の養育責任者によって引き起こされる事故ではない子どもへの身体的損傷で、殴る、たたく、蹴る、噛む、揺さぶる、投げる、刺す、首を絞める、（手、棒、ひも、またはその他の物で）たたく、焼く等、身体的危害を加えることを含む[18]」と定義されています。身体的虐待を受けた子どもには、以下の兆候が見られる場合があります。

- 打撲、咬傷、やけど、骨折、目の充血などの原因不明のけが
- 学校や教会の活動を休んだ後、あざや目立つ跡が濃くなる
- 怖がる、不安そう、落ち込む、緘黙、攻撃的になる
- 親や特定の大人に対して恐怖心を抱いている
- 食習慣や睡眠習慣の変化
- 親や他の大人による傷害の報告

●性的虐待
　性的虐待は、「親または他の養育者による、子どもの性器への接触、挿入、近親相姦、レイプ、ソドミー〔肛門や口腔で行うなどの不自然な性交〕、わいせつな露出、売春やポルノ制作による搾取などの行為[19]」と定義されています。

- 見知らぬ人や初対面の大人にすぐになつく
- 奇妙な、手慣れた、または異常な性的知識や行動
- 歩いたり、座ったりが困難になる

- 学校に行くことや、特定の活動に参加することを突然拒否する
- 悪夢を見る、おねしょをする
- 食欲の急激な変化
- 家出
- 親または他の大人による性的虐待の報告

●ネグレクト

ネグレクトとは、「親または他の養育者が子どもの基本的な必要を満たさないこと[20]」と定義されています。ネグレクトされている子どもは、以下のような兆候を示すことがあります。

- 頻繁に学校を欠席する
- 食べ物やお金を盗んだり、ねだったりする
- 歯科治療や眼鏡など、必要な医療を受けていない
- 天候に応じた適当な服装でない
- 常に不潔で、体臭がひどい

各州には異なる報告義務の法律があります[21]が、子どもと家族を大切にする教会スタッフとして、私たちは、愛と聖書（マタイ18：6、10、箴言24：11〜12、詩篇82：3〜4）によって、子どもたちを守ることが義務づけられています。すなわち、あらゆる種類の虐待やネグレクトの危険にさらされていると思われる子どもたちに心を配り、保護するために、迅速かつ適切な行動をとることを意味します。

●安全に関する方針と奉仕者研修

合同メソジスト教会は、すべての集会が安全な方針と手順を採用することを要求しており、「安全な聖域」と呼ばれています。各教会でどう呼ばれているかにかかわらず、すべての教会は、子どもと親を保護するための計画を必ず立てなければなりません。私の奉仕教会のように、宿泊を伴う修養会の寝具の手配、虐待を報告するための詳細なプロセス、イベント中のトイレ休

憩を監督するための細かい手順など、非常に具体的な方針を採用している教会もあります。このような詳細な方針が絶対に必要というわけではありませんが、危険な状況に対処するための計画を奉仕者に提供することは、倫理的な義務です。

このような方針は、教会の運営委員会によって承認され、定期的に見直される必要があります。子どものための安全計画は、教会員全員がそれに従っている場合にのみ有効です。奉仕者は、不自由な規則に従わなければならないことに不満を持つかもしれません。しかし、最悪の事態が起こった時、不満を言わなくなるはずです。経験上、危機的状況に陥った時に詳細な指示があれば、本当に心強いと思います。

安全方針は、子どもたちを守るだけでなく、子どもを預かる奉仕者も守るものです。私たちの教会では、ミニストリーの時間帯には血縁関係のない大人2人が必ず同席し、責任を持つことを義務づけています。その時間帯にトイレに行きたくなった子どもが援助を求めたら、その2人で情報を共有し、監視し合って、その敏感な状況において説明責任を果たすようにします。その日、子どもが家に帰って親に「今日、サラ先生に下着を見られた」と言ったとしても、もう1人の観察者である中立的な大人が実際に起こったことを報告することで、サラ先生を守ることができます。

子どもミニストリーは、教会で最も特別な奉仕です。誰でも参加できるわけではありません。子どもは非常に弱い存在であり、最も信頼できる成熟した指導者だけが彼らに関わることを認められるべきです。私たちの教会では、子どもたちのためのリーダーを募集する時に公募はしません。適切な奉仕者を探し、個人的に声をかけます。子どもたちに関わる奉仕をすることに同意した人は、全米規模の身元調査を受け、私との対面または電話による安全講習を受けます。その人が少なくとも6か月間、教会のミニストリーに参加し、認知されるまでは、決して子どもたちと直接接触することを認めません。このように子どもとの接触を遅らせることで、未成年者に近づこうとする犯罪者を阻止することができ、教会のスタッフや家族にとっても、教会の新しい参加者を知り、信頼を築くための期間を確保することができるのです。それと同時に、牧師や教会スタッフが教会で虐待を行う可能性の最も高い人物で

あり、権威ある立場を利用して最も弱い立場の人々を誘惑することがあるということを、心に留めておいてください[22]。奉仕者に対する説明責任は重要であり、教会の権威ある立場にある人（有給・無給を問わず）に対する監視の目はより一層重要です。cokesburykids.com に、無料で利用できる資料として、「奉仕者安全研修の概要」が載っています。これを参考に、あなたの教会に合ったものを工夫してください。

幼少期の有害な体験

　子どもたちが直面する危険は虐待だけではありません。社会福祉、養子縁組、里親制度、子どもの健康などの分野に携わっている人なら、逆境的小児期体験（Adverse Childhood Experiences ＝ ACEs）を知っているでしょう。ACEs とは、子どもの将来に悪影響を及ぼす危険性のある、幼少期におけるトラウマ的な出来事のことです[23]。この分類には、虐待やネグレクトのほか、他人の虐待の目撃、家庭内での薬物乱用、親の離婚や別居、家族の精神疾患等のトラウマが含まれます[24]。子どもの頃にこうしたトラウマを経験すると、成長してから健康的な生活を送ることや、健全な人間関係を築くことが難しくなります[25]。子どもには回復力があり、子ども時代のトラウマが将来を決定するわけではありませんが、治療や他者の配慮を受けないと解決や対応ができないような一生の傷になってしまうこともあります。ACEs を意識するよう奉仕者を訓練し、ACEs の影響を受けている子どもや家族に安定した支援を提供できるよう最善を尽くしましょう。必要に応じて、トラウマに精通したセラピストや、他の医療機関につなげましょう。

子どもの心の健康

　米国精神障害者家族連合会（National Alliance for Mental Illness ＝ NAMI）は、精神疾患の半数は 14 歳になる前に発症すると伝えています[26]。私が親と交わす最もプライベートな会話は、小児科医や児童精神科医から受けた診断や投薬に関するものです。私自身、NAMI のイベントに参加したことがあ

りますが、精神疾患を持つ子どもの親たちが、ある時には疲れ切って自暴自棄になり、次の瞬間には、話を聞いてくれない精神科医に対して怒りをあらわにしていました。多くの親たちは、子どものための精神医療制度が、よく言っても時代遅れ、悪く言えば冷酷であると感じています。

　精神疾患や情緒障害、行動障害と診断された子どもたちは、卒業できる割合が低下し、学業成績が軒並み低下するなど、学校で大きな問題に直面することになります。[27]それは、医療や支援を受けている子どもたちです。一方で、精神疾患が見過ごされたり、誤解されたりするケースもあります。[28]ミニストリーの指導者は、子どもたちがユーチューブなどのアプリやウェブサイトに夢中になっているのを受け入れ、自殺の手引きや暴力、憎しみに満ちた自己表現が彼らの指先の世界にあることを認識しないままに放置してしまうことがあります。また精神的な症状に気づいても、「あの子は問題のある子だ、親が何か良くないことをしたに違いない」と批判的に考えてしまうのです。

　教会のスタッフが、子どもが精神疾患の診断を受けた家族に提供できる最善の支援は、愛情に満ちた質問をし、その答えに共感して耳を傾けることです。多くの家族は、人を怖がらせることなく、自分たちの家庭生活について打ち明けられる場を探しています。少なくとも、子どもをセラピーに通わせたり、新しい薬を試したりしている家族を無視してはいけません。愛情を持って接し、寄り添いましょう。このような家族の支援に関する詳しい情報は、第12章を参照してください。

子どもとメディア広告

　おもちゃ箱を開封する動画を見たことがある人は何人いるでしょうか。これは、今日の玩具メーカーの天才的な発明です。箱を開いて、子どもや大人が新品のおもちゃを取り出します。これだけですが、子どもたちは何時間でもこの動画を見ていられますし、実際に見ています。[29]

　インターネットやスマートフォン（スマホ）のアプリには、子ども向けの動画やメッセージが氾濫しています。親は子どもにノーと言いにくいので、子どもに商品を欲しがるように仕向ければ、売れることを学習したのです。

そして、衝動を抑える力がほとんどゼロに近く、我慢できる力もほとんどない子どもたちは、クリックに次ぐクリックの害を見抜くことができません。米国では大多数の子どもが寝室にテレビを置き、家でインターネットを制限なしに楽しんでいます[30]。つまり、子どもたちが効果的な広告に触れる機会は計り知れないほど多いということです。

　家族が広告の危険性に気づくのを助ける方法の1つは、単純にこの問題について話すことです。子どもたちは10歳を過ぎると、広告主の意図を見抜く力を持つようになるため[31]、その年齢に達した子どもたちには、目にする広告の根本的なメッセージをどう評価するかについて話し始めることが適切です。また、有害な影響の一部を軽減するために、画面を見る時間を制限する必要性について親たちに話すこともお勧めです。

いじめ

　研究調査によると、アメリカでは21％の子どもが学校でいじめを経験しているそうですが[32]、私はそれが本当だとは思えません。実際はもっと深刻であるはずです。自分の子ども時代を振り返って、何らかの形でいじめを経験したことがないと正直に言える人がいるでしょうか。学校のカフェテリアや教会の集会室だけでなく、スマホやパソコン上でも子どもたちはいじめに遭っているのです。いじめについて、子どもが直面する他の危険と一緒に考えなければならないのはとてもつらく、目をそむけたくなります。

　ミニストリーの時間帯に子どもがスマホに熱中していたり、他の子どもが仲間外れにされているのを見かけたなら、いじめに注意しましょう。

　ミニストリーに参加している子どもたちに、誰かを仲間外れにしてはいけないことを伝えます。また、分級の子どもたちに、いじめについて、それをどのように識別して、誰に助けを求めればよいかを話してください。

聖なる傾聴で安全な居場所づくり

　私の友人のリアン・ハドレーのサイト www.leanne-hadley.com を訪れて

みてください。リアンは合同メソジスト教会の長老として、イエスの生涯、死、復活を、子どもたちの霊的な成長のモデルとして概念化することにキャリアを費やしてきました。数年前、傷ついた子どもたちの声に耳を傾けるところから、この活動を開始しました。

リアンは、世の中の悪や恐ろしさから目をそらしません。虐待や病気、死、離婚などで苦しむ子どもたちには、彼らの気持ちを共有できる安全な場所が必要です。でも、子どもは大人よりも苦しみをことばにすることが難しいかもしれません。[33] そこでリアンは、子どもたちを一般的な場所から安全な空間に導き、傷ついた気持ちを共有し、傷が癒やされて回復できるように、象徴的な表現能力をどう利用するのか、教会のリーダーたちに教えることに時間を割いています。

この非言語的なコミュニケーションに役立つツールは単純です。教会の家族の中に傷ついている子どもがいたら、両親の許可を得て、リアンが「聖なる傾聴[34]」と呼んでいる方法をその子どもに紹介します。まず、子どもたちには、伝えたくないことは伝えなくてよいと話しておきましょう。これは子どもたちが神と過ごす時間であり、あなたのための時間ではありません。それから、たとえば、様々な色のキャンドル、小さな砂箱とタッチペン、紙とマーカー、ビーズの箱、リスニングストーン〔簡単な形や記号が描かれた石〕など、幾つかの道具の中から子どもに選んでもらいます。

表現する時間が終わると、子どもは自分の感情をさらけ出した気持ちになるので、それを包み込んで、安心した気持ちで退出させるための工夫が必要です。簡単な呼吸の祈りをしたり、祝福のことばをかけたり、キャンドルに火を灯すなどの短い儀式を行うのもよいでしょう。最後の活動はどんなものでも（子どもが選んだ場合も）、これで終わりであることと、子どもが受け入れられていることが伝わる内容にしましょう。

聖なる傾聴はセラピーではありませんし、神秘的なものでもありません。傷ついている世界が、時には子どもたちをも傷つけていることを認め、彼らが話せるようになることを目的としています。子どもが心を開くために、何度も繰り返し聴く必要があるかもしれませんし、子どもたちが活動に夢中になって、何度も繰り返したくなるかもしれません。いずれにせよ、この方法

は、他では希望を見出せない子どもたちに、希望を与えるための力強い選択
肢の1つです。

各年代における最善の実践方法

　この項では、最年少の保育園児から小学生の年齢層まで、子どもミニスト
リーの最善の実践方法を概観します。なお、多くの子どもミニストリーには
プレティーン（10〜12歳）の年代が含まれますが、その年齢層は次の章で
扱うことにします。私の経験では、小学校4年生あたりから、本当の意味で
の思春期への発達の変化が見られます。その年代で、子どもたちは礼拝、奉
仕、祈り、仲間との交わりを新しい形式で行うことを希望して、その能力を
身につけ始めます。多くの教会では、子どもとプレティーンを明確に区別す
ることをしませんが、私は4年生から6年生に特化したユニークなミニスト
リー計画が必要であると信じています。

●ナーサリー（誕生〜2歳）

　子どもたちの年齢が上がるほど、安全への配慮が負担にならなくなります。
つまり、ナーサリーの部屋では、安全に対する必要が最も高くなります。コ
ンセントカバー、回転するベビーベッド、揺りかごのストラップなど、基本
的にナーサリールームは緊急事態に備えなければならない場所です。私は、
教会の中でここだけは、有給の専属スタッフを置くことにしています。有給
のスタッフに託児を任せることは、誰かが一貫してそこで働くことを合理的
に期待できる唯一の方法なのです。ナーサリーのボランティア奉仕者はすば
らしく、信頼できる存在ですが、1年のうち45週間以上そこにいることを
期待することはできませんし、期待すべきでもありません。
　ナーサリーに常に同じスタッフが常駐することには、様々な利点がありま
す。同じ人がいてくれることは、赤ちゃんにとっても親にとっても大きな安
心感につながります。子どもたちの多くはまだ自分で話すことができませ
んが、毎週顔を合わせているスタッフは、どのバッグが誰のものなのか、誰
がクラッカーを食べていいのか悪いのか、すぐに覚えます。また、いつも同

じスタッフであれば、送り迎えの手順も一定に保たれます。ことばを話せず、自分で賢い判断ができない小さな子どもたちは、最も弱い存在なのです。安全な到着時の手順と、すべての子どもが正当な親のもとに戻されることを保証できるようにしておきましょう。

この年齢層の子どもたちは、遊びやおやつの時間に委ねられてしまいがちですが、礼拝の時間をもたないと、すばらしい機会を逃してしまうことになります。彼らの集中力はせいぜい30〜90秒程度しか持続しませんから、いきなり会堂に入って説教を聞くのはお勧めしません。丸いじゅうたんマットを敷いて、そこに乳幼児たちを座らせ、簡単な賛美の歌を歌ったり、祈ったりするだけでも、とても良いスタートとなります。赤ちゃんが輪になって、指を使いながら「私は小さい火」を歌うのは、最高の体験になるでしょう。また、可能であれば、幼児用聖書絵本を用いて、手遊びやことば遊びを取り入れながら、聖書物語を読み聞かせることをお勧めします。

●プリスクール（3〜5歳）

未就学児の集中力の持続時間は少し長くなります。この年齢層は、対応する活動と共に、少しだけ長い聖書物語を体験することができます。しかし、言語能力や手と目の協調性が向上することで、他の考慮すべき点も出てきます。

この時期は、噛みつき、攻撃性、脱走、親からの分離不安などが問題になる可能性のある年代です。多くの乳幼児は、2歳までに噛みつきの時期を卒業しますが、3歳から5歳の子どもたちにとっても、問題になることがあります。噛むなどの攻撃的な行動は、より適切なコミュニケーション方法を見つけるまでの間、必要や欲求を伝えるために使われます。[35]未就学児が噛んだ時に親を不安にさせたり、悩ませたりしないよう、できる限りのことをしなければなりません。とはいえ、噛みつきやその他の攻撃性は、子どもを仲間とは別の礼拝に招くきっかけとして理解しています。以下は、攻撃的な子どもの安全を（仲間の安全も）確保するための方策です。

• 噛んだ子ども（加害者）、被害者の両方の親に知らせる。最善の方法は、

危害を加えた子どもの身元を明かさないこと。

- 子どもが攻撃的になるたびに、リーダーが報告書を作成することを義務づける。書面で詳細な記録を残しておけば、親とのコミュニケーションに役立ち、今後避けるべききっかけを特定できる可能性がある。報告書は長期的に保存しておく。

- 攻撃的な子どもの親に、家庭で有効なアドバイスや方策、教師や小児科医からのアドバイスがあれば、共有してもらうようにする。引き金になるものを尋ね、それを避けるためにミニストリーの時間を調整する。

- 境界線と期待を明確に伝える。私の奉仕教会では、2回の違反があった場合、単にコミュニケーションだけでなく、何らかの直接的な予防措置をとっている。噛みつきや攻撃が2回起こった場合、どのような対処がなされるかを親に伝える。

- プリスクールのリーダーに、感覚に配慮したクラス運営の研修を行い、親が共有してくれた、子どもが快適に過ごせる工夫を伝えておく。[36]

- 噛んだり、攻撃したりすることが2回以上起こった場合は、次のいずれかの行動をとる。

  ◎親に、子どもに付き添うように誘う（この方法は、解決するのと同じくらい、多くの問題を引き起こす可能性がある）。

  ◎スタッフまたは奉仕者の大人が、幼児に付き添い、事故が起きないように見守り、予防する（これは親に優しいオプションだが、残念ながら失敗することがよくある。子どもは信じられないほどスピードが速く、間に合わない）。

  ◎2人のスタッフまたは奉仕者を充てて、一時的にその子をグループから外して世話をする。数週間後、その子をグループに戻して、状況が改善するかどうかを確認する。うまくいかなければ繰り返す。

  ◎1〜2週間、親に子どもを預かってもらい、子どもが退屈しないような活動や教材を提供する。

どのような方法をとるにしても、いつも親とその子の居場所が教会のミニストリーの中にあることを保証してあげてください。

幼児を扱う際のそれ以外の安全対策としては、トイレの付き添い、分離不安のある子どもへの対応、脱走防止などがあります。幼児の中には、おむつをしている子もいれば、トイレを1人で使用する子もいます。最も大切なことは、トイレに付き添う際に教会の安全方針を守ることです。お尻を拭いたり、かわいいレギンスを履かせたりするためにトイレに入らなければならない場合は、必ず事前に他の責任者に連絡し、可能であればその人にも同伴してもらうようにしましょう。

親との分離不安を抱えている幼児を手助けするのは難しいことです。すべてのプリスクールの部屋には、パズル、ブロック、本、おもちゃなど、様々な遊びが用意されており、親と離れるのが困難な子どもたちでも、自分の好きな遊びを選択できるようになっています。子どもを抱っこしてあげたり、親子で過ごせるような場所を与えるなど、あふれる優しさを持って接しましょう。

この年齢層は走って脱走する危険性が最も高い層です。人数を何度数えても十分ではありません！　出席している子ども全員のリストを作成し、移動するたびに人数を数えて、全員がそろっていることを確認します。ドアノブ用のチャイルドロックを使うのも悪くないアイデアです。

最後に、幼児の祈りにまさる祈りはありません。[37] この年齢の子どもたちは、ことばで自分を表現する方法を学んでいるところです。このような発達の節目に祈りを教えることは、何よりの励みになるでしょう。声を出して祈ることをまだ恥ずかしく思っていませんし、彼らの愛らしく素朴な心は、神に完全に同調しています。おもちゃのマイクやキャンドル、お祈りマスコットを取り、それを持ちながら祈らせ、次の人に回します。お互いのために祈る方法を教え、2人1組になって手をつないで祈るようにします。名前を挙げて祝福を祈ったり、スタッフの後について祈るようにしたり、グループとして祈りを暗記し、礼拝の終わりに輪になって全員で祈ったりなど、幼児と一緒に祈る方法をできるだけ多く見つけてください。

●エレメンタリー（幼稚園年長～小学校低学年）

この年齢層で最も危険な誘惑は、学校の活動を真似して子どもの教会に取

り入れてしまうことです。教会の目的は教育ではありません。私たちは子どもたちに教えるのではなく、私たちの信仰の祝福を分かち合い、関係を通して子どもたちに責任を持たせるために立てられているのです。教会学校という考えを捨て、幼稚園年長児や小学1、2、3年生が今日抱えている現実の霊的な必要を満たす方法を探しましょう。

　子どもたちは、小学校での生活習慣を身につけると、集中力がぐっと高まります。この年齢層では、1つの活動につき3〜6分を目安にしていますが、双方向で魅力的な活動であれば、1つの活動を10分まで延ばすこともできます。

　この年齢層の安全上の懸念としては、乱暴なふるまい、身体への認識の欠如、衝動制御の問題などが挙げられます。身体的な成長が早く、体力もついていくため、自分が今どれほど強いか、自分の行動がどれほど他人に影響を与えるかを自覚していない場合が多いのです。小学生の礼拝の時間が、「誰かに足を踏まれた」「○○が腕を振り回して△△の顔をたたいた」という文句で中断されることはよくあることです。落ち着かせるために私が見つけた最善の方法は、静的な活動と動的な活動を組み合わせることです。子どもたちに静かに座ってお話を聞いてもらう前に、礼拝の賛美に合わせてダンスするのです。また、それぞれの活動の間に、呼吸法を取り入れたり、体操のようなポーズを取り入れたらどうでしょうか。以下に、子どもたちとの礼拝の中でできる、静的な活動と動的な活動のアイデアを紹介します。

静的な活動
- **音楽と瞑想**　教会の子どもたちは、楽な姿勢になって、賛美歌の歌詞を味わうことが大好きです。
- **（絵）日記**　部屋にメモ用紙、ノート、鉛筆を用意します。子どもたちがいつでも紙を手にして、神への祈りを絵にしたり、手紙にしたりできるようにします。
- **呼吸の祈り**　神の愛を吸い込んで、少し息を止め、神の愛を吐き出します。これを繰り返します。
- **恵みのクリーム**　子どもたちが座っている間、リーダーは無香料のリ

ップクリームを持って子どもたちの間を歩いて回ります。子どもは手を差し出し、リーダーはその手に十字架の印を描いて、「○○ちゃん、あなたは神様からの祝福だよ。他の人を祝福してね」などと伝えます。

- **祈り**　みんなで輪になって、声を合わせてお祈りをします。
- **砂場**　プラスチック製の容器を用意し、砂やテラリウム用の石など、乾燥した素材を入れます。そこにタッチペンや指で絵を描くこともできます。
- **キャンドルの点灯**　子どもたちを静かにさせたいなら、その日の祈りを象徴するものとして、キャンドルに火を灯す役割を与えましょう。本物の火でも、LED ライトでもかまいません。

動的な活動

- **ストレッチ**　手を思い切り高く、次に思い切り低く伸ばします。自分を包み込むようにし、それから腕を横に大きく伸ばすように指示します。様々な部位の筋肉を動かします。
- **リトミック**　音楽やリトミックの先生に相談し、発声練習やリズムを教えてもらいましょう。きっと最高の方法がそろっているはずです。
- **命令ゲーム**〔リーダーが「命令、○○をして」など、「命令」をつけた時のみ指示に従うゲーム〕　ジャンプ、突進、スピンなど、エネルギーを発散させます。子どもたちに真似するように促します。
- **ダンス**　礼拝の賛美の曲をかけ、子どもたちに最高のダンスを披露してもらいましょう。筋肉痛にならない程度に。
- **散歩**　気分転換をしたい時は、一列に並んで、ちょっと散歩してみましょう。屋外が危険な場合は、他の礼拝者の邪魔にならないように教会の廊下を歩いたり、別の階に行ったりします。
- **双方向の聖書物語**　聖書物語のキーワードを選んで、それに動きをつけて、そのことばを聞くたびに、その動きをするように子どもたちに指示します。
- **聖書劇**　聖書物語の一部を子どもたちに割り振り、その物語を即興で演じてもらいます。

- **聖書朗読**　全員を立たせて強制的に聖書を読ませることはしませんが、朗読が好きな子もいるはずです。時には声を出して読みたい子に読んでもらい、後で読んだ内容を説明してもらうのもいいでしょう。

　この年齢層の静と動のニーズに応えることは、礼拝中に神のみことばを受け取るために全員の目と耳を開くことにつながります。1人でもじっと座って集中できない子がいたら、計画を少し変えて、全員が静かに過ごしたり、計画的に動いたりできるように配慮しましょう。

　最後に、多くの教会では、この年齢の子どもたちに、会堂の礼拝の一部に参加するように勧めています。このような場合、子どもにとって移行期は最も難しい時期であることを心に留めておいてください。計画と期待していることを最初から全員に説明し、また、礼拝の新しい段階に進むたびに、意図的に静と動の活動を行い、子どもたちが精神的にも情緒的にも新しい段階に順調に移行できるように助けます。

すべての子どものための最善の実践例

　大人数の礼拝であれ、少人数のグループであれ、子どもミニストリーの指針となる原則は、「繰り返しOK」ということです。繰り返し、また繰り返し。子どもたちは、派手な色や新しい活動からエネルギーをもらえるので、しばしば、子どもたちのために常に新しく刺激的な教材や活動を準備しなければならないという誤解に陥ってしまいます。でも子どもたちは、大人よりもずっと上手に自分たちの力で子どもたちを惹きつけているのです。大人がスリルを与える必要はなく、そこにいるだけでスリルを味わうのです。自分の状況に合うスタイルを1つ選び、それを繰り返すことは恥ずかしいことではありません。

　私たちの役割は、レッスンを通してだけというより、人間関係を築き、弟子としての実践を通して子どもたちを導くことだと理解すると、気が楽になるでしょう。以下は、試してみたい実践方法のアイデアです。

- **式文** 教会が式文を重視した礼拝スタイルを採用しているかどうかにかかわらず、子どもたちが心に留め、教会の様々な場面で思い出せることばを伝えることは、すばらしい贈り物になります。初めて訪れる教会でも、子どもたちは「主の祈り」を聞いたり、「頌栄」を歌ったりして、礼拝に参加することができます。 毎週日曜日に繰り返し唱えているからです。頌栄で三位一体の神を賛美したり、使徒信条を唱えたりすることは、子どもたちに基本的な真理を伝えるすばらしい方法です。ミニストリーの時間の終わりに、一緒に「主があなたを祝福し、あなたを守られますように……」（民数記6：24〜26）を暗唱すると、一緒に過ごした時間を確かなものにするだけでなく、聖句を教えることができます。式文は、教会で最も子どもに優しい礼拝の基本的要素です。

- **聖書絵本** しっかりした聖書絵本を選び、毎週1話ずつ読みます。1年間で読み終えたら、翌年も同じグループの子どもたちに同じ物語を読みます。聖書の物語は、子どもたちと共に成長します。読むたびに子どもたちの立ち位置が変わり、同じ物語について常に新しい疑問が生まれます。聖書の物語は、感想を書いたり、絵を描いたり、劇にしたり、ゲームにしたり、繰り返したりすることで、理解を深めることができます。グループに最も適した適用を選択し、子どもたちが自分の創造性で応答することができるようにします。物語の冒頭で「この話、前にも聞いたことがある！」と言われたら、みことばはいつも新しいことを教えてくれることを思い出させてください。神が聖書から何を語ってくださったか、子どもたちに考えさせましょう。

- **ルーティン〔毎回の決まったプログラムの流れ〕** 多くのミニストリースタッフは、ルーティンは子どもにとって退屈なもので、同じことを繰り返すだけでは、親から努力が足りないと不満を言われるのではないかと恐れています。そのような不安を払拭したいと思います。ルーティンワークは、子どもたちの活動において、否定的なことばであってはならないのです。実際、子どもたちが予想できるようにしておくことで、ミニストリーの居場所に属している感覚を強めることができます。子どもミニストリーは、通常、次のような活動を通して行われます。

- おやつ
- 祈りのリクエスト
- 祈り
- 聖書物語（みことば）
- 暗唱聖句
- 適用（工作やゲームなどの活動）
- 黙祷・静かな時間
- ワーク（感想や記録）
- 奉仕（お手伝い）

　ミニストリーに適切な要素を選び、実行する順序を決めてください。それがルーティンとなります。毎週、その流れを繰り返します。ミニストリーに参加する子どもたちは、この順序を知っていて、それを導く責任を負うようにします。キャンドルを灯すことを取り入れるなら、毎週1人か2人にそのお手伝いをしてもらうようにします。椅子やクッションを用意する必要がある場合は、それが習慣になるまで、一緒に過ごす時間の最初に子どもたちにやらせてください。退屈になることを心配するなら、「祈りのリクエスト」の時間を設けるだけで、楽しみや興奮を味わうことができることを思い出してください。

終わりに

　子どもミニストリーは、親と子の両方にとって、土台を築き、期待を抱くことのできる時です。親が将来的に相談できるように、今オープンに何でも話せるくらいに親しくなりましょう。親はこの時期、奉仕に積極的になる傾向があり、それはすばらしいことです。でも、彼らを燃え尽きさせてはいけません。今年頼った保護者の奉仕者も、来年は休息が必要です。子どもミニストリーの奉仕者が燃え尽きることなく自由に人間関係を築いてもらうために、準備と奉仕の回数をできるだけ少なくしてください。子どもたちに使命

を感じている親は、将来、彼らのメンターや、高校生の小グループのリーダーになるかもしれません。

　私たちはあまりにも長い間、子どもミニストリーを無視し、予算不足に陥っています。教会の出席率や献金の減少は、私たちが行っているミニストリーが順調に進んでいるとは言えないことを示唆しているはずです。今こそ、子どもたちの意見を聞き、必要にもっと注意を払い、将来について考えるべき時です。子どもたちは私たちの未来であるだけでなく、現在であり、過去でもあるのです。

第 4 章
プレティーン（思春期）ミニストリー

「10 代の頃で、いちばん印象に残っている出来事を教えて」といろいろな友人に質問しました。以下は、答えのごく一部です。

「親から盗んだビールとタバコが、森の中でばれたこと。4 年生になる前の夏、10 歳くらいの時」

「6 年生の頃、友だちが急に私に話しかけなくなった日。1 日だけだったけど、すごく傷ついて、一生忘れられない」

「6 年生の時、各教科の成績が最高で最優秀賞を受賞しました。誇らしくて輝いていたのに、笑われて屈辱を感じました。頭がいいことは『かっこいい』ことではないと初めて気づきました。そんなふうに笑われるのは初めてだったので、自信は一瞬で打ち砕かれました」

「初キスは 6 年生の時、ローラースケート場で。友だちに『ちゃんと目を開けていてね』と言われたのに、目を閉じてしまい、一生取り返しのつかない失敗をしてしまったと思った」

こういう話を聞くと、思春期という年代は、彼らの生涯に消えることのない影響を与えるのだと実感します。小さな子どもでもなく、ティーンエイジャーでもない 10 〜 12 歳の子どもは、身体も心も社会的にも、大きな変化を経験します。この年代は、喜んで指導・奉仕したいと思える私の最も好きな年代です。

　第 4 章では、脳の発達や文化的シナリオとの関係など、プレティーンの子どもに見られる発達上の変化について概説します。続いて、思春期の子どもに対する親の役割について説明し、それから教会ができること、メンタリング、奉仕の見習い、また小グループによる信仰育成について説明します。最

後に、実践的な安全対策や性教育について、どうしたらプレティーン世代を守れるかについて説明します。

子どもとユースの中間時代

　思春期の時期には大きな変化が見られます。この時期を理解することは、この年代の子どもたちのためのミニストリーを計画するために非常に重要です。長い間、教会では小学6年生と中学1年生とで、子どもミニストリーとユースミニストリーを明確に線引きしてきました。けれども、小学校低学年児でもなく、ティーンズでもないこの短い期間には、別のミニストリーが必要であることがわかってきました。9歳から12歳の年代は「思春期前」「思春期の始まり」の段階であり、その時期特有の困難や祝福を経験し始めます。[1]この発達段階における脳の発達、文化的シナリオ、永続的な記憶についてまとめてみたいと思います。

●プレティーンの脳の発達

　プレティーンもティーンエイジャーも、冒険する、リスクを冒す、逸脱するなどの特徴があります。両親も専門家も、不安を抱えながら彼らと付き合おうとするでしょう。青年期を通じてリスクを冒す行動が増えるのは、脳の論理的で理性的な領域（前頭葉）と、情緒的で感情的で冒険好きな領域（扁桃体）の成長が不均衡だからとする説が最も有力です。[2]感情とストレスに対応する脳の能力は、青年期が始まると劇的に向上しますが、結果を予測したり、前もって計画したりする能力は、しばらくの間、子どもっぽさから抜けきれないと言えるでしょう。

　以上のような説明は参考になりますが、思春期前の脳の発達を過度に単純化したものであると理解しておくことも大切です。脳研究者が気づき始めたように、この段階の成長は非常に複雑で、前頭葉の発達の遅れということだけで完全に説明することはできません。[3]学者たちは、プレティーンの生活の中の親密な関係や意図的な教育が、脳の成長と人格の成熟とのギャップの影響を緩和することを発見しています。プレティーンが彼らの感情に目を向け、

適切に対応することを助ける教師と親との健全なコミュニケーションが存在すると、よりスムーズでバランスの取れた思春期を迎える可能性が高まるでしょう。けれども、脳の発達だけが重要な要素ではありません。社会的環境とも関係があり、その影響は親や医師だけではコントロールできない範囲も広く含まれます。

●文化的シナリオに流されるプレティーン

　多くの大人は、気づいているかいないかは別として、文化的シナリオに流されていく状況を身近に見ています。文化的シナリオとは、人生において社会的に理想化されたイベントのことで、言い換えれば、典型的な人生の過程で起こると予想される、一連の「文化的に重要な過渡的出来事」です[4]。研究によれば、若者が期待する将来の出来事と、高齢者が回想する過去の重要な出来事は、高い確率で一致しているといいます。文化的シナリオは地域によって異なることもありますが、世代を超えてほぼ同じであるようです。プレティーンの生活に関連している文化的シナリオには、思春期、兄弟の誕生、入学、初めてのデートなどが含まれるかもしれません[5]。

　このようなシナリオは、子どもたちがプレティーンになるまでほとんど気づきません。9、10、11歳の子どもたちは、自分に何が求められているのか、多くのことに気づき始めます。期待に沿うような服装をし、聞くべき音楽の歌詞を記憶して、見るべき番組を見て、持つべき電子機器を所有し始めます。シナリオが求めてくるものを満たしていない人が、社会的な影響で苦しんでいるのを見て、規範を身につけるのです。

　私たちの文化は、プレティーンの男子には「大きく、強くなる」というイメージを与え、それに近づくほど魅力的だと教えます。一方、その年齢の女子には、「小さくて、優しくて、受容する」というイメージを与え、男子の意のままになることを勧めます。理想的な男子は強くて冷静、理想的な女子は小さくて感情的です。こんなステレオタイプは明らかに有害です。

　このような文化的シナリオに従ってしまうと、若者の心も身体も壊れてしまう危険性があります。彼らはこの年齢まで、これほど短期間に、これほど高い失敗リスクを伴う物事を学んだことがありませんでした。プレティーン

の子どもたちは、社会のトレンドを感じ取り、突然流されていくように見えるので、親を困惑させることがあります。知り合いの小学4年生の女子や5年生の男子の親が、今までかわいかった「よい子」が、突然生意気な口をきいて、小さなことでキレるような別人に変わってしまった、と嘆くのを何度見聞きしたかわかりません。この混乱の原因は、ホルモンの変化、睡眠不足、ゲームや動画への依存等、複合的です。最も問題なのは、本人たちは意識的に判断できず、知らないうちに周りの社会的な環境に流されてしまっているということです。

●想像上の観客

世俗的なシナリオに従うかどうかは、「みんなが自分たちと同じように、行動や外見だけで判断している」という考え方と関連しています。「想像上の観客（見えない観客）」と呼ばれる、プレティーンが内面の自分に語りかける独り言と関係があります[6]。つまり、思春期になると、「きっと周りの人たちはこう思っているに違いない」と周りの反応を気にし、予測して、それに基づいた行動をとるわけです。1960年代に、この「想像上の観客」の概念が提起された時、それは根拠のない自分勝手な思い込みから生まれたものだろうと考えられていました。今日では、この「想像上の観客」からのフィードバックが、現実の社会経験や出来事からきていると理解されています。*Research on Adolescence* 誌に掲載されているように、「『いいね！』や『フォロワー』、インスタグラムのストーリーなど、想像上の観客は、多くの若者にとって現実のものとなっている[7]」のです。プレティーンの恐れと、彼らが人生で直面する実際の意見や結果との間には強い関係があります[8]。

親がプレティーンの子どもにスマホをしまうように言い、子どもがキレた場合、自然な反応は怒ったり、罰を与えたりすることかもしれません。好き勝手な行動は、理屈では受け入れられないかもしれませんが、親が怒っても、理解されていないという子どもの誤解を助長し、居場所がないという恐れを深めるだけです。彼らにとって、スマホは社会と関わるための基本的なツールであり、それを奪われることは、仲間との関係を脅かされることにつながります。プレティーンの子どもはとても未熟なので、大局的に物事を見たり、

親の気持ちを理解したりすることはできません。想像上の観客を意識して行動するプレッシャーは、とても強いのです。

　想像上の観客は、自分たちと同じように批判的か、自分たちを称賛しているかのように見えます[9]。その結果、プレティーンの自己批判は、想像上の観客によって強められます。これは、特に女子にとって、美しさという概念が自分を苦しめ、圧迫してくる段階です。2010年の調査によると、8〜9歳の少女が身体イメージに対する不満を頻繁に報告しています[10]。身体イメージに対する不満は特に女子に多く見られますが、男子も不満を持っており、その数は増加し続けています[11]。研究にも反映されているように、摂食障害を体験している男子も増え続けています[12]。自分の身体についての否定的な感情は、たとえば、「強くない」「かわいくない」などで、結果として自己肯定感や自尊心が急落します。摂食障害や自ら孤立していく傾向は、思春期前に始まります。これらの対処メカニズムは、内面に潜む怒りの声に耳を傾ける苦痛を麻痺させようとするものです。

　つまり、児童期の中頃になると、プレティーンの子どもは、内面の声に耳を傾けて自身の行動を肯定的に捉えようとすることもありますが、自分の選択に対して、厳しくダメ出しすることもあります。正直に言うなら、私たち大人にも当てはまるところの多い行動ではないでしょうか。否応なしにまとわりついてくる自己肯定感とも言えるでしょう。

永続的な記憶

　プレティーンの時期は、初めての出来事の連続で構成されています。初めての感動的な友情、初めての拒絶、容姿に対する初めての自己批判または自己陶酔、そして、この初めてリストはさらに続く可能性があります。思春期の子どもに関わる際の最も明確で恐ろしいことは、思春期の子どもの記憶は永続的に残るということです。大人は通常、子ども時代からの経験を断片的にしか覚えていません。でも思春期の出来事、たとえば家族との生活、失恋、友情、学業、特権、罰などは、人間の記憶に最も深く刻まれます。ほとんどの大人は、思春期の出来事を鮮明に思い出すことができます。

人間が文化的シナリオに沿って生活を整え、良くも悪くも永続的に記憶に残る思い出を紡いでいく時、この時期が後にやってくる青年期とどこが違うのか、疑問に思うかもしれません。プレティーンとティーンエイジャーには、大きく分けて2つの違いがあります。

1. **開放性** プレティーンの子どもは、新しいことに挑戦していく時、児童期に近いと言えます。彼らは経験が浅く、成長に伴って味わう失望や困難を経験したことがありません。彼らには、よく注意して、警戒しながら新しい活動に取り組むようにアドバイスすることができます。想像上の観客のプレッシャーに対抗するために、公園で遊んだり、レゴブロックや人形、アニメ映画に逃避したりするかもしれません。近年、思春期の来たるべき試練に備えるために、文化的なシナリオの期待について学び、人生や愛について語り合おうとする試みが始まっています。

2. **経験不足** ほとんどのプレティーンは、車の事故を起こしたり、恋人と別れたり、友人がパーティーでお酒を飲んで酔っぱらったりするのを見るような経験をしていません。この種の状況はやがて訪れるかもしれませんが、まだそのような重荷からは自由です。新しい体験への期待があり、また経験が欠如している彼らには、親や教会のリーダーが、事前に教えることができます。失敗することがあることを理解しつつ、賢明な選択をするように教えることができるのです。また、中学や高校で生活が厳しくなった時に、親や教会を安全な逃げ場として指し示すことができます。若者が警告を耳にすることも、困難の時の助けを知ることもなく、つらいことやトラウマになるような経験をするとしたら、健全な方法で対処できる可能性は低いのです。青年期の困難を乗り越えるのに最適な時期は、それが起こる前です。

もちろん、教会の教職者は、必ずしもその準備期間にプレティーンに寄り添って思春期の牧会ができるとも限りません。だからこそ、親の役割を理解し、親たちを支援するために犠牲を払う必要があるのです。彼らはいつでもプレティーンの子どもたちのそばにいるからです。

プレティーンの親

　プレティーンの親は、子どもたちと同じくらい感情的な葛藤を経験しています。子どもが児童からティーンエイジャーへと移り変わる間、親は、成長して全く新しい人格に変わっていく子どもを育てることになります。この時期には、欲求不満だけでなく、悲しみを経験する可能性もあります。プレティーンが大きな内面的変化を経験していることを理解している親にとって、どの部分に口を出し、どの部分を見守っていくのか、識別するのは難しいかもしれません。

●親に対する文化的シナリオ

　ほとんどの親は、子どもに対して夢を持っています。友人関係、趣味、学業など、最高の機会が与えられるように切実に望んでいます。得意なスポーツや楽器がないプレティーンは、充実した習い事をさせてスキルを身に着けてほしいと必死に願う親に連れられて、活動に参加することがあるかもしれません。友だち作りが難しい子どもの場合、親が子どもに代わって遊びの約束をすることもあります。親は関係が深まることを期待して見守るのですが、うまくいかない場合、親が失望する事例もあります。

　親がプレティーンに抱く夢は、愛情に満ちた本能からくるものですが、親自身の文化的シナリオと一致する傾向もあります。社会では、子どもの行動に課題があるのは、親自身の課題、または育児における課題の影響、と不当にも関連づけられることがあります。人と目を合わせられない、友人関係を築けないプレティーンは、親の影響を受けていると見なされる可能性があります。親がプレティーンの子どもを周りに溶け込むことができるように助けたいという願いは、親自身も文化的シナリオに合わせて生きていこうとする願望から生じています。

　親の文化的シナリオとして標準になってしまった信念の１つに、プレティーンは典型的な反抗期に入っていくので、介入しても無駄だという考え方があります。子どもの行動を細かく管理しようとする親がいる一方で、諦めて何もしなくなる親もいます。小売店での親子の買い物を調査したところ、あ

る親は、子どものことを文化的にふさわしい服や持ち物を選択する達人だと思っていて、もっとよい選択をするよう説得することができないと感じていることがわかりました[13]。また別の親は、プレティーンに拒否されたり、傷つけられたりして、よけいなお節介をするのをやめようと思うかもしれません。親が、カウンセラーや居場所としての役割、話の聞き役といった、その後数年間にわたって果たせるはずだった役割を、早々に放棄してしまうこともありえます。

　忍耐強くプレティーンの親の声に耳を傾けて、安心させ、尊重してあげてください。親は、プレティーンが「想像上の観客」に怯えながら文化的なシナリオに合わせて行動しようとしていることを理解すると、一般的に、プレティーンの気持ちを思いやり、寄り添っていくために聞き役になろう、と自分の役割を受け入れるようになります。

●積極的な会話

　プレティーンの若者と親の間の葛藤や傷に対処する最善の方法は、意図的で頻繁な会話です。これは、拒否しようとするプレティーンに突き刺さるように、親が一方的に指示することばとは正反対です。親友のキャロルは、幼い頃、母親がどのようにさりげない会話の習慣を実現したか話してくれました。母親はキャロルに数時間かけて家でパーマをかけてあげていましたが、数時間の間、手は体に触れていても彼女の方を見ることはありませんでした。彼女は母親が目を合わせないようにさりげなく、思春期や性などの大切な話題について話していたことに気づきました。キャロルは母の手が髪に集中しているのを感じながら、固く改まった話し方でない話の内容に耳を傾けることができたのです。キャロルは今、プレティーンを育てていますが、車の送迎の時間は、6年生の息子ウィルの大切な質問に答えるのに最高の時間であることに気づきました。彼女は運転しながら質問し、自然な形で率直な意見を述べることができます。ウィルは車の後部座席で、安全圏にいてプライバシーを保ちながら、送迎の時間を利用して、友だちのこと、歌の歌詞のこと、性についてなどを話すことができるのです。

　性の話とは別に、この年代の子どもと早い時期に話しておいたほうがよい

話題は、幾つかの「キーワード」についてです。話す目的は、思春期で経験
している変化と、その理由を説明することです。プレティーンは、自分の脳
が変化していること、その変化が多くのエネルギーを必要とし、多くの感情
の変化を引き起こすことを聞く必要があります。感情の変化は正常であり、
そのように予定されています。大切なのは、どのように乗り越えるかです。
プレティーンと親が心や身体の変化を引き起こすストレスについて共通理解
を持っていると、パニックになったり、自制できなくなったりする時に、お
互いに助け合えるように「キーワード」を用いて合図を送ることができます。
オーストラリアの作家でシングルマザーであったジョー・エバーハルトは、
11歳の息子が、学校で何かを発表することが「トラの牙」と向かい合うほ
どのストレスだと聞いていました。[14] その不安感を表すことばを知った後で、
彼女が「ママはトラの牙とは違うでしょ？」と言えば、息子は母親に対する
反応が不適切だったとわかるでしょう。それが彼らのキーワードになってい
ったのです。

　先日、プレティーングループのリーダーから、1人の子どもが騒いでしま
うのだが、どうしたら抑えることができるかと相談を受けました。いろいろ
な可能性について検討した後、誰かが話している時は、周りは落ち着いて集
中する必要があると、その子に話すことにしました。そして、リーダーとそ
の子は、自制心を発揮するタイミングを知らせるキーワードや合図も一緒に
考えました。脳内で何が起こっているのかを説明し、どうやって対応するか
適切に協力することができたら、そこに信頼関係が生まれ、自制できるよう
になるはずです。

プレティーンに関わる教会の役割

　ミニストリーの専門スタッフとして、プレティーンミニストリーを指導す
る最初のステップは、彼らの発達段階と必要を理解しようとすることです。
本章ではこれまで、その基礎的な理解のプロセスについて書いてきました。
ここからは、教会での分級の持ち方、育成方法や教会内での実践など、プレ
ティーンのためのミニストリーの概要について説明します。その後、教会と

いう場でプレティーンを保護するという大切なテーマを扱います。信仰について、性について、IT技術について、消費について、プレティーンと親を育成することが含まれます。

●プレティーンの分級

　小学4、5年生の輪に座って彼らの話に耳を傾け、哲学的、神学的な問いに取り組むのを聞くことほど、楽しいことはありません。プレティーンのために実り多い分級を計画するためには、難しい質問に時間をとって、丁寧に説明することをいとわない大人の存在が大切です。当然、軽食（スナック）が鍵になります。

●軽食（スナック）

　私の経験では、一週間分の食欲を蓄えていたかのように、彼らは教会のスナックを食べ尽くします。会話を深めようとするプレティーンほど、この現象が当てはまるようです。ベーグルとクリームチーズ、薄く切ったりんごなどを準備することによって、メンバーとリーダーに安心感が生まれ、率直に話し、周りの話をよく聞くようになります。可能であれば、カロリーの高いジャンクフードを避け、健康的なスナックを提供しましょう。私が準備する分級では、チーズスティック、クラッカー、ブドウ、バナナ、パンとバター、ヨーグルト、ポップコーン、無糖のシリアルなどをよく食べます。スナックタイムを信仰育成プロセスの第一歩と位置づけることに、迷いはありません。ミニストリー計画の中では、最も実用的な要素が最も重要と言えるでしょう。

●ディスカッション

　スナックタイムが一段落ついたら、分級のリーダーは、本来の目的をスタートすることができます。「Q&Aタイム」をスタートして、質問を投げかけ、答えてもらいます。参加者の質問が尊重される安心できる場所を提供することは、最高の贈り物です。小グループでディスカッションに集中することは、指導する奉仕者にとっても感謝なことです。なぜなら、土曜日の夜に無理して活動の準備をしたり、カリキュラムのメッセージを暗記したりする必要が

ないからです。プレティーンはリーダーになる用意ができているので、最初に意見を話してもらうことによって、その備えをしていく必要があります。ディスカッションの時間を設けるには、様々な方法があります。1つは、彼らにテーマを決めてもらうことです。毎月、あるいは学期ごとに彼らを集めて、質問したいことやディスカッションのテーマを挙げてもらうように依頼します。次のように問いかけるとよいでしょう。

- みんなと話したいことは、どういうこと？
- 聖書のどの書巻についてもっと知りたい？
- 今わからないこと、知りたいことは何？（紙に書いて提出してもらうとよい）
- 神様に1つだけ質問できるとしたら、何を聞いてみたい？
- プレティーンとして、いちばん大変なことは？
- プレティーンになって、いちばん良かったことは？
- 今までに聞いて心に残っている聖書の物語の中で、新しく学んでみたいテーマは何？

　プレティーンがアイデアを出してくれたら、リーダーは毎週、何について話し合うかを決めます。ただしこの方法は、リーダーが精神的に成熟していて、自分でさえ答えられないようなテーマであってもディスカッションを導くことができる場合にのみ使えることに注意してください。リーダーがボランティアで単にローテーションで奉仕していたり、ミニストリーに不慣れな初心者の場合、参加者にテーマを自由に選ばせることはお勧めできません。
　プレティーンと会話するための別の方法は、質問箱に毎週5～10の質問カードを用意して、毎週その中から選んでもらい、質問を繰り返し使用することです。質問は彼らにとってわかりやすく書かれていて、自分の気持ちを見つめて心を開きやすいように配慮されている必要があります。以下はその例です。

- 心の奥底で、切実に感じていることは何？

- 今週、いちばんうまくいったことは何？
- 今週、不満を言いたいことを1つ挙げると？
- 自分に近い人の中で、今いちばん苦しんでいるのは誰？
- 今週、友だちに対してどうだった？
- 自分の行動で、賢かった、強かった、役に立ったと思ったことは何？
- 今週、悩んでいたことは何？
- 今週、家族にどうやって愛を示した？
- 今週、神の愛を感じたのはどんなこと？
- 最近学んだことは？
- 自分はどれくらい成長している？
- 何を考えて時間を使っている？
- 周りの人に祈ってもらいたいことは？
- 今週、どこで神様のみわざを感じた？

　リーダーが自らこれらの質問に答えながら、プレティーンの信仰生活のモデルになって見せることはとても大切です。正直に適切に共有すると役立つでしょう。といっても、失敗したデートの話とか、仕事場でのミスなどの話は、重すぎて子どもたちが処理しきれなくなってしまうこともあるので、司会進行役のリーダーが話すのには不適切かもしれません。しかし、自分でも信仰について疑問を持っていることを認めながら、神が周囲ではたらいておられることを語る大人は、プレティーンにとって、信仰を現実的なものにしてくれる存在です。

　とはいえ、ディスカッションだけが唯一の選択肢と言っているわけではありません。奉仕プロジェクト、ゲーム、工作などもディスカッションと併せて組み込むことができます。特に彼らがやりたいとリクエストした活動を取り入れるといいでしょう。どちらにしても、彼らが深い本質的な質問をしたり答えたりすることは、プレティーン活動の基礎になると確信しています。このようにして、互いを信頼できるようになり、中学や高校に進んで、本当に大切な問題についてどうやって話せばよいのかを学ぶことができるでしょう。プレティーンの分級に真剣に取り組むことで、教会は安全な場所という

確信をメンバーに与えることができます。それはユースリーダーにとっても、大きな祝福になるはずです。

●奉仕の見習い（アシスタントとしての育成期間）

　私の長年のミニストリー経験の中で、奉仕の見習いは今まで試した最高のアイデアかもしれません。プレティーンの幅広い成長にとって役立ちます。知的能力と身体的能力を伸ばし、親や「想像上の観客」に依存したり、流されたりすることが減ります。思春期という困難な年代において、自分たちの居場所と必要とされている役割が確立します。親以外の成人のメンターとつながることによって、信仰的にも大きく成長します。キャサリン・ストーンハウスは、次のように書いています。

　「子どもたちの信仰は、神を知り神を愛して成長している大人の影響を受けながら成長していく。神の愛に生きようと求めている信仰共同体に属することで、神の霊感によって影響を受けるのである」[15]

　奉仕の見習いとして仕えることは、安全で愛されている環境で、プレティーンが賜物と召命を探していく入り口を提供します。小学校４年生から６年生までの子どもたちは、理解力、能力、柔軟性を兼ね備えた特別な時期を生きています。大きくなったら何になりたいかと幼児に尋ねると、人魚、消防士、海賊といった答えが返ってきます。小学校高学年生になれば、魅力的で楽しいだけでなく、実現可能な仕事を探して、答えが精査されていきます。私はこの時期を、召命を識別する時期と考えています。研究者たちによっても、キャリア開発の開始時期は子ども時代からと、長年言われてきています。[16]

　子ども礼拝や分級に参加していたプレティーンは、彼らが受けてきた恵みをお返しする準備ができています。彼ら以上に喜んで奉仕しようとする年齢層はないでしょう。見習いとして育成していく過程は、プレティーンを教会の奉仕者に加え、親以外の成人メンターに依頼して、お世話役として見守ってもらいます。見習いミニストリーを立ち上げる最初のステップは、教会のどの奉仕で受け入れが可能かを確認することです。次のような奉仕の可能性があるかもしれません。

- **受付**　礼拝に出席する人々が到着したら、ドアを開け、笑顔で挨拶し、コーヒーやドーナツを提供する
- **案内**　週報を渡す、座席に案内する、会堂を整える、献金を受け取る、出席を確認する
- **ナーサリーのヘルパー**　赤ちゃんのお世話をする、絵本を読む、おやつを出す、ミルクをあげる手伝いをする
- **プリスクールのヘルパー**　幼児に模範を示す、おやつや工作の手伝いをする、聖書物語を読む
- **音響・映像**　音響機器の操作方法を学ぶ、合図に従ってスライドを映す
- **司式補助・聖書朗読**　礼拝の中で聖書を朗読する、司会の補助をする
- **照明**　礼拝でキャンドルに火をつけ、光が消えないように注意する
- **アシスタント**　スタッフに同行し、必要な物を運び、頼まれたことを伝え、用件を実行する
- **礼拝裏方の奉仕**　聖餐式に関連する準備、出席確認、講師への水の用意、礼拝奉仕者の確認など
- **会場整備・清掃**　会場に早めに行くか、遅くまで残る。椅子を整える、ベンチを拭く、礼拝の用意をする、ごみ箱を空にする、点灯・消灯する、掃除機をかける
- **祈祷**　会衆のために祈り会を持ち、祈りの課題を読み上げる、祈りのリクエストを集めて記録する、礼拝前に奉仕者と共に祈る、礼拝の間も祈る
- **週日ミニストリーの奉仕者**　週日にミニストリーに参加して、託児の補助や必要な奉仕をする

　教会リーダーがプレティーンのために可能な奉仕リストを作成したら、各部署でプレティーンを指導するために、信頼できて愛情深い成熟した大人を見つけることが必要です。できれば、教会にすでにそういった奉仕者がいて、各部署で次世代を育成していくのが理想ですが、そうでなくても、プレティーンの見守りのために成人の奉仕者も同時に募集することができるかもしれません。仮に教会で受付奉仕者が不足していたら、よいメンターになれそう

な大人に声をかけて、興味のありそうな子どもを育成するために、受付奉仕に参加してくれないかと依頼してもいいでしょう。

　各部署にメンターがそろっているなら、親と一緒に、子どもが興味のある奉仕に申し込むことができます。cokesburykids.com では、各自の賜物、能力、希望を確認するためのワークシートが用意されており、親子で記入することができます。どんな希望も考慮されますが、最終的にはリーダーの決定に従って依頼されることを明確にしておくことが大切です。

　教会のリーダーは、見習いとなるプレティーンとメンターを割り当てたら、メンターに、奉仕中と、できれば教会外でも、その子どもと仲良く知り合うことを奨励しましょう。奉仕する頻度や予定も、一緒に決めるとよいでしょう。教会の安全方針を考慮し、親とメンターに、安心して一緒に奉仕できるように、仲良くなれるアドバイスをします。このようなメンタリングを始める前に、すべてのメンターに対して、教会の安全研修を実施すること、身元調査をしておくことも必要です。

　私たちの教会には 150 人ほどの会員がいますが、小学 4 年生から 6 年生までの 7 人が見習いとして奉仕しています。5 人はナーサリーやプリスクールのヘルパー、礼拝裏方の奉仕者として毎週奉仕しています。残りの 2 人は、少なくても月 2 回は音響ブースで奉仕し、その奉仕がない週には、ナーサリーかプリスクールのヘルパーをしています。数週間前、あるメンターが緊急事態のため、日曜日の礼拝に出席できなかったことがありました。けれども、見習いの子どもが必ずそこに来て、必要な奉仕をできると保証していました。そのとおりに、メンターがいなくても、見習いの子どもは礼拝裏方の奉仕のほとんどを成し遂げることができました。先週はナーサリーに赤ちゃんが押し寄せましたが、プレティーンのヘルパーがお世話をしてくれました。それを見ていたスタッフは、彼らがヘルプに入れるなら大人の奉仕者を増やす必要はないと言っていました。子どもたちは、教会の未来ではなく、現在なのです。

　典型的なプレティーンの子どもが教会に来ると、仲間と人間関係が持てるのか、1 人で座るのか、仲間と一緒に座るのかなど心配するかもしれません。でも、見習い奉仕をしている子どもたちの場合は、教会に来るとすぐに奉仕

に行くことができます。居場所の課題は、与えられている奉仕と、共に歩んでくれるメンターによって、すでに解決されています。帰属意識とは、奉仕によってもたらされる部分もあるのです。友人と過ごす時間は、小グループの時間や礼拝後にたっぷり持つことができます。

プレティーンを保護するために

　他のライフステージと同様、プレティーンの年代にも、独自のリスクと必要な予防策が伴います。この年代の子どもたちは、自分の個性に目覚め、感情、好み、態度について気にし始めます。自己発見と言えるかもしれませんが、「かわいいか、醜いか」、「男らしいか、女らしいか」、「頭がいいか、悪いか」「人気があるか、ないか」等々、自分自身を分析し、判断し始めるようになります。包括的な信仰と性の教育を必要とするのは、まさに身体が変化し、性に関して未経験であるこの時期です。性的なことばや経験に直面して揺らいでしまう前に、性についてと身体の変化について理解していないのなら、賢い決断をすることができないのです。　さらに、ゲイ（G）、レズビアン（L）、バイセクシャル（B）、トランスジェンダー（T）、またクエスチョン（Q）であるプレティーンは、この段階で新しい自分自身を表現し始めることがあります。教会では、そのプロセスを通して彼らとその家族を牧し、愛するために事前に準備しておく必要があります。ここでは、プレティーンに信仰とセクシュアリティの教育を提供し、LGBTQのアイデンティティを形成しつつある子どもたちの信仰育成のために必要な調査結果と方策についても触れたいと思います。

●信仰と性の教育
　若者に性について教えるのに最適な時期は、彼らがまだ知らない時期です。教会でのプレティーンミニストリーは、性的なことば、イメージ、体験にさらされつつある子どもたちに、聖くて正しい第一印象を与える最後の機会かもしれません。私の経験では、子どもたちは6年生の初めまでに性に関することばや概念を十分に学んでおり、信頼できる大人から真実を学ぶには

あまり興味を示さない可能性があります。包括的な性教育を行うと、純粋な子どもたちを目覚めさせるように見えるかもしれませんが、実は全く逆なのです。知識は最高の保護手段です。

　ガットマッカー研究所は2017年に青年期の性的健康に関する調査結果を発表しました。以下はその一部です。[17]

- 米国の若者は、平均17歳で初めて性交渉を持つ。
- 15〜19歳の青少年の約半数がオーラルセックスをしたと報告し、10人に1人はアナルセックスをしたと報告している。
- 米国では、15〜24歳までの若者が性感染症の感染者数の約半数を占めている。
- 2013年の中絶の約11％が未成年によるものだった。
- 思春期の若者が性交渉をしない最も一般的な理由は、道徳的または宗教的な信念であった。

　私は、これらの圧倒されるような統計を共有しつつ、性行為がプレティーンやユースの生活の現実的な一部になっていることを指摘したいと思います。この時期、彼らは確実に性的言動にさらされていて、同年代に性行為に巻き込まれている親友がいることでしょう。もし私たちが神の教えを伝えないとしたら、また神の創造されたすばらしい身体や、性的欲求の健全及び不健全な表現法について、さらには将来の性的交わりに備える必要があることを教えないとしたら、彼らは無防備なままで、愛情もなく下品な仲間や大人が洗脳しようとする場に放っておかれることになってしまいます。

●教会が最善の場所

　中学・高校で直面する疑問とプレッシャーに対して、プレティーンが前もって準備できるようにしてあげることは、大人として大切な役割だと思います。私たちは、性的な課題に対する自分たちの恐れと心の傷に向き合わなければなりません。当然のことながら、多くの学者は、教会にしかできない若者に対する性教育があるはずだと指摘しています。信仰は人生に不可欠な核

であり、すべての宗教団体は性的な倫理と行動の規範を教えます。教会が家族に性について語る方法は、その家族の性に関する経験や価値観に深い影響を与えるでしょう[18]。性教育の必要性を理解している牧師は、一般的に性教育を提供することに意欲を示し、熱心であるかもしれませんが、どこからどうやって始めるかなどのプログラムやノウハウがなく、途中で頓挫してしまうこともあります[19]。

　教会で性教育をためらうその他の理由としては、対立を引き起こすかもしれないことや、信仰に基づいた性教育を地域向けに提供することは必ずしも必要ではないのでは、という誤った結論です[20]。信仰と性についてのプログラムを主導する責任は、ファミリーミニストリーの担当者にあるのかもしれません。家族に関する専門知識を生かして、このテーマの重要性を教会員に伝えることができるからです。家族心理学の学者たちは、宗教は性を恥ずかしいこととして扱うので、性的な成長に悪影響を及ぼすと決めつける傾向があります[21]。ほとんどの公立学校の性教育は、法律によって、性に関して基本的な事実のみ、多くは禁欲のみの内容に限定されています[22]。教会は、禁欲だけを唱えさえすればよいという安易な建前に戻ってしまうのでなく、流れを変えていく道徳的な責任を負っています。ミニストリーの責任者は、性に関する包括的で信仰的なアプローチを教えるために、もっと影響力のある方法を探し求めていく必要があります[23]。

●親を性教育のために整える

　教会はプレティーンに性について教える重要な役割を果たすことができますが、その影響は、親が子どもたちの信念や行動に与える影響と比較すると取るに足りないものです[24]。調査によると、親や教会とのつながりが強い家族の出身者は、これらの支援のないユースと比べて、早期に、または危険な性的行動をする可能性が低いという結果が出ています[25]。教会は健全な性について、年間プログラムまたは連続した説教を通して教育することができますが、親は毎日の生活の中で、子どもたちに正しい原則を示すことができるわけです。

　問題となるのは、大人が互いに性について話し合うことについて感じる恐

れと不快感です。性に関する自分の信念とか習慣が、他の人に批判されたり、軽蔑されたりすることを恐れています。また、自分の子どもと性について話すことに関しても、親が責任を放棄してしまうことが少なくありません。十分な知識がないと感じたり、子どもに与える影響を過小評価したりするからです。当然、仲間との関係性が大切な時期ですが、親の価値観や模範が重要でないわけではありません。

　ミニストリーのリーダーとしての役割は、親が健全な性的価値観を実践し、プレティーンの子どもたちと、日常会話の中で性についても話題にするように整え、励ますことです。教会が親を教えると、彼らが子どもたちに教えます。信仰に基づいた効果的な性教育は、子どもの益のために親と教会が協力することによって実現します。

　親に関心を持ってもらう方法としては、プレティーンのために信仰と性の学びを提供することです。実際、教会で最も役に立つミニストリーの方策は、親にとって感情的に難しい子どもの発達段階の必要について取り扱うことです。親が最も不安に思っている話題に触れれば、心を開いてくれるでしょう。このミニストリーの方針についての詳細は、第７章で紹介します。

●信仰に基づく性教育の方針

　私は５年間、信仰に基づく性教育を研究し、プレティーンに提供してきた経験から、以下の原則が役立つことに気づきました。

- １学年ずつ教える　プレティーンの成長は早く、４、５、６年生を一緒に教えることは効果的ではありません。４年生の質問を聞くと知識の豊富な６年生は興味がなくなりますし、逆もまたしかりです。もし、どうしても対象を１学年に絞らなければならない場合は、５年生を選んでください。彼らは性についての理解はありますが、中学校の葛藤を経験していない年齢です。聖書的な性の理解について知りたいと思っていますし、最も守られた環境にある子どもでも、性について理解できるレベルに達しています。
- 熟練した愛のある専門家を講師に招く　教会員で医療従事者、教師、カ

ウンセラー、青少年育成の専門家を探してください。性教育には、身体のしくみや生殖に関する知識も多く含まれますが、小児科、産婦人科の医師や看護師は、身体的側面を強調する傾向があります。結婚、人間関係、思春期、性交、虐待、ポルノも含めて、幅広い分野を包括的に取り扱うことが重要です。これらのテーマを愛と恵みをもって話すことのできる人に協力を依頼しましょう。

- **週末のイベントを企画する**　数週間にわたって性教育プログラムを企画することも可能ですが（ユースミニストリーでは好ましいかもしれませんが）、子どもたちがスケジュールの都合で全出席できない場合、良い選択肢ではありません。性の学びは、1つの概念から次の概念への継続性が大切なので、集中的なイベントとして実施して、その後は家庭で継続的な会話が続くのが望ましいでしょう。

- **親対象の学びを提供する**　もし親が子どもの性教育という賜物を教会のリーダーにゆだねるのであれば、親自身も学ぶ必要があります。プレティーン向けの学びの前後、そして同時期に、親対象の学びを開いて参加してもらいましょう。プレティーンが学ぶのと同じ原則を教え、親の質問を分かち合ってもらって、互いに学び合うことも大切です。親対象の学びを持つと、この話題に対する心地の悪さや恐れも和らぎます。自分たちだけが心配しているわけではないことがわかり、他の家族がどうやって家で性について教えているかの情報も得られて、役立つでしょう。

●信仰に基づく性教育の資料

　家族向けに信仰と性の学びを提供したいと願う教会が利用できる優れた資料があります。以下はその例です。カリキュラムを選択する時には、避妊、出会い系アプリ、ネット上の性的映像、性的アイデンティティ、身体のしくみ、生理学、人間関係などを含む包括的なアプローチであることという原則に従ってください。当然プレティーンに禁欲について教えることは重要ですが、それしか教えないプログラムだと、結婚前の妊娠を防いだり、性的関係を控える決心をしたりするのに有効でないことが、研究によって証明されています。[28]

• **Wonderfully Made**（すばらしく創造された）

　Leigh Meekins, Tanya Eustace Campen, & Mark Huffman 著、Abingdon Press（www.abingdonpress.com）

　この本は、10 ～ 12 歳の子どもたちが、身体について、これから起こる身体の変化について理解し、神がいつもどれほど彼らを愛してくださっているのかを理解する助けになります。身体の各部の説明、その他の思春期の変化についても書かれています。性欲や意思決定に与えるソーシャルメディアの影響についても解説しています。

プレティーンの性的アイデンティティ

　ユースミニストリーの指導者に性的アイデンティティの発達を導く機会が与えられることは一般的かもしれませんが、実は性的アイデンティティはプレティーンの時期に形づくられ始めます。性自認の発達は、児童期から成人期までのどの段階でも始まる可能性があります[29]。性的指向は早ければ 10 歳でも判断できることがありますが、明確になってくるのは 12 ～ 17 歳の年代です[30]。4 ～ 5 年生（9 ～ 11 歳）で、自分の身体と魅力について、記憶に残るほど考え始めます。ゲイやレズビアンの若者は、自分が同性に惹かれていることに最初に気づいたのはプレティーンの時期だったと報告しています[31]。その時期は、体毛や胸の膨らみなどの第二次性徴が見られる以前です。つまり内面的な性意識は、外面的な性的成長に先行するわけです。

　すべての配慮あるリーダーは、一人ひとりを、ユニークでかけがえのない個人として接したいと願っています。すなわち、プレティーンを守り、性的アイデンティティに関する質問や主張について指導するために、いつかは取り扱われるべき会話や規約のために入念な準備をするという意味です。プレティーンの年代で、レズビアン、ゲイ、バイセクシャル、トランスジェンダー、クエスチョニング、アセクシャルであることをカミングアウトすることは、前例のないことではありません。プレティーンの時期に LGBTQIA のアイデンティティを形成するストレスは、もっと後の時期にそのアイデンテ

ィティを形成するストレスよりも強いと想定されます。というのは、周りの
文化的な期待に応えようとする度合いも高く、衣食住に関してはほぼ完全に
家族等に依存しているからです[32]。プレティーンは、家から簡単に離れたり、
教会を選んだり、自分だけで肯定的なコミュニティにつながったりすること
はできません。彼らは家族に頼り、学校や教会で信頼できる大人に頼りなが
らこの時期を過ごしているのです。

　私たちは異性愛を規範とする文化に育っているので、LGBTQIA の人々は、
周りが彼らの違いを理解するまで繰り返してカミングアウトします[33]。モニ
カ・マクゴールドリックは、「子どもたちがこの世界で自分がどういう存在
なのか、分析し、表現する方法を発見する時に、養育、無条件のサポート、
受け入れを提供するのが家族の役割である[34]」と語ります。事前に受け入れる
こと、サポートすることの原則に同意することは大切ですが、すべてのプレ
ティーンに通用する基準はないことを理解した上で、原則を柔軟に適用する
ことも大切です。たとえば、リトリートでの部屋割りや、会堂のトイレ利用
について、包括的な原則を設定しますが、プレティーンや家族が安全でない
と感じた場合、その方針を変える準備をしてください。教会で、出生時の性
と異なる性自認で生活しているプレティーンが、違う性別のトイレを使い始
めたと想像してください。本人や家族と相談して、トイレを性別で分けない
という選択肢が出てくるかもしれません。または、一緒にトイレを利用する
ことになるグループと話をして、配慮を示すと同時に、全員が安全に使うこ
とのできる方法を選択することもできます。すべてのプレティーンとその家
族のために、教会が可能な限り安全な場所となるために、十分に心を開きま
しょう。

　要するに、奉仕者、親、そしてプレティーン自身との必要な会話を省略し
たり避けたりしないでください。性的アイデンティティを探求する若者を支
援するさらに具体的な方法については、第5章の「LGBTQIA の若者との関
わり」の部分を参照してください。

終わりに

　思春期前のような段階はほかにありません。身体が第二次性徴の兆候を示し始める一方で、プレティーンの心には永続的な記憶、文化的シナリオ、そして想像上の観客が出現しています。身体も心も大きく変化する中、プレティーンは、メンタリングされながらミニストリーに所属し、見習いなど意味のある奉仕で用いられて成長します。プレティーンの親も戸惑う時期ですが、教会からの理解とサポートを得られると安心します。親をサポートし、プレティーンを守るもう1つの方法は、親子が長期間継続できるような会話の場を設けて、信仰と性の問題についての教育を提供することです。プレティーンの子どもはあっという間に成長し、ユースミニストリーが対象とする年齢に突入していきます。

第5章
ユースミニストリー

　「ユースミニストリーとは」と検索バーに入力すると、自動的に「難しい」ということばが表示されるのには理由があります。20代のユースパスターが、50時間の奉仕（本来なら30時間であるべき）を終えてパソコンを開き、検索する姿を頭の中に思い浮かべることができますか。私はできます。

　ユースミニストリーの調査を読むと、喜びと心配が同じくらい感じられます。教会のあらゆる分野の中で、ユースミニストリーはリーダー、参加者、そして外部から最も誤解されています。中高生は複雑な人生を生きており、熱心な研究と思慮深い実践なしには、よい奉仕をすることはできません。残念なことに、ユースパスターは、次のキャリアへの腰掛けのように短い任期で終わることが多く、ユースの親も燃え尽きて、働きを補うことができない事情もあります。

　ユースに関する課題や間違った情報が世にあふれています。ユースは私たちの想像を超えた存在なのです。第5章ではユース世代について一般的な描写がなされますが、不正確な表現がミニストリーに属している個人に適用されると、悲惨な結果になることを忘れないでください。青年期の発達心理がユースを縛ることになってしまってはいけません。スタッフが全く期待していない時に、ユースはいい意味で期待を裏切って大きく成長し、指導者となり、私たちを超える存在になるかもしれません。私たちは、常に彼らから学ぶ用意をしている必要があります。

　本章では、効果的なユース育成のため、一般的に妨げとなっているものを捉え直し、彼らの脳と身体の神秘的な特徴に目を留めます。青年期の発達を理解することは、中学生、高校生、そして家族に対する様々なミニストリー計画につながります。本章では、リーダーのスキル、小グループ、キャンプ、信仰と性教育などを含めて、ユースミニストリーの実践について概観します。

青年期の発達

　おそらく教会における他のどの働きよりも、ユースミニストリーには神学と社会科学〔訳注：発達心理学などの学びを指す〕の両方のバランスを重視する必要があります。[1] 社会科学は、青年期が情緒的、身体的、霊的に劇的に変化することを示しています。その結果、青年たちは神学的な深い問いに対して、新しく答えることができるようになります。この項では、まず社会科学からの洞察を確認し、ユースミニストリーへの神学的影響について説明します。

● 青年期とは何か

　青年期の正確な年齢層についてはまだ議論の余地がありますが、今日多くの専門家は、13 歳か 14 歳で始まり、18 歳から 24 歳の間に徐々に成人期へと移行していくということに同意しています。[2] 青年期は、依存から自立へと連続的に変化していきます。[3] 10 代の若者は、食事や交通手段、宿題の確認サインなど、大人に依存したままこの時期を迎えます。青年期の終わりは、経済的自立ができるようになり、請求書の支払い、住まいの維持、仕事を持つ等、責任を負うようになることと関連しています。18 歳で自立できる人もいれば、30 代まで支援が必要な人もいます。本書では、「青年」「ティーンエイジャー」「ユース」ということばは、13 歳から 19 歳の中高生世代を指すことにします。

● 青年期の体験

　疾風怒涛？　ジェットコースター？　迷路？　否定的なニュアンスを含まない青年期の表現を見つけるのは難しいかもしれません。しかし、この時期には楽しいこともたくさんあります。ある高校の教師は、青年期の脳の発達をオーケストラのリハーサルにたとえて説明しました。彼は、理性や判断力を司る前頭前野が、脳の他の領域よりもずっと遅れて発達することを知っていました。交響曲の演奏者全員が練習し、準備し、経験を積んだ時、オーケストラは調和のとれた音楽を奏でることができます。でも青年期には、オー

ケストラのあるパートが他のパートを大きく引き離し、不協和音を奏で続けることになります[4]。

　最近、ある児童精神科医が私に、「脳の発達という点では、青年と幼児には多くの共通点がある」と教えてくれました。これらの年代の脳は、家族や友人を含め、すべての人を混乱に陥れるような再構築の過程を通っているのです。この再構築の過程で、彼らの脳は非常に印象的で柔軟に変化していきます。脳の発達は、性的発達に伴う身体的・情緒的な変化と同時に起こります[5]。

　このような発達の変化を説明する目的は、この年代に対する共感を呼び起こすためです。若者は、「疑わしきは罰せず」でいいのです。大人になると、なりたい自分を正確に表現するための服装選びのストレスや、教室の仲間の前でタイミング悪く出た声を気にしなくなります。こんなことは大人にとっては小さな問題ですが、10代は最も気にする年代です。人格の半分（または3分の1）が他人に見えてしまうのは不公平かもしれませんが、私たちは彼らの粗い表面を見て見ぬふりをし、励ましながら寄り添うように求められています。証拠があってもなくても、多くの場合、若者たちは私たちと同様、必死にベストを尽くしているのだと、信仰によって受け入れなければなりません。

　小学6年生から高校3年生にかけての成長は劇的なものです。青年期の絶え間ない内面的変化は、ずっと続きます。ある意味、小学6年生は高校3年生と共通点が多いとも言えます。しかし、学校や教会で青年期を前期と後期に分けているのには理由があります。前期と後期とでは、それぞれ特有の配慮が必要です。

●中学科ミニストリー

　高校時代は、卒業パーティーへの参加、運転免許の取得、卒業など、人生を決定づける様々な瞬間を目の前にして、ワクワクしながら過ごす期間ですが、中学時代にはそのような魅力はありません。むしろ中学生というのは、社会的な状況の中で、わずかな指導や励ましを受けながら挑戦していかなければならない、試練の時期なのです。中学生になると、アイデンティティと

個人主義への欲求が高まり、教会でユースに期待されることと真っ向から対立することがあります。長年受け入れられてきた規則に疑問を唱えるユースは、有意義な聖書研究を行うために輪になって座ることを望む小グループのリーダーをイライラさせることがあります。自分が何者なのか試したいユースは、他人への奉仕に集中することが難しくなるかもしれません。

中学生について、カーラ・パウエルとチャップ・クラークは、その著書 Sticky Faith の中で、彼らのアイデンティティ確立は、本人が意識していなくても、はっきりと起こっていると主張しています。彼らは自分が何者であるか問い続けていますが、まだ答をことばにすることができません。この段階では、親や愛情深い大人が、肯定的に愛情に満ちた境界線を引く必要があります。パウエルとクラークは、「私たちの仕事は、このような矛盾した、一貫性のない、混乱した行動はすべて、子どもたちが自分自身を発見し、なりたい自分に向かって努力するための方法であると知ることである」と主張しています。

この年代にとって、報酬はリスクと同じくらい現実的です。中高生の罹患率や死亡率は、小学生に比べて 200 ％増加し、中学 2 年生は精神疾患の発症のピークとなります。中学生に関する統計は、この段階を必要悪と考えがちですが、これは信仰と想像力が欠如しています。中学生になると、人生の方向性が爆発的に激変してしまうからといって、彼らから逃げないでください。この年代は、ミニストリーの意義づけをするのに適しているからです。

中学生になっても、教会や信仰はまだ家族の生活の一部として見なされます。中学生はまだ自分の信仰と親の信仰を切り離すことはできませんが、その理由を考え始めています。このように、中学生はある週は教会が大好きなのに、次の週には行かなければならないことに不満を持つというジェットコースターのような状態になります。中学生は権威者から離れようとしたり、逆に大人を好きになって人生に必要であることを認めようとしたりします。完璧ではありませんが、抽象的に物事を考えられるようになるので、洗礼準備会を始めたり、教理・信条の学び、歴史、神学の学びなどを始めたりするには、最適なタイミングです。中学生を導くには、このような霊的な会話ができるような神聖な空間を確保する必要があります。

　出エジプト記17章8〜16節で、モーセはイスラエル軍をアマレク人との戦いに送り出し、近くの丘から戦況を眺めていました。モーセが腕を上げている間はイスラエル軍が勝利し、腕を下げると敵が優勢になりました。モーセが疲れてくると、補佐役のアロンとフルが横に立って、一日中、腕を支えました。こうして戦いは勝利したのです。これは、中学生ミニストリーに適した比喩です。ユースは、社会生活、学業、家庭、信仰、内的変化などの前線で戦っている兵士のようです。様々な角度から新しい試練が襲いかかってきます。しかし教会では、リーダーたちが両手を高く上げて祈り、中学生が神と出会う場所を提供します。愛情深く、忍耐強い大人を探し、中学生の表情や嫌味な話し方などのギスギスした表面の下に、真理と励ましを切実に求めている彼らの本心を見抜くことができるように育成しましょう。私たちは彼らに代わって戦うことはできませんが、手を上げて祈り、連帯することはできます。それが中学科ミニストリーです。

●高校科ミニストリー

　中学生から高校生への移行は飛躍的です。この時点では、ほとんどのユースが自身の性的指向や性自認に関する自己認識を確立しており[11]、学業面、社交性、身体面等、様々な面においてより磨き上げられていく準備も整っています。パウエルとクラークによれば、「脳は青年前期には小学生同様、具体的操作期であるが、14歳頃から成人同様、形式的操作期に達する（青年前期から青年中期の間に移行）[12]」とのことです。この時期は、進路、運転免許、受験勉強、初アルバイトとインターン、大学模試、デート、「卒業後どうする？」という質問に何度も答える時期です。

　思春期の最もつらい時期が過ぎ、まだ成長途中とはいえ、見た目も話し方もずいぶん大人っぽくなります。そして、その大人びた姿と同時に、大人として尊重されたいという気持ちも芽生えてきます。高校生のリーダーは、自立と尊厳を認めつつ、賢明でない選択がもたらす危険な結果から彼らを守るという、難しいバランス感覚が必要になります[13]。

　高校生は、グループで計画される活動よりも、グループで一緒になる人たちのことを気にします。参加する動機となるのは、活動内容よりも人間関係

なのです。高校生は、親の信仰に頼らず、自分自身の信仰を探求し始めるようになります。[14]

　思春期に起こる脳の再編成は、高校の時期も続いています。つまり、快楽追求に特化した脳の部分はこの時期、ピークに達していますが、判断能力や結果予知能力はまだ発達途上です。[15] そのため、何かに参加して、一定の資格を提供することが有効です。シール表〔訳注：ご褒美シールを貼るシステム〕はもう機能しないので、リーダーの資格、指導的立場、選択権を、報酬として得られるようにするのです。たとえば、聖書研究やセミナーに6回参加した高校生は、同じ内容を下級生に教える資格が得られるとか、次の6回のテーマを自分たちで選べるようにするなどです。

　高校科ミニストリーのもう1つのユニークな特徴は、親しみやすいリーダーが要求されることです。これは最も微妙なリーダーの役割の1つです。権威ある中学科のリーダーや、仲間・友人という成人科のリーダーとは異なり、高校科のリーダーは親しみやすい権威者でなければなりません。高校生の求めるリーダーは、グループをしっかりとまとめ、安全に配慮しながらも、冗談を言ったり、彼らの個人的なことにも興味を持ってくれる、信頼できる人です。[16] 大人は時々、高校生に大人に対するように関わろうとします。成熟した中高生であればその期待に応えられるかもしれませんが、[17] 高校生が毎回大人の期待する成熟度を示し、大人として決断することをあてにはできません。ですから、リーダーは安心で楽しい人という面と、信頼できる権威者という両面に分けて考える必要があります。

　高校時代は、青年としては発達途上でありながら、卒業と将来に向けて準備している大切で敏感な時期です。高校生の賜物と能力を理解しているリーダーは、指導する立場を保ちながら、賜物のある分野での活動と責任を高校生に任せていくのがよいでしょう。スケジュール、学業、人間関係、理解力などが複雑に絡み合う高校生に共感し、すべての領域で神がどのようにはたらかれるか、見極めるようチャレンジしてください。

●ユースの親

　最近、スーパーのレジで、見ず知らずの女性と会話をしました。私の2人

の子どもたちが遊んでいるのを見て、私の目を見つめ、「息子は14歳ですが、10代はとても難しいです。息子が何を考えているのか、わからなくなりました。親なのに恥ずかしながら……」と話しかけてきました。このお母さんは、10代の若者の親の典型のように思えました。

ユースの親を表すことばを1つ選ぶとすれば、それは「心配」でしょう。友だちとの関係、居場所、薬物・性・飲酒の誘惑、大学入試、就職、結婚、孫を養えるかについてまで心配します。こういう心配は、恥ずかしさや孤独感とも関連していて、不安を誰に相談したらいいのかわからないのです。

ユースは、発達の変化に伴い、暴言、不満や要求、肩をすくめたり、ため息をついたりなどでしか、親とコミュニケーションを取らなくなることがあります。親は、このようなイライラさせる素振りから、自分にはもう10代の子どもに対して大きな影響力がないと思っているようですが、実はそうではありません。青年心理を研究している学者たちは、親が自分の意見や指導が何の役にも立たないと思って、簡単に諦めたり絶望したりすることがあると書いています。研究者たちは、伝わっているかどうかわかりにくくても、親が10代の子どもに行動モデルを示し、コミュニケーションを取り続けるよう勧めています。[18]研究者が高校生に、最も大きな支えと深い関係を与えてくれた人を尋ねると、友人や他のどの大人よりも親を選んだという調査結果があります。青年と宗教についての全国調査（National Survey on Youth and Religion）によると、米国の若者の75%がクリスチャンであると自認しており、そのうちの約75%が自分の信仰と実践が両親の影響を受けていると答えています。[19]両親が教え、模範となっている信仰は、ユースの信仰に最も大きな影響を与えています。[20]

ミニストリーのリーダーの役割は、親に希望を与え、信仰の競走を走り続けるよう励ますことです。青年の脳と発達を理解している私たちは、表面下で起こっていることを見抜き、親が10代の子どもたちと、共感と境界線に基づいた対話を設定できるように指導することができます。青年期の子どもたちが親を尊敬して接するようになり、楽しい家庭の一員になるかどうかにかかわらず、親は信仰を守る必要があります。特に信仰の実践と神との関係が重要です。ある大規模な調査によると、母親と信仰について定期的に会話

していると答えた若者はわずか12%で、父親の場合は5%にとどまることがわかりました。[21]この結果は、両親の信仰が10代の若者の信仰に最も大きな影響を与えることを理解している私たちにとって、特に心が痛む結果でした。青年期がどんなに荒れていても、若者たちは親が自分を愛し、神を愛していることを忘れることはないでしょう。

ユース対象のミニストリー

　ユースパスター、中高生担当伝道師、家族ミニストリー担当主事など、どんな呼び方であっても、青年担当スタッフは教会の働きの中で重要な役割を担っています。ユースパスターは、有能であると同時に感受性が豊かな年齢層を指導するので、教会スタッフの中でこれほど生涯にわたって影響を与え続けることができる人はほかにほとんどいないでしょう。10代との関わりを生涯の使命と考え、ユースを専門とする牧師を確保できる教会もありますが、多くの教会では、ユース奉仕が副業だったり、将来の奉仕への足掛かりと考える若い教職に依存しています（もちろん、私は若い教職の方々やパートタイムの伝道者を尊敬しています）。私はこの本が、有意義なユースミニストリーを立ち上げるために参考図書として用いられることを望んでいます。ウェブですばらしいユース対象のゲームを探したり、ユーチューブで教会の雰囲気を一新する方法を見つけることは誰でもできますが、安全性と理解という確固たる土台を築いたリーダーだけが、年月が過ぎても耐えられる信仰を持つ青年と親を育てることができるのです。

　ユースパスターの最初の原則は、1人ですべてを行うことはできないということです。全部を抱え込んでしまうと、悲劇的な結末で終わります。この原則は、フルタイムスタッフであろうと、パートタイムであろうと、ボランティア奉仕であろうと同じです。あなたがユースミニストリーのリーダーという肩書きを持っているなら、教会のユースを育成するためにできる最善のことは、親やその他の大人を含めて、他のリーダーを育てることです。残念ながら、ユース担当者の仕事内容の多くは、人間の限界を考慮していません。現在、無理な仕事量を抱えて活動しているのであれば、中高生と直接接する

機会を減らして、あなたの影響を倍増させることができる他のリーダーを育成することが最善の方法です。この方策については、第10章で詳しく説明しています。

スーザン・ポーターは、教師向けの著書、*Relating to Adolescents* の中で、青年がリーダーである大人に求める基準を5つ挙げています。[22] 以下に、私自身のコメントを添えてまとめてみたいと思います。

1. **青年の必要と欲求を区別する**　青年は、必要よりも欲求についてばかり意識します。リーダーの役割は、十分な睡眠、精神的・情緒的な健康、霊的成長、説明責任などの必要に焦点を当てることです。その過程で青年の欲求が満たされるなら、すばらしいことです。しかし、欲求を満たすことはリーダーの目標とは無関係なのです。

2. **相手に応答するが、相手に反応しない**　ふさわしいリーダーとしては、自分自身をよく知っており、健全な衝突をいとわない人が必要です。相手に反応するのではなく、応答するための鍵は、質問と回答の間に3秒の時間をおいて、応答を選択する前に主要な事柄を検討する時間を確保することです。

3. **親しみを持つが、同調しない**　大人は自分の必要や背景を奉仕する青年に押しつけてはいけません。当然、誰にでも必要や歴史がありますが、成熟したユースリーダーは、いつ自分の証しから有益なことを分かち合うか、いつユースにスポットライトを当て、彼らの質問と経験に焦点を当てて話してもらうか、判断できます。

4. **友好的に接するが、友だちにはならない**　友好的であることは、あらゆる対人関係で通用する態度であり、大切なアプローチです。友だちであることは、相互依存の上に成り立つ関係を含みます。権威者と10代の若者との友情は、適切で健全である境界線を越えています。青年には、友情によってあなたの心の必要を満たすことはできませんし、期待すべきではありません。

5. **自分の必要ではなく、相手の必要に焦点を当てる**　ユースに奉仕するためには、自分の必要より彼らの必要を優先させなければなりません。

　逆説的に聞こえるかもしれませんが、この優先順位のためには、リーダーが自分のミニストリーとは別に、適切なセルフケアを実践し、ユースと一緒にいる時に引き出せる霊的・情緒的な資源を蓄えておく必要があります。ミニストリーを始める前に、専門家によるカウンセリングを受けながら、自分自身のトラウマや傷の棚卸しをしなければならないこともあるかもしれません。心が傷つくことなく、青年の最善の利益を常に考えられるようにします。

　賢いユースリーダーは、若者の脳は大人の脳とは違っていても、１日１日が大人に近づいている成長過程にあることを忘れません。青年が発達段階にあることを受け入れながら、霊的に成長するようチャレンジすることは、ちょうど聖霊が私たち一人ひとりと寄り添ってくださるのに似て、受肉的なアプローチです。ユースは権威ある人物に何の疑問も持たずに従うのではなく、共に人生を歩む過程で彼らを守り、気遣ってくれるリーダーを必要としています。[23]この年齢層のリーダーと過ごす時間は、脳が新たなつながりを作る過程でレジリエンス〔困難を乗り越える力、回復力〕を育み、彼らにとって、全く新しい未来を創造する貴重な機会になります。それは、たった１回のすばらしい学び、集会、リトリートで実現するものではありません。親、ユース、リーダーの関係構築の中で起こるのです。

●ユースの小グループ

　ユースとそのような関係を築くのに最適な方法の１つが、小グループです。可能なら、毎週２つの時間帯に小グループを設定することが理想的です。ユースミニストリーが日曜の朝と夕方に開催されるなら、信頼できる大人が導く小グループを両方の回で提供することが理想的です。両方に参加するユースもいますが、多くはどちらかしか参加できないでしょう。機会を２回設けることで、より多くのユースにこの大切な霊的実践の時間を提供することができます。

　すべての小グループに含まれるべき要素は、祈り、ガイド付きディスカッション、そして安心して質問できる時間です。祈りは、小グループの時間を

信仰育成へと導いてくれる方法です。祈りがなければ、小グループでの会話が神に近づく方法であることを忘れがちになります。小グループの時間を始める時は、聖霊を招き入れ、会話の中で神が示してくださることに心を開くことから始めます。小グループの時間の終わりには、会話から得た祝福と学んだことを、神と分かち合いながら時間を終えましょう。神が示してくださった道を、一歩ずつ確実に歩めるように、強められるように祈りましょう。祈りの時間には、参加者の名前を神の前で挙げながら、一人ひとりに祝福があり、造り変えられていくように祈ります。ここでの祈りは、聞いているユースに対して、リーダーが模範となって神との対話を示す機会となります。ユースは安全な場所で、目に見えない神との会話に親しんでいくことができます。このような霊的育成は、必ずしも自然に簡単にできるものではありません。

　小グループの時間が、人生の課題、信仰に関する分かち合い、聖書のみことば等、どのように構成されているとしても、自由回答の質問をして、ユースが自由に分かち合えるようにすることは重要です。時には、ユースの話がそれたり、リーダーが質問されたり、意図せず異端的な話題になったりすることがありますが、そのような時こそリーダーが指示を出すべき時です。繰り返しますが、リーダーはすべての質問に答えなければならないわけではありません。ディスカッションを軌道に乗せること、自信を持って発言できない内気な参加者の意見を引き出すこと、新しい視点でテーマについて考えるのに役立つ質問をすることがリーダーの役割です。ディスカッションは、導かれる必要はありますが、入念な計画は必要ありません。

　安全な空間を作ることは、本音の分かち合いを導き、イエスの弟子としての育成が促進するために重要です。私たちはリーダーとして、自らが弟子とされた歩みを、これまでの疑問や経験も含めて、適切かつ正直に分かち合うことで安全な雰囲気を作り出します。ユースはリーダーの欠点や疑問を詳しく知る必要はありませんが、私たちが信仰において多くの葛藤を経験し、彼らの信仰に共感できることを知ることは、彼らの助けとなります。ユースは、自分が分かち合うことや質問することが敬意をもって扱われることを知ると、信仰と人生に関する事柄について自由に本音で話すようになりますし、ぶっ

ちゃけトークができるようになります。霊的、哲学的な疑問について自由に遠慮なく話せると感じたユースは、質問を拒否されたユースよりも信仰を持ち続ける傾向があります。[24]

　また、分かち合いの時に安心して心を開いてもらうためには、最初からガイドラインを明確にして、一貫して説明を繰り返すことです。グループ内で共有することが適切な話題とそうでない話題について、また、グループ外の人に共有してもよいことについて、グループとして合意することが必要です。守秘義務の意味を明確にし、グループで聞いたことを外部（教会スタッフや親など）に知らせる前に、ユースにそうする旨を知らせておきます。分かち合った内容をグループ外の人から聞いて、彼らが驚いたりするようなことはあってはいけません。

　小グループは、健全な方法で他者と生涯にわたって共同生活を送る方法をユースに教える場所です。クリスチャン同士が対立する場合の実践をし（マタイ 18：15 〜 20）、神のみことばを聞くだけでなく、どうやって実際に生活に適用するのか（ヤコブ 2：14 〜 26）、学ぶ機会が与えられます。十字架と復活の神学、応えられた祈りと応えられなかった祈り、奇跡、疑問、人種や性的抑圧、貧困と富など、挙げればきりがありませんが、信仰に関する大きな疑問に立ち向かうには、ユースの小グループは適切な場所で適切なタイミングであると言えます。私たちの目標は、ユースが信仰育成のグループにおいて、自分の質問が歓迎され、敬意をもって扱われることを確信できるようになることです。

●キャンプ、キャンプでのカウンセリング

　ユースにとって、クリスチャンキャンプへの参加とそこでのカウンセリングは非常に重要なので、省略することはできません。現代の青少年の半数以下（39％）が1回以上はクリスチャンのサマーキャンプに参加したことがあると聞きますが、[25] 私は、毎年1週間のサマーキャンプに参加することは、信仰の成長と召命を見極めるための最高の機会の1つと考えています。IT や社会的な影響から離れ、土や虫に囲まれ、日光（または雷雨）を浴びることで、ユースは神とつながり、神が彼らを招こうとしておられる働きに目を向

けることができます。

　ケンダ・クリーシー・ディーンは、サマーキャンプには、希望で終わる有限の体験として、終末論的な目的があることを示唆しています。1週間という時間、イエスが現れてくださる霊的なクライマックスを目指します。[26]ディーンは、サマーキャンプを霊的巡礼にたとえます。賛美、説教、儀式、聖礼典と進み、神の尊厳、恵み、赦しが、幕を閉じるクライマックスの夜に向けて、ゆっくりと盛り上がっていく1週間の旅のようです。10代の若者にとって、このような神との出会いはとても貴重な機会です。彼らはふだん信仰を、あまり意味や方向性のない、前向きで穏やかな物の見方として経験しています。しかし、神との出会いは、そのすべてを変えてしまいます。自分がこういう神に仕えるのなら、人生は目的と意義に満ちたものになるはずだと、ユースは突然気がつくのです。

　クリスチャンキャンプ・ミニストリーを専門としているジェイコブ・ソレンソンも、キャンプはユースが自分の人生に対する神の召命を理解し始めるための自然な場所であると考えています。ソレンソンは、クリスチャンキャンプを「神学的な実験室」あるいは「競技場」にたとえ、「世界の現状の必要に対応する新しい神学用語に触れる可能性があり、キリストの弟子としての職業的アイデンティティを強く意識したユースが宣教の現場に触れて、教会について考え直す場所である」[27]と述べます。ユースの過密スケジュール、教会教職を志望する若者が少ないこと、そしてユースのアイデンティティの混乱について不安に感じるなら、1週間のキャンプに参加してもらい、ゆくゆくはそのようなキャンプで夏休み中奉仕してもらうことを目標とすることが、私たちにできる最善の方策かもしれません。

●ユースをリーダーに

　キャンプであれ、各教会の中であれ、ユースは自分のミニストリーを企画し、自分が学んでいることを他の人に示すことができるリーダー的な役割に魅力を感じます。充実したユースミニストリーを提供するためには、創造的な意思決定の過程に、ユースを参加させるべきです。そうすることで、自分たちの状況を主体的に捉え、リーダーシップを発揮し、教会の現実的な必要

を満たすと同時に、青年期の発達における必要を満たすことができます。ユースに教会のリーダーシップチームに参加してもらい、次世代を指導する大人の手助けをお願いして、彼らの貢献を積極的に期待しましょう。ユースに教会のミニストリーチームの一員になってもらうと、彼らにとっても有益で、教会ミニストリーの質も向上します。

ユースミニストリーの安全対策

　専門家の指導の下、派手な会場で豪華な伝道イベントを行うなど、地域で最も印象的なミニストリーを提供することはできますが、この年齢特有の危険に対処できなければ、すべてが無駄になります。視点を変えてくれるディーンのことばを借りれば、「ユースのためのスタッフは、若者語の通訳、育てること、癒やすことが仕事であり、若者の死を阻止するために召されているのです」。若者に対する安全対策には、IT 対策、ボランティアの身元調査が含まれ、トラウマを抱えていたり、社会的にアイデンティティを無視されたりする経験をした若者に対して、レジリエンスを高める技術などが求められます。

●IT ガイドライン

　すでに理解されているように、インターネット、SNS、ビデオゲームは、10 代の若者の生活に多大な影響を与えています。そのため、すべての教会で若者と大人の安全を守るための計画を立てるべきです。ピュー研究所のモニカ・アンダーソンとジンジン・ジャンの研究によると、米国の若者の間ではスマホの所有と SNS の利用が至る所で一般的になっていることがわかります。10 代の 45％が「常に」オンライン状態にあり、多くはスマホを利用していると報告されています。また、10 代の若者のほとんどが、ソーシャルメディアは生活にプラスになると感じており、ゲームはインターネットやソーシャルメディアの人気の利用形態で、10 代の 84％が自宅でゲーム機でプレイしていることがわかっています。SNS は一般的に肯定的なものとして捉えられる反面、半数以上がネットいじめの被害に遭ったことがあると答

えています（一般的なのは、悪口やうわさの流布等）。[32]

　ユースが教会にそのような IT を持ち込んだら、どうすればいいのでしょうか。小グループのディスカッションでスマホが役立つこともありますし、ユースミニストリーにゲームが加わって楽しくなることもありますが、注意深く取り組むべきです。ユースがあなたと SNS で交流したり、スマホで連絡を取ったりする場合、あなたが大人であり責任者であることを、決して忘れてはいけません。ユースからの友だちリクエストを受け入れるかどうか決める前に、プラスとマイナスをよく考えてください。不快になるのであれば、個人の SNS を通してつながることを控えるのが適切です。代わりに、教会スタッフとしてのアカウントを通してやり取りすることができます。そうであれば、⑴自分が奉仕を離れても他の人に引き継げる、⑵ ユースのオンラインでのやり取りを見て、生活で何が起こっているかを知ることができる、という利点があります。

　ミニストリーにおいて、スマホから離れる時間を設けることも可能です。教会の玄関を通り過ぎるたびにスマホを没収するのは現実的ではないかもしれませんが、小グループや礼拝中に、ユースがスマホをしまって、目の前のことに集中するほうが有益であることはほぼ間違いないでしょう。IT はユースミニストリーの友となりうるものであるので、敵対視することは避けなければなりません。しかし、テクノロジーがもたらす危害や危険性についても認識する必要があります。

　現実的に言えば、ソーシャルメディアに関してユースや成人奉仕者と交わしたい最も重要な会話は、教会が主催するイベント中に、誰が他人の写真を投稿することが許されるか、という問題です。ユースや奉仕者に、自分の写真がオンラインに掲載されることを快く思わない人がいることを伝えましょう。多くの教会では、教会イベントの写真を投稿できるのはスタッフだけで、それも教会公式アカウントに限るという方針を取っています。教会の方針を知り、ユースがその方針に従って安全に参加できるよう手助けしましょう。

●世代間トラウマ

　ユースパスターに、働きを始める前にどんな研修を受けておきたかった

尋ねると、危機やトラウマを通して青年を牧会するための方法だと答えます。思春期の脳の発達に関して、以前に経験したトラウマが思春期には全く新しい意味を持つことが示唆されています。青少年期に経験したトラウマは、しばしば逆境的小児期体験（Adverse Childhood Experiences = ACEs）として分類されます。米国疾病予防管理センターは ACEs を「青少年期（0 〜 17 歳）に起こった潜在的にトラウマとなる出来事」と定義しています。[33] これは、子どもの家庭や地域で暴力や虐待を経験したり目撃したり、家族の誰かが自死したり、死亡したりすることです。また、「薬物乱用や精神衛生上の問題を抱えた家庭で育ったり、両親の別居や家族が刑務所や拘置所にいることによる不安定さなど、子どもの安全、安定感、絆を損なうような環境」も含まれます。虐待、ネグレクト、差別、離婚、貧困、その他の様々な形のトラウマを子どもの頃に経験したり目撃したりした若者は、心理的・情緒的能力が高まるにつれて、それらの経験を新たに処理するようになります。

　調査によると、61％の人が少なくとも 1 つの ACEs を経験していて、6 人に 1 人が 4 つ以上の ACEs を経験しています。[34] さらにトラウマは複数の世代に影響します。つまり、あなたのミニストリーにいるユースが個人的に虐待を経験していなくても、その実の親が虐待被害者であれば、その若者は親のトラウマと同じか類似した影響を示すことがあるということです。[35] たとえば、1950 年代から 1960 年代にかけての人種差別撤廃運動でデモ隊や警察に挟まれて学校に入った黒人の子どもたちは、現在は祖父母となっていますが、その孫やひ孫の世代は、直接的で明らかな理由がないのに、学校で苦労しているかもしれません。ある世代においてトラウマとして残るような学校体験は、世代を超えて、トラウマに拍車をかける可能性があるのです。

　私たちは、ユースがトラウマに対するレジリエンスを身につけるのを助けることができます。ユースと共にいて、コミュニティを提供し、安全で一貫性のある養育的な大人として自分自身を示すことによってです。10 代の若者のストレスの原因について話し合おうとする親以外の大人との安定した関係は、世代を超えたトラウマの連鎖を中断させることが示されています。[36] ユースが生きて生活している文化は、つまずくと人々に見捨てられると教えます。失敗したり裏切られたりして、コミュニティを最も必要とする時に、彼

らは人々に見捨てられてもしかたがないと諦めています。教会のリーダーは、ユースたちが苦しみのどん底にいる時に、彼らを支え、支援することで、諦めから立ち上がらせることができます。[37]

　児童期の不幸な体験の影響力と、その影響を軽くする秘訣を知ることは、若者の小グループミニストリーの計画に反映させなければなりません。私は、思慮深いユースパスターの最も大切な役割は、10代の若者が経験を分かち合える安全な場所を提供し、複数の大人のリーダーが彼らに耳を傾け、霊的に彼らを牧会することだと信じています。ユースがトラウマ、危険な行動、否定的な影響など、どきっとするようなことを話し始めると、大人は瞬間的に恐れて拒否しがちです。もしリーダーが恐怖や支配欲からユースに否定的に反応すると、即座に彼らから信頼されなくなってしまいます。自分自身が恐れて拒否してしまうなら、ユースと向き合って助けることはできないでしょう。[38]

LGBTQIA の若者との関わり

　異性愛者でシスジェンダー〔性自認と生まれ持った性別が一致している人〕であるリーダーは、LGBTQIA の若者への愛とサポートの必要を強く感じながらも、同時にその方法について混乱や無知を感じているかもしれません。教職者が包括的アプローチについて学べる優れた書籍は数多くありますが、ここでは、性的マイノリティとしてのアイデンティティを形成しつつある若者を指導する際に、従うべき注意点や良い実践例を紹介します。

　ケイト・オットが言うように、「クリスチャンの立場から、性は良い賜物であると教える時、それは一部の人にとってだけではないはずです」[39]。オットは、LGBTQIA の若者の経験に共感できるかどうかにかかわらず、教会のミニストリーには、彼らに寄り添う責任、またユースグループの他のメンバーも同様に彼らを歓迎し、包容し、受け入れることができるように助ける責任があると言います。ある研究によると、クリスチャンコミュニティの中で、12%の若者がレズビアン、ゲイ、バイセクシャルであると自認していますが、彼らの性的アイデンティティを教会の成人リーダーも認識していると答えた

割合は、そのうちの 36％ しかいません。[40]LGBTQIA の人々が教会にいるこ
とを知っているかどうかにかかわらず、彼らに対する態度によって、彼らを
弟子にできる信頼できる安全な大人なのか、あるいは彼らの本当の姿を理解
も受け入れもしない危険な大人なのか、位置づけられることになるでしょう。
若者が自分の性的アイデンティティに気づく青年期に、[41]以下のようなアドバ
イスを無視して、彼らの生活から目を背けて言い訳するようなことがあって
はなりません（コディ・サンダース著、*A Brief Guide to Ministry with LGBTQIA
Youth* より）。

- 「ホモセクシュアル」ということばは、「冷淡で臨床的な響きを持ち、
  現在では一般的に、LGBTQIA を否定する神学的立場を堅持する人々が
  使う傾向がある[42]」ので、避けましょう。
- 自分の性別や感情について疑問を持っている若者と話す時には、結論あ
  りきで答を押し付けるのではなく、彼らが整理するのをサポートする存
  在でいるべきです。[43]
- 一般的に、男女の 2 択の選択肢を避けましょう。グループに話しかける
  時は、「皆さん」「お友だち」「みんな」と呼びましょう。ゲームのグル
  ープを男女で分けないようにしましょう。その代わり、生年月日順、年
  齢順、または番号順に並べましょう。[44]
- アドバイスをするのではなく、若者のことばに耳を傾け、良い質問をし
  ましょう。[45]
- LGBTQIA の若者の家族が、自分のことば、信念、行動が若者の個人
  的な幸福に直接どんな影響を与えるかを理解するのを助けましょう。こ
  れは、家族がより受容的になるのを助ける最も強力な方法です。[46]
- 地域で、資格のある肯定的なセラピストを見つけましょう。[47]
- PFLAG（Parents, Families and Friends of Lesbians and Gays〔性的少数者
  の親・家族・友人のコミュニティ〕）または Gay-Straight Alliance〔おもに
  米国の中・高・大学にあるコミュニティ〕を探して紹介しましょう。[48]

最後に、最も重要なことですが、若者は私たちがすべての答えを持つこと

を必要としているのではなく、私たちが耳を傾け、彼らの発見や願望について話すのに役立つ良い質問をすることを必要としています。[49]性の話題について沈黙を守ることは、彼らに「この話題は禁じられている」と伝えることになり[50]、それは、LGBTQIA の若者に公然と否定的な姿勢を取るのと同じくらい有害なことです。繰り返しますが、私たちは、関わる若者たちにレジリエンスと包括性を構築する手助けをするよう求められており、その中にはあらゆる性的指向や性自認を有する青少年が含まれています。

ユースのための信仰と性の教育

　当然のことながら、ユースに関する章は、セックスに特化した項目がなければ未完成に終わってしまうでしょう。米国では初体験の平均年齢は、男子が 16.9 歳、女子が 17.4 歳です。しかし、社会的地位や収入が低い人ほど、この平均年齢は低くなる傾向があります。[51]これには、オーラルセックス、アナルセックス、ポルノの視聴、性的な動画のやり取り、ナンパなど、10 代で性交前に経験することが多いものは含まれません。身体が成人の性的特徴をもち、脳の快楽を求める領域が成長するにつれ、ユースは性と性欲に関する多くの疑問に直面し、家族や信仰共同体から学んだ価値観をどのように適用するかを選択しなければならない状況に直面するでしょう。

　性教育は、プレティーン向け（前章参照）と同様にユース向けも重要ですが、ユース向けには内容が変わってきます。プレティーンは身体の各部の名称等の基本を学び、将来の経験に備える必要があるのに対し、ユースは現在遭遇している性的メッセージや経験について学ぶ必要があります。ユースに対する性教育は、準備というよりは現状報告という意味合いが強くなります。

　禁欲を説くことはユースのためになりますが、それだけでは十分ではありません。性教育での禁欲のみのアプローチは、長年にわたり福音派のコミュニティに大きな負の影響をもたらし、現在では効果がないことが証明されているからです。[52]純潔の誓約と禁欲のみの教育では、最初の性交をわずかに遅らせるだけで、さらに課題として、保護手段を用いる可能性が低くなることが分かっています。[53]性教育に対する禁欲主義的なアプローチは、健全な性生

活は規則を守るかどうかにかかっており、神の好意を得るために、幾つかの
行動や信念をチェックすることができることを暗示しています。この性教育
では、規則を守れなかった時の回復や救済の余地がなく、結婚生活もうまく
いかないでしょう。といって、結婚以外の性行為の禁止について教えるのを
避けるべきというわけではありません。私たちの身体、精神、感情のすべて
が神のものであり、聖なるものであるので、純潔の真の美しさを取り戻さな
ければならないということです。

　ユースに繰り返し伝えるべきもう１つの重要なメッセージは、セックスは
単に肉体的な行為ではなく、霊的生活と密接に関係しているということです。
霊的な欲求と性的な欲求は、同じように強いことを、彼らほど理解している
人はいないでしょう。どちらも自分以外の誰かとのつながりを求める、神か
ら与えられた欲求を満たすものです。[54] 私たちは、彼らが性的欲求を感じるこ
とを止めることはできません。もし、性的な欲求の神聖な美しさを無視する
ならば、ユースには２つの選択肢しか残りません。それは、自分の欲望を抑
圧し、それによって自分の基本的欲求を拒絶するか、あるいは欲望を行動に
移して、まだ準備ができていない性的体験をし、その結果を受け入れて生き
るかです。では、どうすれば彼らが性行為に走ることなく、自分の性を祝福
できるようになるのでしょうか。

　私は、小グループでのユースの成熟した会話と、意図的に計画し導いてい
く会話が必要だと思っています。その両方が愛のうちに継続してなされる時
に、可能性が開かれると信じています。つまり、私たちは性と性的欲求に関
する正式なディスカッションの場を設けなければなりません。また、10 代
の若者が自分から話し合いを始めた場合にも対応できるよう、常に準備して
おかなければなりません。信仰の他のすべての分野と同様、性的欲求は毎日、
いや毎時間考えるべきことで、敬意と平常心をもって扱われるべきです。

　専門家はユースに関わる人たちに、恐れと配慮を持って性に関する会話に
臨むよう注意を促しています。[55] そのための資料も用意されています。ケイ
ト・オットは、http://kateott.org で、短期間の親子の性に関する学びのた
めに資料とガイダンスを提供しています。[56] カリキュラムを使うかどうかにか
かわらず、ユースをこの話し合いに参加させることを計画している指導者は、

正しい用語を学び、教会の神学的立場と基本的方針を確認し、教会の責任者や説明責任のある人たちと分かち合って、信仰と性の教育について準備する必要があります。セラピストや医療従事者を招いて、心地よく分かち合う方法、適切な質問の仕方、質問に対する適切な返答の仕方などを学ぶのも悪くないでしょう。リーダーの準備が整ったら、明確な境界線と期待を設定し、ユースに心の準備をしてもらいます。守秘義務については、全員が同じ基準を共有するようにして、ユースが話した内容に対するあなたの反応に驚くことがないようにします。リーダーの沈黙は多くを語ることを忘れないでください。性的欲求の複雑さについて、雄弁に自信を持って語ることができても、できなくても、性は語らなければならないテーマなのです。

終わりに

ユースミニストリーは確かに大変ですが、同時に最も希望に満ち、可能性にあふれ、生き生きした奉仕の1つでもあります。実りある永続的で有意義なユースミニストリーを提供するための最初の一歩は、青年期の脳の働きを理解することです。若者の表面下で起こっている神経とホルモンの活動の程度を知ったとしても、変化し、チャレンジし続ける年代に関する疑問のすべてに答えることはできませんが、取り組みを始める助けにはなります。リーダーは、親たちと力を合わせ、彼らが家庭で信仰の模範となれるよう支援します。一方で、教会では安全な小グループを作る必要があります。また、ユースのためにキャンプを企画し、教会でリーダーシップの機会を提供するのも良いアイデアです。

効果的なユースミニストリーとは、若者が安全で信頼できる大人や仲間との関係を通してレジリエンスを学ぶミニストリーです。LGBTQIAの若者のアイデンティティの確立を適切にサポートするために学び続け、性と性的欲求について正直に話せる場を設けるリーダーは、10代の若者が難しい悩みを抱えて近づいてきても、逃げたり過剰反応したりしない安全な大人として受け入れられていくでしょう。10代は、単にゲームだけに費やされてしまうにはあまりにももったいない、重要な時期です。理解ある成熟したユース

リーダーは、今日の教会の多くの問題を解決してくれるはずです。

第 **6** 章

世代を超えた礼拝と奉仕

アナバプテスト教会で奉仕をしている友人がいます。毎週日曜日、すべての年齢のメンバーが円になって座ります。礼拝の中で、共に祈り、分かち合い、聖餐を受け取ります。これは世代を超えた礼拝です。

別の親しい友人は、教会の水曜夜のミニストリーを、家族の奉仕活動というアイデアで実践していました。クッキーを焼いて消防署に届けたり、傷ついた教会員に手紙を書いたり、愛するボランティアを祝福するパーティーを企画したりしました。これは世代を超えた奉仕です。

多くの教会でファミリー礼拝が行われていますが、これは礼拝で奉仕するリーダーたちが、家族みんなで参加できるような賛美、聖句、説教テーマ、儀式を選び、特別に企画した礼拝です。これは世代を超えた礼拝です。

私の所属する教会のメンバーは、秋と冬に、必要な人に温かい夕食と安全な寝床を提供するミニストリーを行っています。1年前、私たち家族が食事を作り、彼らと一緒に食べた時、6歳の子どもは、「ホームレスの人たちと一緒に夕食を食べるのが今日の一番の楽しみ」と大きな声で満足そうに言いました。これは世代を超えた奉仕です。

教会では数年前、夏休みに礼拝堂での礼拝を休みました。その代わりに、毎週3～4家族のグループで1つの家に集まり、祈り、聖書の勉強、分かち合い、祝福の祈りをしました。これが世代を超えた礼拝です。

世代を超えたミニストリーの難しい点は、礼拝と奉仕が様々な年代の人を含むことです。第6章では、世代を超えた礼拝の内面と外面に焦点を当て、合同礼拝の重要性、年齢を問わない礼拝とは何か、すべての年代のための儀式や式文の価値について説明します。また、世代を超えた奉仕について、信仰育成への影響、すべての世代にとって適切で有意義な奉仕の機会は何かを検討します。その前に、私たちは世代を超えたミニストリーと、世代を超え

たプログラムの大きな違いを理解する必要があります。

ミニストリー　対　プログラム

　ミニストリーとプログラムは混同されがちです。プログラムは、人々の生活の表面に良い影響を与えます。ミニストリーは、最も深い霊的な部分に到達するものです。多くの教会は、年代別のミニストリーをプログラム的に取り組み、教会のスタッフは牧師や霊的指導者ではなく、イベント企画者として機能しています。私自身、この２つのアプローチの間を頻繁に揺れ動いてしまいます。イベントや上演等、他人の期待に応えるために見かけを重視してしまいがちです。しかし、霊的な成長につながらないイベントを企画して燃え尽きると、いつも基本に引き戻されます。

●プログラムの手法
　プログラムとは、それ自体が目的であるイベントのことで、開始時刻から終了時刻までの間に達成されること以外の目的を持たない活動です。プログラムは、時間を埋めたり、親睦を深めたりするための集まりです。プログラムによって、教会活動をカレンダーに書き込み、クリスチャンとしての行動を予定し、忙しすぎる文化にうまく適合することができます。スタッフの会議、バケーション・バイブル・スクール（VBS〔子どもの年齢やテーマに応じて、おもに夏休み中に企画されている数日にわたるデイキャンプ〕）、教会学校成人科、説教、中学生の宣教旅行など、何でもプログラム化することができます。一方、これらのイベントのどれもが、ミニストリーの手法の一部にもなりえますが、その違いはリーダーの意図にあります。
　私たちが福音書を「イエスの地上でのプログラム」の物語と呼ばないのには理由があります。イエスはミニストリーの手法の最高のモデルであり、単に他人の期待に応えることに終始しないで、弟子たちが表面的に行動するだけで終わらせませんでした。それがミニストリーなのです。

●ミニストリーの手法

　教会の働きをミニストリーとして取り組むことは、大きなビジョンを心に留めておくことを意味します。ミニストリーの考え方は、すべてのイベントや活動を通して、より聖く、より誠実に、より愛に満ち、より勇敢に、神に似た者になるよう造り変えられることを目指します。ミニストリーは、流行や、高額献金者からの提案や苦情に惑わされることはありません。教会の予定を決め、礼拝や信仰育成について計画する時、人間の奥深い必要を最優先に考えます。ミニストリーでは、教会スタッフと奉仕者を、神と人のしもべと考え、人々の手を取って神の臨在へと導くことを目指します。

　宣教に焦点を当てたアプローチに対する豊富な聖書の裏付けがあります。最も明確な例の1つは、永遠のいのちを得るにはどうしたらよいかと尋ねた金持ちの青年とイエスの会話です（マタイ19：16～30、マルコ10：17～31、ルカ18：18～30）。イエスが「戒めを守りなさい」と言うと、青年は「自分はすでに神の律法を知っているし、守ってきた」と言い張りました。この応答は、信仰育成に対するプログラムの手法を満足させるものでしょう。この青年は、正しくきちんとした人のように見え、そのように行動していました。彼は財務委員会の重要な地位に就くことができ、率直に言うと、きっとそこで大活躍すると思われます。しかしイエスは満足されませんでした。この青年の真の、最も深い、神から与えられた渇きは、規則を守り従うだけでは決して満たされないことを知っておられたからです。そこでイエスは、自分の財産をすべて売り払い、その代金を貧しい人たちに与え、ご自分に従ってきなさいと言われたのです。この弟子入りという高い代償は、イエスが与えることのできる最高の贈り物でした。イエスはこの青年に真実を告げただけでなく、自分と共に宣教するよう招いたのです。イエスは、わたしに従いなさい、わたしから学びなさい、わたしと一緒に楽しみなさい、わたしが仕えるように仕えることを学びなさいとおっしゃいました。ミニストリーの手法では、私たちはありのままの真実を伝え、それを追求するために他の人を誘うのです。新約聖書の後半にあるエペソ人への手紙には、「牧師と教師」という、キリストが任命した人たちの明確な仕事内容が記されています。それは、「聖徒たちを整えて奉仕の働きをさせ、キリストのからだを建て上げるため

です。私たちはみな、神の御子に対する信仰と知識において一つとな……る
のです」（エペソ4：12〜13）。これが私たちの召命です。

　複数の世代に対して礼拝、信仰育成、奉仕を同時に提供しようとする教会
にとって、ミニストリーの手法は不可欠です。世代を超えたミニストリーは、
プログラム的な手法にはなじみません。なぜなら、とても煩雑で扱いにくい
ことばかりだからです。プログラムでは、特定のグループに対する効果を最
大化するために、対象者を限定してしまいます。ミニストリーでは、対象者
を拡大し、多数派、少数派、老若男女、あらゆる人を含むように、対象者を
拡大することが求められます。私たちの働きをミニストリーとして取り組む
ことで、複数の世代が混じり合う空間が生まれ、真にすべての人を受け入れ
る教会が築かれるのです。

世代を超えた礼拝

　参加したことのある典型的な教会の礼拝を思い浮かべてみてください。ど
のように歓迎されましたか。どのような説明や案内がありましたか。どのよ
うな賛美が選ばれ、誰がそれを導いたでしょうか。座席、椅子、説教壇、装
飾など、どのような空間だったでしょうか。これらのことを念頭に置きなが
ら、自問してみましょう。この礼拝の時間を準備した時、牧会者はどのよう
な聴衆を想定していたのでしょうか。

　教会の礼拝の流れは、子どもたち、高齢者、大学院卒の人、あまり教育を
受けていない人になじみやすいでしょうか。礼拝は子ども向けに作られてい
ますか。視力の弱い人にとって週報は読みやすく、車椅子に乗っている人に
とって会堂は利用しやすいでしょうか。教会の席は、様々な種類の人々で埋
まっているでしょうか。

　すべての教会は、できる限りすべての人々を迎え入れようと祈り求めるこ
とができますし、そうすべきです。個々の教会がすべての人にすべてのもの
を提供することはできませんが、どの教会も年齢を問わず参加できるように
すべきです。世代を超えた礼拝の方策を検討する前に、礼拝の背景にある目
的について調べてみましょう。

●礼拝の聴衆

礼拝の「聴衆」は誰でしょうか。多くの礼拝堂や会堂は、間違った印象を与えています。ステージや講壇の上にいる人が司会者や出演者で、礼拝堂の長椅子や座席に座っている人が聴衆であるように考えてしまいます。

このような構造により、多くの人が礼拝に対して不適切な期待を抱き、礼拝は情緒的なエネルギーを補給する場所、または現実社会での1週間を前に霊的な燃料タンクを補充する場所であると誤解してしまうのです。座席で受動的に座っていると、礼拝の聴衆という位置づけになってしまいます。

実は、礼拝の聴衆は神なのです。私たちが礼拝堂にいるのは、コンサートの観客席というよりは、法廷の証人席のようなものです。私たちは、神が善であり、神のことばが真実であることに共に同意し、神に身を委ねるためにそこにいるのです。私たちは礼拝の参加者であり、神の霊が私たちの賛美に宿っています。礼拝は伏し拝む行為であり、受けることよりも与えることに重きを置いています。そして、与えることで、私たちは間違いなく恵みを受け取ります。それは受動的なものではありません。

自分たちが礼拝の聴衆であるという思い込みは、世代を超えた礼拝の障壁となることがあります。教会で子どもたちが騒いだり活発に動き回ったりしたために、他の礼拝者からにらまれたり厳しいことばを浴びせられたりした家族の数は、数え切れないほどです。ある男性が、「障がいがあっていつも騒いでいる若者を、別の場所で礼拝するようにしてほしい」と言ったことがあります。またある人は、私の親しい友人に、4歳の子どもが聖餐式の列で自分にすり寄ってきて礼拝を台無しにしたと主張し、フェイスブックに辛辣なメッセージを書き込みました。礼拝の企画・運営を手伝い始めた神学校1年生は、礼拝の裏側を知った今、礼拝はもう同じではないと嘆いています。

私たちがすべての世代を礼拝に迎え入れることを決意するならば、礼拝の聴衆は神であることを絶対に忘れてはいけません。そうすれば、物事が予定どおりに進まなかったり、誰かに邪魔されたりしても、深呼吸をして、礼拝は自分のためのものではないことを思い出すことができるのです。世代を超えた礼拝は、犠牲を払わなければならないことを意味します。1人も排除しないことは、気軽な努力や好感度を上げるキャッチフレーズではありません。

白人で、健常者で、異性愛者で、シスジェンダーで、20歳から60歳までの参加者は、包括性のための試みの中で、多少の痛みや不快感を経験するでしょう。不快感は私たちが除外してしまった人々たちが感じてきたほどではないにしても、他者を迎え入れるためには、ある程度の喪失感を味わうことに備えておかなければなりません。もし教会が現在、幼い子どもや高齢者を意識した礼拝を計画していないのであれば、世代を超えた礼拝を会衆に紹介する際は、慰めを提供しつつ確信を保って、小さな一歩から始めてみてください。

●統一感

世代を超えた礼拝を始めようとすると、「各世代の必要はそれぞれの場で満たしたほうがよい」という意見に出合うことがあります。この意見には真実が含まれており、教会のすべてのグループや集会が世代を超えていなければならないわけではありません。しかし、教会の中心的な礼拝は、年齢を問わないものであるべきです。

当たり前のように聞こえますが、単純な真実です。私たちは物理的に一緒にいなければ、共にいることにはなりません。年配の方が会堂内を移動できなかったり、スピーカーの声が聞こえなかったりしたら、彼らは礼拝の一部とは言えません。子どもたちが礼拝の間中、別の場所に置き去りにされたり、ほとんど無視されたりしたら、彼らは礼拝の一部ではありません。家族の集まりを計画して、おじいちゃん、おばあちゃんを招待しないのが失礼であるように、礼拝を計画して、彼らをそこに招待することを怠ってはならないのです。礼拝はすべての家族の集まりで、家族全員がそこにいる必要があります。ある人たちは、私たちが場所を提供しなくても、自分たちで来て場所を作るかもしれませんし、神はそれを祝福してくださいます。しかし、幼い子どもや高齢者のいる多くの家族は、日曜日の朝、私たちが場所を用意しなければ、もっと居心地のよい場所を見つけるでしょう。

●儀式と式文

儀式や式文は、単に堅苦しい高尚な教会の装飾品ではありません。これら

の慣習は、世代を超えた関わりを持つための揺るぎない入口となります。礼拝の中で、会衆が新しいものや予期せぬものに触れることができるポイントがあります。説教、賛美、アナウンス、証しなどです。これらの予測しにくい要素は、予測可能な、慣れ親しんだ儀式とバランスを取る必要があります。多くの人は、礼拝のような社会的で公的な場では、ある程度の確実性と構造を必要とします。その必要性は、最年少の世代と最年長の世代が共に感じています。礼拝は、古いものと新しいもの、予測されるものと予想できないものの組み合わせであるべきです。神の霊は、自発的で新鮮なことばと同じように、古風で伝統的なことばを通しても自由で有意義な動きをなさることができます。礼拝に儀式や式文を用いることは、あらゆる世代の人々に安全で確実な感覚で、神の霊を吹き込む機会を与えてくれます。

　式文とは、信条の唱和、洗礼と聖餐、他の礼拝形式を含む、神への礼拝のことです。[1]式文というと、私はまず、使徒信条やニカイア信条のような歴史的信条を思い出します。これらの信条は、聖書の包括的な物語を簡潔に語っています。洗礼、結婚、転入式、聖餐式で口にすることばも、すべて式文の一例です。本書では、式文とは、聖書に基づき、教会で合意された、私たちの信仰を表現する礼拝のことばのことを指します。式文と儀式は世代を超えた礼拝に不可欠な要素ですが、以下のような理由があります。

- **記憶に残り、覚えやすい**　式文や儀式には、誰もが参加しやすいような親しみやすさがあります。信条を聞いたり、礼拝の儀式を見たりすると、数週間もすれば、あらゆる年代の人が参加できるようになります。家族が休暇で別の教会を訪れる時、同じような聖餐式の儀式を実践し、主の祈りや使徒信条を暗唱している教会を探します。子どもたちも礼拝の流れを覚えていて参加できるからです。
- **親切で順応しやすい**　公共の場では、多くの子どもや年配者の感覚が過敏になりますが、全体の流れがわからないと、さらに負担に感じることがあります。経験豊富な教会学校の教師なら、その時間の計画を前もって確認すると、参加しやすく、リラックスできるようになると言うでしょう。儀式や式文は、次に何が起こるか予想することを助け、人々を不

安から解放し、参加を促します。

- **象徴的**　誰もがシンボルマークを理解することができます。象徴的なことばは、自分とは全く違う言語を話す人に手を振ったり、笑顔を向けたりするようなもので、ことばを使わなくてもつながることができます。信仰には、多くの不思議と可能性が含まれます。私たちは神のすべてを人間のことばで説明することはできません。最も身近なものはシンボルであり、ことばでは表現できないものを表現する無限のイメージです。シンボルは、ことばにはできない方法で神に近づくことができます。空の墓、十字架、鳩、水、祭壇、水差し、水の入ったボウルなど、儀式や式文で採用される視覚的なシンボルに焦点を当て、そこに神を見ることは誰にでもできます。

　儀式とは、式文の一形態で、式典的な儀式や実践として機能するものです。[2]現代の礼拝にも、儀式の要素が含まれています。儀式の例として、信徒が聖餐式に参加する特定の方法があります。たとえば、助餐者が聖餐を各自の座席まで届けてくれるのか、あるいは参加者がパンを受け取り、共同のカップに浸すために、礼拝堂の前まで行く形式でしょうか。講壇からの呼びかけはどうでしょうか。礼拝中に前に出て講壇の前で祈るよう、人々を招くのでしょうか。これは、祈りと降伏の儀式です。儀式には、内面的な霊的変化を示す何らかの外見のしるしが含まれることがよくあります。たとえば私の奉仕教会では、毎週日曜日に、イエスと私たちの洗礼を象徴するために、礼拝堂の前の聖餐台に水の入ったボウルを置いています。聖餐台に近づくと、人々は指を水に浸し、額に十字架のしるしをするように勧められますが、これは洗礼によって起こる霊的変化を思い起こさせるものです。

子どもと共に礼拝する

　キャサリン・ストーンハウスは、*Joining Children on the Spiritual Journey* という著書の中で、子どもたちを中心的な礼拝に招待するべきであるが、実際に子どもたちを念頭に置いて礼拝を計画した場合にのみ有効だと指摘してい

ます。大人向けの礼拝にただ子どもたちが参加することを期待するだけでは
包括的な礼拝とは言えません。ピンタレスト〔オンラインの画像共有サービ
ス〕の記事、ブログ記事、フェイスブックの投稿には、文字どおり子どもを
礼拝に参加させるためのアイデアがたくさん載っています。ここで幾つかの
アイデアと、質の高い方策、子どもの必要を考慮するふりをして大人の礼拝
を維持しようとする巧妙な偽物を見分けるのに役立つ指針をご紹介します。

●子どもメッセージ

　子どもメッセージは、子どもたちを会堂の前方に招き、説教のテーマにつ
いて実物教材を使ったメッセージやその適用を紹介することが多いようです。
世代を超えたミニストリーの観点からは、子どもメッセージには良い点と悪
い点があります。良い点は、何もしないよりはましだ、ということです。少
なくとも会衆が子どもたちを認め、彼らのために時間を使う方法を提供しま
す。しかし、子どもメッセージの意味するところは、3〜5分の子ども向け
の時間が終わると、また大人の時間になってしまうということです。そのこ
とが暗に伝わります。子どもたちは自分の時間を過ごしたのだから、あとは
黙って大人たちの礼拝に身を任せればいいということになってしまいます。
この習慣のもう1つの問題は、大人が楽しむために子どもたちを見せ物にす
ることです。子どもが質問をしたり、答えを叫んだりすると、会堂はしばし
ば笑いに包まれますが、子どもは公衆の面前で恥をかかされたように感じる
かもしれません。

　もし選択肢があるのなら、子ども向けのメッセージをするよりも、礼拝全
体で子どもたちを受け入れ、子どもたちに理解しやすい内容にしておくこと
をお勧めします。しかし、キッズやファミリーミニストリーの担当牧師の多
くは、伝統的な子どもメッセージから外れる力を持っていません。どうして
も子どもメッセージを実践するのであれば、子どもたちを肯定できるように
するため、配慮すべきポイントを幾つか紹介します。

・**子どもだけでなく、会衆全体に語りかける**　前方での会話が盛り上がる
　と、子どもたちが見せ物になってしまいます。挨拶は子どもたちに向け

てしますが、メッセージは会衆と共有しましょう。結局のところ、全員が聞いているのです。子どもたちをお笑いの役者にしないようにしましょう。

- 礼拝への複数の創造的なアプローチを導入する　視覚的映像をできるだけ大きくして、誰もが見えるようにしましょう。音楽、自然、芸術、劇などを使って、説教者や礼拝司会者ができないような方法で、人々を聖句に引き込むようにしましょう。創造的な礼拝の導き手になってください。

- 子どもたちに誘導的な質問をしない　子どもたちの自主性や好奇心を刺激して、安易な笑いを誘うようなことは避けましょう。子どもたちがマイクに向かって答える必要がないように、また集中できるように、質問はすべて修辞的に〔訳注：応答の必要なく考えさせるように〕組み立てます。

- できるだけ週ごとのメッセージとテーマを関連づける。特にアドベント（待降節）やレント（四旬節）の時期　たとえばアドベントの期間中、毎週異なるキリスト降誕の場面を紹介し、天使、マリアとヨセフ、羊飼い、そして動物たちの役割について週ごとに話します。そうすることで、次の週を楽しみにすることができます。

子どもメッセージを語る簡単で単純な秘訣はないので、これらの方策も確実ではありません。それでも、子どもたち、また礼拝の流れを尊重しつつ福音を伝えるのに多少は役立つかもしれません。

●子ども礼拝

何年もの間、子どもたちのために別の礼拝を設けるかどうかという議論が続いてきました。子どもと大人が一緒になって世代を超えた礼拝をしたいという願いは理解できますし、称賛に値しますが、私は幼い子どもたちのために短い別の礼拝の時間を設けることは、おもてなしの心だと信じています。少なくとも礼拝の前半は、子どもたちを会堂に迎え入れるべきです。しかし、説教の間、子どもたちのためによりリラックスした対話型の礼拝を提供する

ことで、初めて来た子どもや家族、障がいを持つ子どもの家族、幼児の世話
に疲れた家族が、礼拝の中で安息を感じて、説教に集中できる時間をもつこ
とができます。親は子どもにとっての最善の礼拝ガイドなので、子どもたち
のために積極的に賛美、祈り、歌、メッセージを聴く模範になるよう奨励さ
れるべきです。しかし、家族が礼拝の一部で別れるという選択肢を与えるこ
とは間違いではありません。ただし、家族が会堂に一緒にいることを選択し
た場合も、受け入れられることが条件です。

●静かな礼拝活動

　時には、静かに手を動かすことで、集中して聞くことができることもあり
ます。子ども向けの静かな礼拝活動を提供することも、おもてなしの心です。
布地のバッグに、紐を結ぶおもちゃ、ホワイトボードとマーカー、フェルト
ボードとフェルトの型、毛糸の人形、塗り絵、静かなおもちゃ、小さなぬい
ぐるみなどを入れておきましょう。シリアルバー、バナナ、あめなどの軽食
とペットボトルの水を用意し、家族が手に取れるようにしておきます。音の
漏れないヘッドフォンや上掛け毛布を特別な場所に用意しておき、家族が必
要に応じて使えるようにします。インターネットで簡単な子ども説教ノート
を検索し、印刷して受付に置いておくと、子どもたちが手に取り、礼拝中に
メモを取って、毎月抽選でプレゼントがもらえるようにすることもできます。
ボールや金属、プラスチック製品等、カチャカチャと音がするようなものは
避けましょう。

●静かな部屋

　あいている空間があって、予算が許せば、礼拝室の近くに、親が赤ちゃん
を遊ばせる部屋や、圧倒されている子どもが静かに過ごせる部屋を用意して
あげましょう。親はこの部屋でも礼拝を聞くことができるようにします。ロ
ッキングチェア、おむつ袋をかけるフック、おむつ替え台、優しい照明器具、
軽く揺らせる揺りかご、クッション、ビーズクッション、上掛け毛布、ぬい
ぐるみ、壁面遊具、ラバーランプ〔輝いて揺れ動くランプ〕、手の届かない水
槽、触感を楽しむおもちゃなど、その場所を利用する家族が提案した、子ど

もたちを静かに落ち着かせるアイテムを用意します。教会の子どもたちが私の子どもたちと同じなら、この部屋は魅力的な遊び場となるので、本当に必要な家族のために確保されるように、何らかの方法で守る必要があります。そのような隠れた場所が用いられるのです。

●牧師のことば

　子どもたちを歓迎する最善の方法の１つは、子どもたちの周りで、子どもたちについて使われる表現に注意することです。「子どもたちはこれで退場します」というような表現は避けましょう。子どもたちを歓迎する窓が閉ざされ、もはや礼拝の参加者として認識されていないことを意味してしまいます。代わりに「子どもたちは隣の部屋で礼拝を続けることができます」といった表現で、子どもの礼拝の時間に誘いましょう。最善のシナリオは、牧師が可能な限り子どものことを念頭に置いていることです。大人にしかわからない説教の例話を使う時は、子どもたちに説明する時間を取るべきです。できれば、すべての年齢層が理解できるような例話やたとえを探すとよいでしょう。

●礼拝奉仕

　本書の第４章と第７章では、子どもたちを礼拝奉仕者として育成するための詳細を掘り下げていますが、この章でもポイントについて触れることが適切でしょう。子どもたちは、達成すべき課題が与えられると自分の居場所を見つけ、ある程度の自制ができるようになります。たとえば、挨拶、週報の配布、献金の当番、聖書の朗読、礼拝中のキャンドルの点火と消火、聖餐式の補助など、多くの礼拝の奉仕を任せることができるでしょう。大人と一緒に奉仕する子どもたちは強力なチームメンバーになり、その姿は他の会衆にとって、礼拝に希望と生命を与える最大の要素になりえます。

高齢者と共に礼拝する

　子どもを受け入れることと高齢者を受け入れることには、確かに重なる部

分があります。どちらのグループも、便宜を図り、環境を整え、奉仕の機会
を与えることで祝福を受けることができます。

●礼拝奉仕

　高齢者と共に礼拝をささげるための最も良い方法は、礼拝の予定と計画に
参加していただくことです。高齢者の知恵に耳を傾けて計画を立てましょう。
彼らは私たちよりもずっと多くの礼拝に出席しており、何が効果的で、何が
そうでないのかを知っています。何が欠けているのかを教えてもらいましょ
う。解決策の一端を担ってもらうのです。そして、聖書の朗読、説教、賛美
や奏楽、聖餐式の奉仕、講壇でのとりなしの祈りなど、リーダーシップを発
揮する機会を提供しましょう。このような直接的な方法で彼らの指導の賜物
を認めることで、教会が高齢の参加者を高く評価していることを、出席者全
員に見てもらうことができます。公同の礼拝で私が最も好きな機会の1つは、
高齢者と子どもたちがペアで奉仕することです。案内係の責任をもっている
高齢者に献金補助の子どもを募集してもらったり、聖餐式のジュースを並べ
る子どもとパンを並べる高齢者をペアにしたりするのです。それはまさに天
国のようです。

●身体的配慮

　すべての高齢者が身体的に弱いわけではありませんが、礼拝をより有意義
なものにするために提供できる身体的な便宜に気を配ることは重要です。教
会員の聴力が衰えている場合は、直接耳元で音声を増幅させる補聴器を用意
します。週報を読むのに苦労している人がいたら、拡大して印刷したものを
準備しましょう。通路をできるだけ広くして、シルバーカーや車椅子が通れ
る空間を確保しましょう。教会によって様々な必要があると思いますので、
それを把握し、対応するようにしましょう。

●時間的配慮

　睡眠パターンは人によって違います。私の経験では、夜明けとともに起き
て早天礼拝に早く到着する高齢者もいれば、朝は時間が足りないので昼に出

席したいという高齢者もいます。早い時間帯と遅い時間帯の両方に礼拝の機会を提供することは、高齢者への配慮でもあります。また、暗い所での運転に不安を感じる高齢者も多いので、日没前に終わる夕方の集会を企画するのも、高齢者の参加を歓迎する方法です。私たちの教会では、毎週日曜日の午前中に120人ほどが参加しますが、午前9時と10時45分に礼拝を行っています。午前10時の1回にすれば全員が礼拝に出席することも可能かもしれませんが、そうすると現時点では予想もつかない人たちを排除することになるでしょう。礼拝の機会が多ければ、より多くの人が参加できるようになりますし、特に高齢者にはその傾向が顕著です。

● 傾聴

　単純なことです。子どもは自分の必要をことばにしたり、礼拝に居場所を見つけたりすることができないかもしれませんが、高齢者ならできます。私たちがあまり尋ねないだけなのです。世代を超えた礼拝を計画する際、高齢者を省くことはしないでください。彼らは最も優れた最も有能なリーダーです。

　詩篇71篇の美しい祈りの中で、作者はこう宣言しています。

　　神よ　あなたは私の若いころから
　　私を教えてくださいました。
　　私は今なお
　　あなたの奇しいみわざを告げ知らせています。
　　年老いて　白髪頭になったとしても
　　神よ　私を捨てないでください。
　　私はなおも告げ知らせます。あなたの力を世に。
　　あなたの大能のみわざを　後に来るすべての者に。
　　神よ　あなたの義は天にまで届きます。
　　あなたは大いなることをなさいました。　　（詩篇71：17〜19a）

　シニア世代が参加しやすい時間や空間を作りましょう。そして若い世代に

神の偉大な行いを伝えてもらいましょう。

　これまで本章では、世代を超えた礼拝を実現するための方策を探ってきました。しかし、すべての世代が一緒になれる領域がもう1つあります。それは世代を超えた奉仕活動です。

世代を超えた奉仕活動

　多くの教会では、奉仕活動や伝道活動は、信仰育成計画全体の中で重要な位置を占めています。奉仕は本来、外的な活動です。奉仕は、しばしば金銭的な貢献（子どもにはできない場合が多い）や肉体労働（子どもにも年配者にも課題となる）に依存するため、教会のミニストリーの中で最も排他的な分野の1つであることがあります。外国への宣教旅行、建設作業プロジェクト、電動工具の使用、メンタリング、その他多くの大切で人気のある奉仕活動をすることが、全世代にとっての理想なのではありません。全世代をこの重要な信仰育成の分野に招待する方法を見つけることが私たちの責任です。

●奉仕の重要性

　パウエルとクラークは *Sticky Faith* の中で、教会における奉仕の機会の重要性を強調しています。著者らが実施した青少年へのアンケートでは、宣教旅行や奉仕活動は、最も価値ある経験として「深い会話の時間」に次いで選ばれています。[4]「家族のプロジェクトや奉仕の機会は、たとえ数時間であっても、家族に共通の体験と共通の思い出を与える」と説明されています。社会正義への貢献は単なるイベント以上のものであることを忘れてはなりません。個々の奉仕の機会が社会正義に貢献するかもしれないプロセスなのです。そのようなイベントは、家族と共に継続的に正義について語り合う会話が伴うならば、効果的に用いられます。

　奉仕活動は、私たちを自分の関心事から引き離し、より大きな世界に目を向けさせるものです。特に、人生やアイデンティティについて考えることに夢中になっている若者にとって、目から鱗の落ちるような機会です。自分の経験には限界があることを認識することは、彼らにとって有益です。宣教イ

ベントに参加し、その後、報告会を行うことで、世界の見方が変わってきます。若い人も、年配の人も、その中間にいる人も、神がご覧になっているように他人を見ることができるために、こうした機会を必要としています。課題は、能力が限られている人たちと一緒に、どのようにして奉仕活動を実践するかということです。

●奉仕プロジェクトのアイデア

　世代を超えた奉仕プロジェクトは、参加者の年齢、スキル、能力に見合ったものであること、奉仕を受ける人々にとって有意義な変化をもたらすものであること、という2つの基準を満たす必要があります。プロジェクトが適切かどうかを判断するために、以下のような特徴があるかどうかを確認します。

- **安全性**　奉仕者の身元調査、申し込み票、管理等、そのプロジェクトが教会の安全基準に従っていることを確認してください。他の団体と提携する場合は、その団体の安全に関する要件を確認します。たとえば、Habitat for Humanity〔住宅支援を行う団体〕では、監督下で10代以上の青年が電動工具を扱うことは許可しても、10歳未満の子どもが現場に立ち入ることは一切許可しません。プロジェクトで現場から現場への移動が必要な場合、18歳未満の若者の署名入り免許を入手し、運転手全員の運転経歴を確認します。教会の他の奉仕と同様、安全が第一であり、最も重要な考慮事項です。
- **繊細さ**　敏感なテーマや交流で、特別な研修や成熟した対応が必要な場合は、慎重に考えてください。性的トラウマ、投獄、ホームレス、その他虐待を受けた人々との交流がミッションに含まれている場合、幼い子どもを連れていくことはお勧めしません。一方、繊細な状況であっても、少し準備すれば若者にも適切に対応できる場合があります。
- **適切さ**　適切さを評価する1つの方法は、彼らが誰かに対してだけでなく、誰かと一緒に奉仕することができるかどうかです。教会の人々が問題を抱えた子どもを指導したり、トラウマを克服した人と食事や会話を

共にするよりも、お皿に食べ物を配膳したり、学用品のパックを配ったりする奉仕者を募集するほうがずっと簡単だと思います。奉仕内容に優劣はありません。奉仕は、修理屋として急行することではなく、人々と共に仕えるということです。もし奉仕しようとする人たちと関係を築くことが想定されていないのであれば、そのプロジェクトは教会には不適切です。

プロジェクトがこれらの基準に適合していると判断した場合、以下の要素を確認することで、そのプロジェクトが有意義であることを確認してください。

- **傾聴** ある奉仕の分野が本当に必要なのかどうかは、まずその分野に影響を受けている人々の話を聞いて初めてわかります。奉仕は、まず聞くことから始めなければなりません。もしあなたが自分の住んでいる地域で奉仕したいと思うなら、まず地域の人たちに何が必要かを尋ね、その特定の地域のために人材と資金を集めることが必要です。国際的な宣教旅行に行く予定なら、まずそこに住む人々に話を聞き、彼らが何を必要としているかを知り、それに従って旅行を計画するでしょう。想像だけで現実の必要を無視したプロジェクトでは、有意義なものにはなりません。

- **持続可能性** 宣教活動は奉仕する側と奉仕を希望する側の双方に、常に永続的な影響を与えるものでなければなりません。多くの場合、奉仕が奉仕者に永続的な影響を与えるために必要なことは、事前の意図的な研修と事後の報告会です。期待されていること、適切なことば遣いや態度、人間関係の構築について確認します。奉仕の機会の多くが1回限りで継続的な交流がないため、奉仕が奉仕者に永続的な影響を与えるようにするのは少し困難です。可能であれば、連絡先を交換したり、奉仕先のコミュニティで数週間後に礼拝イベントを企画したり、出発前に一緒に祈るなど、何らかのフォローアップをプロジェクトの計画に組み込んでみましょう。

- **愛すること**　すべての奉仕プロジェクトは、もっと神を愛し、もっと人を愛せるようになるために企画されるべきです。地域社会で、教会が愛しづらいと思っている人たちがいるなら、その人たちは奉仕プロジェクトの理想的なパートナーになるでしょう。教会では、特別な必要を抱えている人々を上手に歓迎できていないことに気づいていますか。経済的に困窮している人たちが冷遇されていませんか。このような人々をどのように支援すればよいか祈っている他教会や団体を探して、協力し合いましょう。自分が理解できない人たちを愛することを学びましょう。

　ある教会にとって適切で有意義なプロジェクトが、別の教会ではうまくいかないかもしれません。以下のリストは、アイデアの出発点にすぎません。これらの可能性を幾つか取り上げ、すでに出ている案と比較して、地域で有効かどうかを判断してください。

●奉仕プロジェクト案

　以下の奉仕プロジェクトは、あらゆる年齢の人が参加できますが、必ずしもすべての地域で予算が達成可能なわけではありません。参考にしてみてください。

- **毎週のプロジェクト**
  - ◎食料配布　地元の学校と協力して、週末に子どもたちが持ち帰る食料をリュックに詰めて提供します。このプロジェクトでは、学校からリュックを回収し、食品を購入し、リュックに詰め、持っていくボランティアが毎週必要です。このプロジェクトの資金は、教会員に、子ども1人の1年分の食料配布代として特別献金をお願いして集めることができます。
  - ◎学校・教室ボランティア　教会員の勤務する学校や地域の学校と連携して、励ましのカードや学用品のギフトカードを送りましょう。季節ごとに教室の飾りつけを手伝いましょう。登下校時の見守りなど、必要とされるボランティアに参加します。

◎**高齢者センター**　地元の高齢者センターの入居者と過ごす許可を得ます。定期的に訪問して、一緒に本を読んだり、話をしたり、歌ったり、礼拝をしたり、クラフトをしたりします。人間関係を築き、互いに学び合います。

◎**地域農園**　教会に広い庭があれば、毎年、地域の有志の人たちに開放しましょう。野菜を栽培し、作業するボランティアを募り、地域の人たちに自由に植え付け、除草、収穫をしてもらいましょう。地元の食料配布センターと連携して、余った農産物を寄付します。

◎**自助グループに場所を提供する**　アルコール依存症、薬物依存症、アルコール依存家族会、摂食障害、その他の自助グループに集会の場所を提供します。コーヒーと安全な居場所も提供しましょう。

• **季節ごとのプロジェクト**

◎**レスパイトケア**　障がいを持つ子どもたちのお世話をするボランティアを募集し訓練します。親に子どもを預けてもらい、3〜4時間、ボランティアが見守ります。息抜きをして楽しい時間を過ごしてもらい、買い物やデート、静かな時間を過ごしてもらいます。この奉仕は、親がクリスマスの買い物をする時期や、子どものためのイベントや活動が少なくなる夏には、特に必要とされます。Buddy Breaks や Autism Speaks などの団体が研修のための資料を提供しています。

◎**ファミリーナイト**　家族が一緒に奉仕プロジェクトに参加するための用品とマニュアルを提供します。たとえば、Kids Against Hunger〔貧困地域・家庭への食料支援団体〕のために食料の袋詰めをする、宣教旅行の資金集めのために近所にブラウニーやレモネードの販売所を作る、新築の家の家主に引っ越し祝いを贈る、教会イベントの招待状を作って学校で配る、ホームレスの人のためにギフトパックを用意するなど、数え切れないほどの可能性があります。事前にプロジェクトの目的について話し合い、終了後に報告することを忘れないようにしましょう。

• 毎年のプロジェクト

　◎近所のパーティー　少なくとも年に１度、教会周辺の地域住民を招
　　待して、無料の野外パーティーを開催します。ハンバーガーを焼い
　　たり（ベジタリアンやグルテンフリーの選択肢も用意して）、大き
　　い遊具を借りて遊び場を作ったり、座って話をしたりします。看板、
　　簡単なハガキ、ラジオ、新聞、ソーシャルメディアなどの広告で宣
　　伝します。抽選会で参加者の連絡先を募り、その情報をもとに次回
　　の礼拝シリーズに関する情報を送ります。

　◎昼間のバケーション・バイブル・スクール（VBS）　家族向けの夕
　　方のVBSは、すでに教会で行っているでしょう。しかし昼間の
　　VBSは、安全で手頃な価格の保育という、常に存在する必要に応
　　えるものです。このように、VBSは完璧なアウトリーチの機会です。
　　日曜日の午前中に教会を訪れるかどうかにかかわらず、質の高い
　　VBSは、子どもたちにイエスを紹介し、記憶に残すことができます。

　◎短期宣教旅行　世界の国々を初めて訪れて、自分がいかに無知であ
　　るかを思い知ることほど、謙虚な気持ちになれることはありません。
　　宣教旅行では、ユースと大人のメンターをペアにします。基金集め
　　のアイデアを考え、場合によっては教会の予算で負担してもらえる
　　ようにして、参加者を支援します。

• **無限のアイデア**

　教会のメンバーにどんな奉仕ができるかを尋ねてみましょう。すべての年
代からアイデアを募集します。最初は不可能に思えても、それを実現する方
法を一緒に考えましょう。繰り返しますが、教会のアウトリーチの具体的な
アイデアはネット上にあふれていますが、最も良いスタート地点は、教会の
DNAです。どういう賜物が与えられていて、どの部分で成長する必要があ
るのでしょうか。私たちはみな宣教のために召されており、宣教を遂行する
ためには、全員が力を合わせて協力する必要があります。

終わりに

「世代を超えた」とは、全世代、すべての人を含みます。もしかしたら、教会は年齢層が高いので、若い世代を惹きつけることが課題かもしれません。あるいは、教会では現在、各世代が別々に礼拝していて、年配者は朝の礼拝で賛美歌を歌い、ユースは昼間の礼拝でバンド演奏で賛美し、子どもたちは教育館以外では見かけないかもしれません。すべての人々が同じ礼拝堂に集まって一緒に礼拝することは、一朝一夕にできることではありません。本章にあるアイデアの幾つかが警戒心や防衛心を掻き立てたとしたら、それをまだ聞いたことのない人たちには、どれほど極端に聞こえるか想像してみてください。教会で皆に賛成してもらう前に、少し自分の心の中にとどめてください。世代を超えたミニストリーのための最初の一歩は何でしょうか。

本章では、世代を超えた礼拝や奉仕についてすでに理解している人たちのために、それを他の人たちと話し合うためのことばや、世代間のギャップを解消し続けるための具体的な方策について説明しました。プログラムではなく、ミニストリーという視点を常に維持しましょう。最も革新的で有機的なミニストリーの取り組みであっても、時間がたてば陳腐になり、制度化される可能性があります。使徒の働きの初代教会、詩篇、そしてイエスご自身の生涯と宣教から導きを得ることが大切です。礼拝に儀式的要素を取り入れ、参加しやすさを求める個人個人の必要に応えましょう。年配の世代を尊重し、若い世代を育て、リーダーシップと学びの両面で巻き込んでいくように心がけましょう。

第 **7** 章

マイルストーン ── 成長の節目

　健康診断のために小児科を訪れると、「2、3語の文が話せる」「階段を交互に足を上げて上れる」など、身体的、情緒的、認知的、社会的に達成すべき段階を示したリストを手渡されることがよくあります。これらのマイルストーン（人生の成長の節目）は、どの子どもにも全く同じ時期に訪れるわけではありません。しかし親は、子どもの発達が多くのマイルストーンの標準的な時期から外れている場合、注意を払うべきであると知っています。

　小児科医が配布する資料には、霊的な成長段階は書かれていませんが、それはそれでいいのです。霊的な成長には、子どもの身体的、知的、社会的、情緒的な発達と連動した適切な時期があります。第7章では、マイルストーンとその目的を定義し、節目のお祝いの構成要素を分析して、揺りかごから天国までの成長段階の節目を祝うために、有用な提案をしたいと思います。

マイルストーンとは

　クラークとパウエルは、*Sticky Faith* の中で、彼らの研究所の近くにある教会について、霊的な通過儀礼を経験させながら、世代を超えたミニストリーを実践していると述べています。[1] たとえば、小学1年生とその家族を対象とした初聖餐式参加の儀式を毎年行っています。また、5年生とその家族も毎年、過越の祭りの夕食会に参加します。高校1年生になると、ユースミニストリーのリーダーや主任牧師と一緒に山にハイキングに出かけ、そこで文字どおり山頂に立つ瞬間を体験します。年下の子どもたちは参加できるようになるまでの数年間、楽しみに待っています。これらはすべて霊的な節目となるものです。

　マイルストーンとは、イエスの弟子としての道を歩むための比喩的な踏み

石であり、信仰を継続的に成長させるための目印で、身体的、社会的、情緒的な発達と一致する節目のことを指します。子どもは文字を読めるようになると（知的節目）、神のみことばを自分で読むことができるようになります。このように、知的な節目は、霊的な節目とも結びつきます。10代の若者が家を離れる時、社会的な節目は、自身の霊的な実践に自分自身で取り組むという霊的な節目と結びつきます。教会に通い霊的な修養を経験することは、家族の希望とは無関係に、本人の責任となるでしょう。このようにマイルストーンは、霊的成長を覚えて祝うことを可能にし、霊的成長という漠然とした領域が一連の祝福（セレブレーション）によって支えられるようにします。ほとんどの教会では、意識するかしないかは別として、すでに幾つかのミニストリーに節目を取り入れています。しかし、個人、家族、そして会衆全体をそのプロセスに招待する意図的な計画なしに、教会がこのミニストリー構造を最大限に活用することは、まずありません。

　マイルストーンには、教会のファミリーミニストリーのすべての試みを組織化する力があります。このミニストリーは、人生の中で定期的に訪れ、予測可能で、肯定される節目に、すべての人を教会の生活に招き入れることができます。皆勤賞の家族、イースターやクリスマスの訪問者には、子どもたちが聖書と祝福を受け取れるように続けて教会に通いたいと動機づけることができます。

なぜマイルストーンなのか

　本章では、節目となるお祝いのそれぞれの要素について説明します。しかしその前に、節目を中心に組織することで、ファミリーミニストリーが豊かになることを理解していただきたいと思います。霊的な節目を祝うことは、様々な目的を達成することになります。以下に最も説得力のあるものを幾つか紹介します。

●アイデンティティの形成
　私たちが児童や青年の発達について学んでいるように、教会の子どもたち

は、自分が本当は何者であるのかを見極めることに集中しています。この自己評価のプロセスは大人になっても続き、多くの人は新しい人や考え方に接しながら、何度も何度も自尊感情が上がったり下がったりするのを経験します。儀式やお祝いは、このような成長の過程におけるプロセスです。身体的な発達は、毎年行われる誕生日のお祝いで示され、特定の歌を歌ったり、ケーキのキャンドルを吹き消すなどの伝統的な行事があります。認知機能の発達は、学年や進級が目安になります。4年生として期待される学力を身につけたら、5年生になります。年齢と学年というアイデンティティは、自意識の形成に役立っています。私たちを取り巻く状況を整理し、自分自身を評価するための期待値を示してくれます。

　しかし、残念ながら、情緒的また霊的な節目には、それほど多くの伝統がありません。私たちがこれらの分野の成長についてあまり理解していないためか、情緒や霊性の成長は、身体や知的成長のように、一連の段階として整然とまとめられないためかもしれません。しかし、情緒や霊性の成長が完全に直線的でないからといって、祝うことができないわけではありません。ただ、私たちがより創意工夫をしなければならないのです。重要な節目、地域社会からのフィードバック、文化的な期待等がなければ、情緒的、霊的に自分自身を理解するのは難しいことです。節目は、互いの霊的な成長を支援し、誇りに思っていることを示すすばらしい表現です。共同体、人間関係、幾つかの具体的な根拠がある中で、人々は自分の霊的なアイデンティティを確立することができるのです。

●親を力づける

　子どもや若者の育成のほとんどは、教会での限られた時間ではなく、家庭や日常生活の中で行われます。私たちが常に考えているのは、親が子どもを霊的に導くための手段や動機づけをどのように提供するかということです。教会の指導者たちは、そのようなスキルを培い、子どもたちの信仰を育成するための教育を受けていますが、その知識を親に伝えて最も有効に活用してもらうことは難しいかもしれません。保護者会は出席率が低いか、あるいは手に負えない愚痴の言い合いになってしまいやすいのですが、それでは益と

なるよりも害になってしまいます。

　ここで節目の出番です。次の項で説明するように、適切な節目には子育ての要素が含まれています。親は教会が子どものために計画しているお祝いに魅力を感じ、また時には、子どもが新しく慣れない季節を迎えるに当たって、教会が提供する答えに惹きつけられるのです。親のために用意されているのは、家庭内で有効なしつけのスキルを高め、日常的に信仰を分かち合うための実践的で有用な内容です。適切な指導ができれば、親たちは、節目となる体験のたびに、家庭やあらゆる場所で子どもの信仰を導くためのアイデアと希望を抱いて帰って行くことができるのです。

●世代を超えて

　節目のお祝いでは、教会全体が1つとなります。節目はユースや子どもミニストリーの中で祝うのが適切な場合もありますが、家族が祖父母や恩師をその場所に招待して、励ましたり、写真を撮ったり、一緒に喜んだりすることがよくあります。節目のお祝いの多くは、世代を超えた教会の集まりの中で、礼拝や特別なイベントの際に行うことができますし、またそうすべきです。子どもと家族に会堂の前方に出て立ってもらい、会衆全体をリードして、彼らのために祈り、共に歩み、関係を保ち、励ますことを約束する機会を持ちましょう。他の世代に自分たちもこのような成長段階を経験したことを思い出してもらうために、節目を利用しましょう。教会全体が大きな家族であるという考えを強めるのには、節目は絶好の機会です。また、節目には世代間の交流という面もあり、子どもや若者のために、世代を超えて力強い関係性を構築することができるのです。

●全員参加

　すべての節目には、教会にいるすべての人が参加できるようにします。特定の能力、人種、性別、年齢でなくても、霊的なお祝いに参加することができます。節目が年齢層や学年に基づいている場合は、自分の子どもに合った節目に参加することができることを家族に明確に伝えてください。昨年、教会では、小学1年生が2年生の聖書通読の節目に参加しました。その子ども

はすでに本をよく読んでいて、両親は彼が自分で聖書を読み始めることを望んでいたからです。また、自閉症の小学5年生が同じ節目に参加したこともあります。彼女を低年齢のグループと一緒にすることに親が安心感を覚えたからです。精神的な発達が進むにつれて、節目は年齢と同等ではなくなっていきます。全員参加という目的のためには、大学卒業という節目は設けないほうがよいと思います。大学に進学しない新成人も多く、入学しても卒業しない人も多いからです。しかし、新しい仕事への就職や、新しい住まい・アパートへの引っ越しを祝うことは、ほぼすべての人に適用できるため、適切です。節目を企画する際に、包括性を念頭に置いて会衆を見渡して、できる限り全員参加の目的のために柔軟に考えるようにしてください。

●レジリエンスの構築

　節目の本質は、儀式、誓約、献身にあります。たとえば、堅信礼を終えた子どもは、信仰を告白し、教会の会員になることを約束します。高校3年生を次の段階に送り出す時、両親と会衆は、彼らのために祈り、彼らを支え、次の段階に進んでも彼らを忘れないという誓約を涙ながらに交わします。

　こうした節目となる儀式や誓約は、過去にトラウマを経験した家族にとって、強力なレジリエンス〔回復力〕構築の力となります。トラウマや危機により、しばしば自分が孤立し、壊れてしまったように恐怖を感じることがあります。節目は、主の御名によって彼らのために祈ることを約束する共同体が彼らを支えることで、そのような恐れに対抗するものです。さらに、子どもや若者を、神のかたちに創造され、主の御名によって善い行いと重要な働きをするよう召された人として位置づけます。また、過去、個性、才能、必要に関係なく、誰もが祝福され尊重される平等な体験を与えてくれます。

どのように節目を記念するのか

　家族を霊的成長に導くのに、親たちを力づけ、参加を促し、回復力を高め、アイデンティティを確立させるような、世代を超えた節目を提供することほど優れた方法はありません。では、節目を取り入れたミニストリーを始める

にはどうしたらいいのでしょうか。最初の課題は、身体的な年齢に応じた一連の段階か、ライフサイクルに応じた一連のお祝いかを選ぶことです。それぞれの選択肢には、長所と短所があります。

●身体の段階に応じたマイルストーン

この選択肢が最も人気があるのは、代替案よりもずっとすっきりしていて、単純でわかりやすいからでしょう。節目について語る教会の多くは、それを「道筋」と説明します。つまり、年齢や学年に応じて節目を祝う時系列的なプロセスです。この節目の全体像は、節目について簡単に話すことができ、直線的なグラフにまとめることができます。またこの方法は、すべての生徒が一定の順序で節目を経験することを期待できるので、一人ひとりの霊的育成のための意図的な計画を伝えることもできます。

この方法の最大の欠点は、すべての子どもが同じペースで各ステージを進むわけではないことです。仮に子どもの成熟度や必要に応じて、家族がお祝いに参加したり、参加しなかったりできるよう柔軟な対応をすることを前面に出したとしても、節目に特定の年齢や学年を設定すると、枠に入れようとしているように見えてしまう危険性があるのです。

高校を卒業すると、年齢的な節目から達成度に応じた節目へと自然に移行していきます。高校卒業後の人生は、もはや共通の軌跡をたどることはありません。生涯を通じて節目を重視する教会は、高校卒業後は年齢に関係なく、ギアを切り替える必要があります。

●達成度に応じたマイルストーン

節目を達成度に応じて提供することは、より包括的な方策ですが、年齢に応じた節目よりも複雑で混乱しやすいことを意味します。青少年がスカウト運動で獲得する資格バッジのリストのようで、どちらかというと、「自分で選択するチャレンジ」のような構造になっています。この方策によると、ある年には1人の子どもが4つの節目を祝い、次の年には何もない、ということがありえます。4つの異なる年齢の15人の子どもたちが節目のお祝いに参加することもあるかもしれません。どのような功績を祝うかによって、複

数世代が参加する節目のお祝いをすることも可能です。

　またこの方法では、教会指導者がそれぞれの節目を何と呼ぶかを決める際に、少し創造的に考える必要があります。中学入学をきっかけとした霊的な節目を用意する場合、見習い奉仕プロジェクトの完了、入学・転校、教会の小グループ加入などを節目にするとよいでしょう。多くの中学生がどれかに当てはまるかもしれないし、他の年齢のメンバーも同様に当てはまる可能性があります。

●マイルストーンの選択

　どの節目が教会にとってより効果的であるかがわかったら、次に提供したいお祝いを具体的に特定する必要があります。ここがいちばん楽しいところです。まず、教会の規模、年齢分布、出席パターン、宣教のビジョン、目標など、教会自身の DNA について考えてみましょう。あなたの教会では家族を重視していますか？　そうだとしたら、年配者向けよりも若者向けの節目を多く取り入れるとよいかもしれません。あなたの教会は高齢化していますか？　祖父母になること、定年退職、老親の介護など、人生後半のライフイベントに対する節目を計画するようにしましょう。教会は、地域へのアウトリーチに対する使命がありますか？　地元の企業経営者の功績や、昼間のバケーション・バイブル・スクール（VBS）の開催など、教会外の人々にとって魅力的な節目を計画しましょう。それぞれの教会の計画にどの節目を含めるかについて、決まったルールはありません。各教会にとって意味のあることを計画してください。

　このように考え始めると、教会がすでに幾つかの節目を祝っていることに気づくのではないでしょうか。赤ちゃんが生まれた家庭に食事を提供する習慣はありますか？　それは節目を祝うミニストリーの始まりです。幼児洗礼や献児式を行っていますか？　方向性はすでにできています。教会学校教師や奉仕者を何らかの形で祝福していますか？　それも始まりです。教会では、進級式や転入会式が行われていますか？　もう、すでに節目を祝っているわけです！

　教会に合わせて、最適な節目の図やリストを作成しましょう。もっとアイ

デアが必要なら、本章の後半に、工夫を凝らした例を豊富に取り上げています。提供したい節目を選んだら、次は節目の各要素を満たす方法を計画することです。では、その要素とはどのようなものなのかを見ていきましょう。

●マイルストーンの構成要素

マイルストーンの構成要素は、私が10年間ファミリーミニストリーに参加し、世代を超えた信仰を導く効果的な方法を模索してきたことから生まれたものです。これらの構成要素は、ミニストリーにおける2つの共通の目標を達成することと関連しています。⑴家族をより深く教会生活に巻き込む、⑵教会の外でより密接に神に従うことができるようにする、という目標です。

●合同で祝福式を

霊的な節目には、まず最も明白な要素として、実際のお祝いがあります。これは、節目と聞いて誰もが思い浮かべるパーティー、儀式、祝賀会です。ほとんどの場合、このお祝いは中心的な礼拝の中で行われ、牧師や教会スタッフ、お祝いを受ける本人や家族も参加します。お祝い事によっては、中心的な礼拝とは別に行うほうが適切と判断される場合もあります。おそらく一般的な礼拝では、すべてのお祝いを取り上げる時間や開放性はないでしょう。特定の節目を覚えるためには、ユースグループで新しく運転免許を取得した人のために祈ったり、教会学校で未就学児のために特別なお祈りをしたりなど、小グループで祝うほうが適しているかもしれません。また、宣教旅行やキャンプに参加して、最後の夜に節目の儀式を行うこともできます。

最も重要なことは、すべての節目は信仰共同体の中で行われるべきであるということです。節目は教会内の絆を深めるためのもので、すべてのお祝いが誰かの家や牧師との個人的な打ち合わせの中で行われてしまうのでは、その目的を達成することができません。節目は、普段は無関係な人たちが互いに愛し合い、育み合うという目的のために一緒に参加しようと誘うものであり、大きな祝福です。合同で行う祝福式にふさわしい参加者を招き、神が出席者全員に家族になるように呼びかけておられることを、式の中で明確に伝えます。

　祝福式・祝福パーティーは様々な形をとることができ、個人的なスタイルにも開放的なスタイルにもできます。たとえば、一度に 20 人の新しい保護者を招く場合、一人ひとりを詳しく紹介する必要はないでしょう。しかし、1 人の子どもが洗礼を受けるのであれば、その子どもと家族について少し紹介するのが適切かもしれません。主任牧師が司式するのが最適な場合もありますし、教会スタッフや担当奉仕者が関与する場合もあります。礼拝の中で祝福式が久しぶりに行われる場合は、教会の礼拝担当奉仕者と会って、式を進めるタイミング、画面や週報に載せることば、該当する人に会堂の前方に出てもらう方法、演出など、全体の流れを計画することを強くお勧めします。全員が何をすべきかわかっていると思い込まないことです。参加者やリーダーが、どこに立って何を話せばよいか迷う必要がないように、式の前と最中に明確な指示を出します。

●目に見えるシンボル
　すべての節目は、参加者一人ひとりに贈られる具体的なギフトによって記念され、記憶されるはずです。その具体的なシンボルを贈ることが、お祝いの最高のポイントです。このシンボルは、その人が信仰において成熟し続けるのを助けるツールになりえますし、特別なお祝いの思い出ともなりえます。
　具体的なシンボルは、どんなものでもよいのです。受洗する人とリーダーが一緒に写っている写真を額に入れ、洗礼式で渡すことができます。教会では、洗礼式に貝殻や陶器の鳩を贈って、洗礼式の水と聖霊を思い起こさせることがあります。毎年、私は手のひらに簡単に収まるような小さな十字架を注文します。幼稚園に入園する入園児に渡すと、新学期の数週間、それを持って登園し、教会が祈っていることを思い出すことができます。ギフトに関しては、予算で悩む必要はありません。手作りやシンプルな物が最適な場合もあります。大切なのは、人々の理解と記憶にその儀式がしっかりと刻み込まれることです。

●会衆サポート
　節目は、子どもと親だけのものではなく、みんなが１つになるためのもの

144

です。節目のお祝いの席で、会衆席に座る人々が肩身の狭い思いをするようなことがあってはなりません。節目のお祝いでは、会衆にも役割を果たしてもらいましょう。合同メソジスト教会では、幼い家族を教会という共同体のかけがえのない一員として迎え入れる方法として、幼児洗礼を奨励しています。洗礼式では、会衆がその子を見守り、キリストのような信仰を模範とすることを誓います。私は教会で節目のお祝いをするたびに、この洗礼の誓いを再確認しています。これは、教会のすべての子どもと若者が神を知り、愛し、仕えるように育てるという自分たちの役割を会衆に思い起こさせるためです。

　教会で子どもたちに聖書を贈る時は、その日の前の週に、会衆全員に自分の聖書を持ってくるように依頼しておきます。子どもたちが聖書を受け取った後、会衆全員が、自分たち自身の、使い古され、マーカーで線が引かれた神のみことばを、連帯と決意を込めて掲げるのを見ることができるのです。これは、神のみことばを読むという信徒の約束に伴う強力な視覚効果であり、前方に立つ若者だけでなく、全世代にとって聖書を学ぶことが信仰成長に不可欠であることを共に確認できる力強い証しです。

　教会の奉仕とリーダーシップの分野に新しく加わるプレティーンの見習い奉仕者を紹介する時、まず会衆の正面で彼らを紹介し、それから通路に案内して人々の間に立たせます。そして、会衆は彼らの方向に向かって手を伸ばし、静かに、しかし聞こえるように祝福のことばを祈るように言います。この低い祈りの声は、見習いの子どもたちを包み込み、神の使命と召命を果たすという一体感で満たされます。

● 親対象のセミナー

　保護者会は、すでに多くのスケジュールが入っている親たちにとって、特別に魅力的でないことが多いものです。しかし、親たちに参加してもらう（家族や友人を招待する）ための確実な方法の1つが、子どもの表彰式です。トロフィーや賞状、無料プレゼントがあれば、ほとんどの親は時間を作ってくれるでしょう。節目の集会は、これらすべてを提供するものです。

　親たちが「節目のお祝い」を魅力的に感じるもう1つの理由は、家族が身

体的、知的、または社会的に新しいステージに移行する時に節目があるから
です。このような変化には恐怖や不安感が伴うため、普段よりも弱気になっ
て指導を求めたくなるかもしれません。典型的な例が、プレティーンを対象
とした「信仰と性」のイベントです。教会では、思春期、セックス、そして
関連するすべての知識を、子どもたちに説明する機会を親に提供します。た
だし、親がイベントの前後と期間中に指定されたセミナーに参加することが
条件です。体の部位を表す正しい用語を子どもたちに教えることは有益です
が、その用語に対する親自身の偏見や恐れを克服すると、人生が変わります。
10 代の子どもたちと性について話すことの違和感が、親をセミナーに招き、
話を聞いてもらうための大きな動機づけとなることも少なくありません。

　正直なところ、節目のお祝いでは、この要素を見落としがちです。親対象
のセミナーを省略しても、おそらく誰も文句は言わないでしょう。しかし、
このような機会を設け、彼らと話をし、親同士が悩みを共有する機会がなけ
れば、節目は単なる形だけのイベントとなり、家族の将来に与える影響は小
さくなってしまいます。親を招くことで、親自身がより強められ、より良い
弟子となり、家族の信仰を持続的に育成し続ける力が与えられるのです。

　MennoMedia が発行している「Faith Markers」というカリキュラムには、
これらの要素がうまくまとめられています。

　　　祝福の儀式は、子どもたちが信仰共同体の不可欠な一部であることを
　　思い起こさせます。信仰を確認することは、家庭で子どもの信仰を育む
　　親の役割を思い起こさせます。そして、教会共同体は、全年代の信仰を
　　育成するパートナーとなる約束を確認するのです。[2]

　本章の残りの部分には、すべての年齢と段階に合わせた節目のお祝いの提
案が示されています。教会に適したものを選び、微調整を加え、幾つかを組
み合わせたりして計画を進めてください。

マイルストーンのアイデア

これは長いリストですが、包括的なものではありません。前に説明した節目の祝い方の原則に従って、ゼロから新しい信仰の節目を幾つでも始めることができます。教会の会衆にとって最もよく機能するように、アイデアを微調整したり、組み合わせたりして用いてください。

●誕生

式　新生児は、節目の儀式という点では例外的です。新生児の家族を祝福するために、誕生してすぐに教会で式をすることは現実的ではありません。礼拝中に感謝と祈りの時間があるなら、新生児の名前を発表して祈るのは適切です。礼拝堂の正面にスクリーンを設置しているなら、会衆に紹介するために赤ちゃんの写真を掲示する許可を家族からいただきましょう。

シンボル　ギフトとしては、牧師か子どもミニストリーのスタッフの手書きのカードと新生児セット、赤ちゃん用の聖書絵本、祈りの絵本、教会員の手作りのおくるみ、スタイ〔よだれかけ〕、赤ちゃん用おもちゃ、そして、教会ナーサリー案内（将来のため）も添えるとよいでしょう。

親　牧師または子どもミニストリーのスタッフが家族を訪問し、支援し、愛を表します。

会衆　教会員が家族に食事を届けたり、年上の兄弟の託児を申し出たりすることができます。

●洗礼式

式　バプテスマそのものが祝福の式典です。洗礼の誓いを事前に親に説明し、理解してもらいます。

シンボル　具体的なギフトとして、水を表す貝殻、洗礼式の写真を入れた額、牧師の署名入り洗礼証明書、信徒代表が署名した洗礼誓約書の額などがあります。

親　牧師は洗礼式の日を決める前に親に会い、洗礼について説明し、約

束をし、親の信仰の背景を知り、式次第を説明します（洗礼者が証しできる年齢なら、牧師が直接、本人に質問します）。

会衆　洗礼式には教会全体が関与すべきです。洗礼式後、会衆は信仰への思いを新たにし、愛と赦しの共同体として、新しい受洗者に寄り添って共に歩むことを約束します。

●幼児の祈り

式　幼児期は、祈りを重視するのに理想的な時期といえます[3]。幼児は字を読むことはできませんが、お祈りを教わったり、互いに祈ってほしいことを話したりするのが大好きです。学期が始まって数か月たった頃、未就学児の家族を会堂に招待します。未就学児にお祈りを実演してもらい、親たちと未就学児を導いて、祈ってほしいことを分かち合い、共に祈りの時間を持ちます。各家族の祝福のために祈ります。

シンボル　ギフトとして、幼児用のお祈り絵本、ビーズのお祈り用ブレスレット、家庭での祈りの時間に使うキャンドルなどが考えられます。

親　親たちに直後に集まってもらい、一緒に分かち合いをします。親自身の祈りの習慣について聞いてみましょう。とりなしの祈り、祈りの日記、絵を描きながら神に心を向ける、レクチオ・ディビナ〔ゆっくり聖書を音読し、黙想し、祈り、思い巡らすこと〕、みことばを祈る、賛美を通して祈るなど、様々な祈りのスタイルについて話し合ってみましょう。親が日常生活の中で祈りの時間をとるのを助け、幼児が親と一緒に、また親のために祈ることがどれほどすばらしいかを伝えます。

会衆　子育て中の家族のために祈るように呼びかけ、短い祈りをメモパッドに書いてもらいます。提出されたものをまとめ、家族に渡します。また、幼児のいる家族から祈りの課題を募り、会衆に彼らのために日々祈るように呼びかけます。

●ウェルカム礼拝

式　教会で、一定の年齢で子どもたちが礼拝に参加するようになっているなら、それを節目とします。祈りの時間に、新しい礼拝者を前方に招

きます。会衆に紹介し、歓迎の拍手をする機会を設けます。

シンボル　具体的なギフトとしては、静かな活動のためのグッズを入れた礼拝用バッグ、日記を書いたり、絵を描いたり、説教ノートをとったりするための教会名入りのペンがあります。その他、牧師からの歓迎カードや、礼拝で出会ったり挨拶したりした人からサインをもらうためのサイン帳もよいでしょう。

親　子どもが礼拝に初めて参加する日、またはその前に、親たちを招待し、礼拝の流れを説明し、子どもたちのための施設とサービス（軽食コーナー、泣く子を静める部屋、礼拝バッグ、子ども週報など）の説明をします。この時間に親が子どものために礼拝出席のガイドになる方法を教えます。礼拝中の子どもの質問に答えたり、礼拝に参加する模範を示す方法などです。子どもが騒いで集中できないことがあっても、100%礼拝の共同体の一部であることを親に明確に伝えます。

会衆　式で子どもたちが紹介されたら、世代を超えた礼拝についての教会の取り組みを伝える機会を持ちます。騒がしい子どもの声や、もそもそと動く体を、主に対する喜びの賛美と名づけます。親が子どもを礼拝で指導することを奨励し、親たちを温かく見守るように声をかけます。

●進級式

式　バックパックの祝福 —— 新学期が始まる前の日曜日に、子どもたちにバックパックを礼拝に持ってくるようお願いします。礼拝堂の前にバックパックを並べ、礼拝中に祈ります。祈りの時間には、すべての教会学校スタッフに祝福のために立ってもらいます。

シンボル　バックパックにつける名札をプレゼントすることもあります。片面に教会のロゴと聖句または短い祈り、もう片面に子どもの名前と連絡先を記入する欄があります。

親　子どもが新しいクラスや先生に変わる前に、親向けのお知らせを送ります。具体的な送り迎えの方法と、質問がある場合の連絡先を伝えます。年度を通して祈りの課題を共有するよう親に呼びかけます。

会衆　礼拝堂にバックパックが並んでいる間、また、礼拝前、礼拝中、

礼拝後に、近くに行って祈るよう呼びかけます。会衆席に小カード（メモパッド）を用意し、祈り、アドバイス、励ましを書いて、祈りの時にバックパックの中に入れてもらいます。教師たちに、各分級で必要な用品の希望リストを提出してもらい、そのリストを掲示し、会衆が申し出て献品できるようにします。

●入園・入学

式　幼稚園や小学校の新入生と親たちを招待し、特別な祝福を祈ります。もし、教会で新入生が礼拝に参加することを期待しているなら、前述の「ウェルカム礼拝」のアイデアを実行します。新入生に特別なギフトを贈り、大きな転機を迎えるに当たり、教会が彼らのために祈っていることを示します。

シンボル　具体的なギフトとしては、子どもの手のひらサイズの木製の十字架、みことばやシンボルが描かれた石の置物、教会のロゴが入った鉛筆立て、教会についての絵本などです。

親　入園・入学は、親にとって大きな心の節目となることがあります。登園・登校初日の帰りに、コーヒーと軽食を用意して、気軽に親たちを招待します。この節目が彼らにとってどのような意味を持つか、話してもらいましょう。子どもが幼稚園や小学校に通い始めると、仕事の時間を増やす親もいれば、どうしたらいいかわからなくなる親もいます。彼らの話を聞き、祈ってあげてください。

会衆　子どもたちが礼拝で紹介される時、会衆が歓迎と祝福のことばをかけるよう導きます。

●聖書贈呈

式　子どもが章立ての本を読めるようになったら、神のみことばを手にする準備が整ったことになります。新しい聖書を会堂の前方、聖餐台や講壇の上などに並べます。子どもたちと親たちを前方に招き、祝福を祈ります。親に、聖書を手に取って子どもたちに渡すように指示します。

シンボル　当然ですが、ギフトは聖書そのものです。子どもたちには、

Deep Blue Kids Bible をお勧めします。魅力的で、助けがたくさんあり、わかりやすく書かれています。ユース向けには、コンコーダンスつきのシンプルで魅力的な装丁の聖書をお勧めします。

親 親と教会が協力し合う具体的な方法として、聖書の購入費用の一部を家族に負担してもらうことができます。教会では、子ども用の最高の聖書を探し、購入してプレゼントします。しかし、この節目で最も強力な親たちのための催しは、聖書ワークショップです。親子で集まり、新しい聖書を手渡し、自分で読み、学ぶ方法を教えます。家族で行うディボーションのアイデア、日常生活にみことばを取り入れる方法、親自身が聖書を読むきっかけを提供します。献辞のページに記入するよう彼らに指示し、子どもに手渡す前に、中表紙に愛のメッセージを書く時間を設けます。cokesburykids.com では、このような聖書ワークショップを行うためのワークシート「Bible Workshop Outline」「Bible Story Reference Chart」「I Wonder What to Do When I'm …」をダウンロードすることができます。

会衆 聖書は高価で、特に子ども向けの図解や解説が充実しているものは高額です。聖書を受け取る家族のために費用を献金してくれるスポンサーを会衆から募集します。

● 暗唱聖句

式 可能であれば、礼拝計画チームと協力して、次週の礼拝で読まれる聖句を検討します。子どもが暗唱するのに適した聖句を選ぶよう、働きかけます。その聖句が中心となる礼拝では、誰かがその聖句を読むのではなく、聖句を暗記した子どもたちに、礼拝中にその聖句を暗唱してもらうようにします。

シンボル 具体的なギフトとして、暗唱聖句を印刷したしおり、聖句カードを入れた写真立て、聖句を記したバッジやボタンなどをプレゼントすることができます。

親 親たちのための聖書研究会を開催し、子どもたちが覚えている聖句を学んでもらいましょう。子どもたちの学びの時間を利用して、親が聖

句に親しみ、家庭で子どもを指導するために、聖書研究の方法を指導します。

会衆　礼拝で子どもを紹介する時、彼らはその朝の聖書朗読のリーダーであり、拍手を得るための発表会でないことを示しましょう。礼拝の終わりに子どもたちに聖句のしおりを配ってもらい、みんなが聖句を家で学べるようにしましょう。

●子ども礼拝卒業

式　子ども礼拝に出席しなくなる小学校高学年の子どもたちを前方に招き、会衆に紹介します。牧師か司会者が直接話しかけ、歓迎し、教会の中心的な礼拝に招待するようにします。

シンボル　賛美歌集、その他の歌集を贈るとよいでしょう。主の祈り、使徒信条、祝祷、また礼拝でよく耳にするみことばを額に入れて贈るのもお勧めです。

親　この節目には、保護者会が必要です。礼拝の一部または通して１人で座ることに慣れてきた親は、今後は子どもたちがそばにいて、そわそわし、助けを求め、質問し、指導を求めてくるようになります。子どもに礼拝する姿を見せることの重要性について親と話し、家庭で礼拝について話し合うためのアイデアを提供しましょう。

会衆　式では、会衆に手を振ってもらうか、一緒に礼拝に参加する子どもたちに祈りと祝福の手を伸ばしてもらいます。時間をとって祈り、若い礼拝者と家族を支えてくれるように会衆にお願いします。

●教会キャンプ

式　子どもたちが教会のキャンプに出発する前に、会衆の前で、キャンプ中の安全、祝福、成長を祈ります。

シンボル　ギフトとしては、方位磁石、教会のロゴ入り水筒、日記帳などがあります。

親　キャンプまでの数か月間、親たちに働きかけ、子どもたちの申し込みを促します。教会のスタッフやファミリーミニストリーの担当者がキ

ャンプのカウンセラーやリーダーを務めたことがあれば、役に立ちます。また、保護者が送迎のために車の手配をするのを手伝います。

会衆　キャンパーへの手紙を書いてもらって、キャンプに郵送するよう依頼します。住所、郵送する日、キャンパー名など、詳しく指示を出します。教会員は、楽しいメッセージ、ディボーションのみことば、励まし、祈りの約束などを書くことができます。

● 信仰と性教育

式　これは実際的に最も必要な節目のお祝いの１つですが、教会全体の前で行う必要はないかもしれません。むしろ、信仰と性教育のイベントの終わりに、子どもたちと親の身体を祝福して祈ることを通して実現します。*Wonderfully Made* にその例が掲載されていますし、自分で愛に関する祈りを書いて、一緒に祈るようにしてもよいでしょう。

シンボル　用語集や、学んだすべての内容を復習できるワークブックをプレゼントするとよいでしょう。

親　子どもに性について教えることよりも、親たちに家で子どもに性についてどう話すかを教えることのほうが重要です。イベント前に行う保護者説明会への参加を義務づけましょう。可能であれば、子どもたちへの教育と同時に親たちへの教育も実施しましょう。親対象のセミナーでは、子どもたちが何を聞くことになるのか、親たちに提示し、気まずい会話のロールプレイをしたり、安全な場所で性に関する事柄を話し合ったりする機会を提供します。

会衆　子どもたちが信仰と性教育に参加する時に、会衆に案内し、祈ってもらいます。

● 運転免許取得

式　このセレモニーは、教会全体、またはユースのグループで行うことができます。新しく免許を取得した人を紹介し、安全、集中力、知恵、平安のために祈ります。新しい特権を良い目的のために使う重要性について話します。運転初心者のための祝福の例は各教団の礼拝資料で見つ

けることができますし、Discipleship Ministries から出版されたデイビ
ッド・ハインドマン牧師の祝福を使用することもできます[4]。

シンボル　具体的なギフトとしては、片面に緊急連絡先、もう片面に祈
りや聖書の一節を記したカード、教会のバンパーステッカー、教会のロ
ゴ入りキーホルダーなどがあります。

親　親たちに集まってもらい、話し合いや慰労会をしましょう。イベン
トごとに子どもを送迎する必要がなくなり、喜びを感じる人もいれば、
恐怖を感じる人もいるはずです。運転指導員や地域の道路交通法に関す
る情報を事前に入手し、印刷しておきましょう。経験豊富な保護者に、
自分たちの家庭でうまくいった運転ルールとそうでなかった例を共有し
てもらいましょう。

会衆　車や鍵の形をしたカードに新しい運転者の名前を書いて教会内の
公共の場所に掲示し、そこで立ち止まって祈ってもらいます。

● 高校卒業

式　これは大切なイベントです。子どもの成長をずっと見守ってきたリ
ーダー、スタッフ、家族にも参加してもらいましょう。彼らの歩みを振
り返り、節目となるような式辞を書きます。彼らが築いてきた教会での
特別な関係を思い出してもらいます。この移行は、神が彼らのために備
えておられる奉仕の人生で、召命を見極めるために行うものです。

シンボル　教会のロゴやシンボル入りのブランケットという案がありま
す。式の最後に保護者に前に出てもらい、子どもの肩にかけてもらいま
す。このブランケットは、赤ちゃんの時はいつもおくるみに包まれてい
たことを思い出させ、新しい世界へ送り出す前の最後の守りと養育を象
徴しています。

親　親たちには、ユースの高校卒業前に *Sticky Faith* を読むことを勧め、
彼らが自立して家を出た後も神と共に歩めるよう、準備のための方策を
学べるようにします。

会衆　卒業生と彼らのために1年間、祈り続ける信徒をマッチングしま
す（贈り物もしてくれるかもしれません）。会衆に、彼らがそれまでに

参加してきた奉仕の中で、思い出に残っているものを書くよう呼びかけたり、将来への励ましのことばを書いてもらったりします（発表する前に目を通すこと）。

● 転入会

式　多くの教会では、新しく教会員を迎えるに当たって一定の転会申込書や儀式を用意しています。

シンボル　会員証、または教会のビジョンやマークが描かれたギフトを用意します。

親　転会申込書の各項目について、事前に希望者に説明し、若者や親がその意味を理解していることを確認します。

会衆　転入会の誓いをする時、多くの信徒が同じ誓いをしたことを思い起こしてもらいます。誓いのことばを聞く時には、自分の席で思いを新たにするよう求めます。質問がある人は牧師に連絡して尋ねるように呼びかけます。

● 家やアパートの購入・新築祝い

この節目は必ずしも他の節目と同じではありませんが、それでも重要な成長のステップであり、祝われるべきものです。この節目を祝うには、その人の小グループが主催する新築祝いのパーティーや、壁に飾る額縁入りの聖句などが考えられます。家具が必要な場合は、希望する品物のリストをまとめ、家具を持っていて寄付したいと希望する年配者に送ります。

● 結婚

この節目は、教会がすでに一般的に行っていることです。私たちは式がどのようなものか知っていますし、指輪は完璧な目に見えるシンボルですが、信徒のサポートなど他の面では準備が必要かもしれません。結婚前のカウンセリングも有用ですが、式が終わったからといって夫婦を放っておくべきではありません。牧会カウンセリングに招待してください。2人一緒に、または別々に、小グループの信仰育成クラスにとどまるように勧めます。夫婦の

コミュニケーション、境界線、性、金銭に関する本を勧めます。

●定年退職

　定年退職は、肯定的な感情も否定的な感情も含まれることがあります。教会で退職を祝うのは適切ではないかもしれませんし、教会教職者は、その人が退職するまでそのことを知らない場合がよくあります。式の代わりに、退職者とコーヒーや夕食を共にする機会を設け、彼らがどのように暮らしているか、今後どうするのか聞いてみましょう。この機会に、退職者がもっと関わりたい教会奉仕の分野があるかどうかを聞いてみるのもよいでしょう。また、仕事を通じて学んだ大切な教訓を書き出して、学生や若者に伝えてもらう良い機会です。

●孫の誕生

　親が不在で孫を育てている祖父母の場合は、親と全く同じように迎え入れましょう。親と一緒に孫を育てている場合は、新しい孫の誕生を一緒に祝いましょう。孫が教会に来ているかどうかにかかわらず、新しい赤ちゃんが生まれた家族に送るのと同じプレゼントを教会から送ることを申し出ます。祖父母の多くは、孫が教会で育てられていないことを悲しんでいます。祈り、両親との協力、境界線の設定と尊重などの課題に対して、参考になる本やカウンセリングを提供しましょう。

●老親の介護

　一般的なお祝い事とは異なり、この節目はあまり盛り上がることはありません。しかし多くの中高年は、年老いた両親の介護に長い時間を費やすことになります。このライフステージは人目につかないことが多いため、孤独感や疲れを感じることがあります。

　教会の支援グループを紹介するか、地域の支援グループを探しましょう。このテーマに関する本やオンラインの資料も役立つでしょう。最も重要なのは、このグループの必要に配慮して、その過程で牧会的なケアを提供することです。

●死

これもまた、私たちがすでにある程度よく知っている節目です。葬儀の計画や運営に携わったことがある人なら、人生の区切りをつけ、家族や友人の悲しみが癒やされるために、この節目がどれほど重要な役割を果たすかご存じでしょう。

悲嘆に暮れている子どもや10代の若者のためには、教会の指導者と話をするように誘ってもよいかどうか、親に許可を求めてはどうでしょうか。愛する家族の絵を描いたり、砂場にメッセージを書いたりして、自分の気持ちを表現するための体験的な方法を提供しましょう。キャンドルに火をともして、一緒に祈ることもできます。

悲嘆に暮れている大人のためには、あなたのカレンダーに召された日を書き込んで、数年間、その日にカードを送ります。葬儀の数か月後にコーヒーに招待し、どのように悲しみを乗り越えているのかを教えてもらいましょう。彼らの気持ちを受け入れ、安心させ、必要な場合にカウンセリングを受けるように勧めましょう。

終わりに

多くの人が毎年、どのように家族をつなぎとめ、教会の活動をより魅力的なものにするか考えては空回りしている時、マイルストーンは、教会生活への参加を組織化し促進するファミリーミニストリーの枠組みを提供します。マイルストーンは、家族が何を期待されているかを知るのに役立ち、人々の成長を肯定的で思いやりのある方法で彩ることができます。このような霊的な通過儀礼が教会のDNAの一部となれば、参加する家族は霊的なアイデンティティの確立を経験し、家庭での霊的育成を実践する力を感じることでしょう。教会全体のお祝い、シンボルとなるギフト、親への支援、全世代の会衆の参加などを通して、レジリエンスを強め、信仰について話すための共通理解を得ることができます。身体的な段階、人生の季節、または両方を組み合わせてマイルストーンを構成しましょう。すべての人を受け入れ、肯定する機会を提供することが大切です。

第 **8** 章
障がい者ミニストリー

モーセは言語障害がありつつも語っていました[1]。ヤコブは天使と格闘した後、足を引きずりながら歩きました[2]。ゴリヤテの大きさと動きの鈍さは、ホルモンと視覚のアンバランスが原因だったのかもしれません[3]。サウル王は気分障害の症状を経験しました[4]。サライ、ラケル、ハンナ、エリサベツは、いずれも不妊症を経験し、社会では障がいと見なされていました[5]。サウルの孫であるメフィボシェテは、幼少期に負傷して足がなえてしまいました[6]。ザアカイは小人症であった可能性があります[7]。イエスはいろいろな種類の障がいを持つ大勢の人々を癒やしました。実際、聖書には様々な障がい者の代表が出そろっていると言えるでしょう。でも教会には、新約聖書に出てくるような障がいを持った人が大勢いるでしょうか。そうでないのではないかと心配しています。

多くの教会にとって、配慮を必要とする親や子どものいる家族を迎え入れて居場所を見つけてもらうために、最初の一歩をどのように踏み出せばいいのか考えることは難しいことです。第8章では、その一歩を踏み出すための方法について、ことば遣いから提供するプログラムまで、幅広く取り上げます。また、障がいを持つ人たちとその家族の必要についても触れています。章の終わりには、参加への妨げになっていることを特定するための実践的な助言や、レスパイトケアや共生ミニストリーを提供するための方策も記載しています。

障がい者ミニストリーの定義

障がいを持つ米国人のための法律（Americans with Disabilities Act）は、障がいを「個人の1つまたは複数の主要な生活活動を実質的に制限する身体的または精神的な損傷[8]」と定義しています。さらに、主要な生活活動とは、

自分自身の世話を含みます。睡眠、歩行、聴覚、視覚、屈曲、呼吸などの日常生活の必須事項、身体機能の作動、社会的活動や作業活動などであると説明しています。精神疾患は、独自の定義が必要な別の障がいの1つです。米国精神医学会は、精神疾患を「情緒、思考、行動（またはこれらの組み合わせ）の変化を伴う健康状態[9]」と定義しています。

　障がいを持つ人へのミニストリーと人間関係について考えると、私は「障がい」を広く定義する傾向があります。ミニストリーにおいて「障がいとは、介助なしでミニストリーの会場に自由に参加できる可能性に対するあらゆる挑戦である」と提案しています。身体障害、不安障害、視覚障害、その他幾つかの可能性があって、建物に入るために介助を必要とする人もいます。建物の中に入っても、介助の必要は増えます。見取り図、出入り口の広さ、提供される食事、バンドの音量チェック、スタッフや奉仕者の研修など、これらすべてが参加者にとって障壁になる可能性があります。「障がい」の定義には、状況に適用させる必要のある身体的、認知的、感覚的、または情緒的な差異を含める必要があります。

　障がいを幅広く定義する目的は、可能な限り包括的であり、スタッフや奉仕者が喜びと意欲をもって取り組めるように助けることです。定義から考えれば、親が子どもを託児に預ける場合の受付表に、アレルギーの項目も含める必要があります。子どもが小麦アレルギーであることを知り、クラッカーをやめ、米粉のビスケットやフルーツのおやつに変えた教会は、障がい者ミニストリーの精神を満たしていることになります。同じように、クラスが「アーメン！」と叫ぶたびに耳を塞いで後退する子どもがいることに気づいた教会学校の教師にも、障がい者ミニストリーの精神を実践する機会があります。その教師は「アーメン」とささやくとか、「アーメン」に手話を使うとか、新しい習慣を考案するかもしれません。このミニストリーは、小さなことから、1人から徐々に始まっていきます。

　障がいと聞くと、車椅子の人や点字を読む人を思い浮かべるのではないかと思います。障がいには、このような目に見える症状だけでなく、目立たない、または目に見えない多くの形態も含まれることを認識することが重要です。教会リーダーとしての目標は、建物、活動、そしてリーダーをできるだ

け敏感で柔軟に整えることです。あるルールがほとんどの参加者に有効に機能していても一部の参加者に難しい場合、ルールを状況に適応させる場合もあります。ルール全体を変更する場合もありますし、例外を認める場合もあります。たとえば、若い社会人向けのクラスを宣伝している時に 50 代の人が参加を希望し、発達障害のために若い人たちとのほうが関係を築きやすいと言うならば、参加を認めるなどです。また、子どもたちのために会堂から分級室までを基本的な通路として指定しても、バランス感覚の難しい子どもには、補助のある別のルートを通るようにすることもできます。障がい者ミニストリーほど個別対応がうまく機能する働きはありません。

障がい者ミニストリーに対する姿勢

　すべての神の子どもたちにとって安全で居心地の良い居場所を作るための最初のステップは、障がい者に対する教会の姿勢と方針を評価することです。障がいの原因については古くからの誤解があり、残念ながら、いまだに議論や説教、ブログの投稿に表れています。イエスご自身も強く否定した考えです。健全な身体と精神に恵まれている人は、障がいと罪を結びつけることがよくあり、原因が何かを探ろうとしてきました。この誤った結びつきは、障がいを持つ人々に信じられないほどの苦痛を与え、多くの人々に教会は安全でない印象を与えてきました。

　この危険な信念は、パニックを起こしている子どもの親をじろっと見たり、あからさまに批判したりすることの根底にも潜んでいます。また、精神疾患を持つ人が、よくなるためにもっと祈り、もっと信頼し、もっと信仰を持つようにと促される説明責任グループ〔信仰について互いに正直に分かち合い、励まし、戒め合うグループ〕にも表れています。好奇心旺盛な子どもが、シルバーカーを使っている人を見て何があったのかと尋ねると、親は恥ずかしそうに子どもを黙らせることがあります。その行動は障がいの話題は恥ずかしいことで、他人に立ち入れないと伝えることになり、そこにも偏見が存在します。教会の奉仕者と障がいを持つ家族のコミュニケーションの構築は、このような誤解を解くのに役立ちます。教会のリーダーは、ことばや行動を

通して、障がいが悲しくて否定的で不幸であるとは限らないと伝えることができます。障がいを罰や能力不足として悩むのではなく、単に満たされるべき必要があると考えると、障がいのある人々を神の子どもとして、また神の家族の一員として受け止めるようになります。

●相互関係

　障がい者ミニストリーに取り入れるべき最も重要な態度は、相互関係です。健全な関係には、与えることと受け取ることの両方が必要です。多くの場合、障がい者ミニストリーは、障がいのない人がお世話をし、障がいのある人がお世話をしてもらうという一方通行であると認識されています。しかし、時には逆に考えて、障がい者が与える側、一般の人が人生の教訓や霊感を受け取る側となることを想定してみるのもよいでしょう。

　障がい者ミニストリーに対する相互関係的態度は、「私」と「彼ら」という代名詞を拒否し、「私たち」という代名詞を支持します。障がいを持つ人も持たない人も、一緒に奉仕をします。障がいを、その人を定義づける唯一の特徴ではなく、その人を構成する多くの資質の１つとして含めることを学ぶ必要があります。障がいにもかかわらずでなく、障がいがあるからこそ、持っている賜物や才能を認識する必要があります。私にはジョサイアという５歳の親友がいますが、彼はこれまで会った人の中で最も人間関係を築くことに長けており、親しみやすい人です。彼は脳の実行機能障害のため、危険や結果を察知することができず、少し先の将来も見通すことができません。ジョサイアは今を大切に生きているのです。彼ほど良い友人はいません。見知らぬ人の手を取り、どこへ行くにも一緒に行こうと誘うだけで、友人を作れるのです。彼の行動は社会的な礼儀を無視していますが、それが彼の愛と思いやりと表現力豊かな関係構築を可能にしています。

　もう１つの例は、電動車椅子に乗り、人込みの中で際立っているアダムです。アダムは特別なタブレットを使って、入力したことばを読み上げたり、話したりできるようにしました。数か月間礼拝に参加した後、アダムはスタッフに、機会があれば礼拝の奉仕をしたいと伝えました。ただ、補助器具を使って話すことばを自宅で準備する時間が必要だったのです。アダムは３か

月に1度、礼拝で司式補助として奉仕しました。牧師から聖所箇所と応答聖句が送られてきて、その週のうちに端末に入力しました。そして、講壇からタブレットを通して、マイクにそのことばを再生するのです。アダムが担当する日曜日は、皆が聖書のことばにじっと耳を傾けるようになりました。

　障がいを持つ人々に影響を与えるすべてのミニストリーは、障がいを持つ人と持たない人が互いに学び合えるという前提から始めなければなりません。障がい者ミニストリーの計画は、すべての人の中にある神の似姿を認識し、関係性を持って始まった場合にのみ実現します。

●人格を優先する支援

　人格を優先する支援は、すべての人が神や他の人々とつながるためのユニークなスキルや能力を持っているとの理解に立っています。時々、ミニストリーが創造的で目をみはるようなイベントやプログラムに巻き込まれ、個人の必要に合わせて調整できなくなることがあります。障がいを持つ人に開かれた教会なら、1回に1人ずつへの支援を取り入れるのに十分な柔軟性を維持します。この支援は、外から見ただけではその人の状況を知ることができないこと、そして私たちが奉仕する対象こそ、自身の生活と必要の専門家であることを認識しています。一人ひとりに合わせた活動は、その人が教会に何を希望しているかを尋ね、その答えを信頼して行動します。たとえば私の奉仕している教会では、礼拝中に障がいのある子どもたちが静かな別室に行き、訓練を受けた奉仕者と1対1で過ごすことができます。何家族かはその方法を気に入っています。また別の家族は、子どもたちを他の子どもやユースと一緒にミニストリーに参加させてほしいと強く希望します。さらに、子どもと一緒に会堂の後方やバルコニーに座って、必要な時にさっと退出したいという家族もいます。どの選択肢も、それ自体が正しいとか間違っているとかではありません。目の前にいる人や家族の希望次第なのです。

　さて、困難なのは、この個別アプローチは、時間的にも金銭的にも大きな代償を伴う可能性があるということです。私はミニストリーの中で、ある家族の子どもにとって教会が安全で幸せな場所になる手助けをするために、自分の時間の80％を費やしたと実感する時期がありました。また、年間の子

162

どもミニストリー予算の20％を費やして、1～2人のために部屋を整備したり、最新の道具やトレーニングを提供したこともあります。私が礼拝のために特別な援助を必要とする立場になった時には、誰かが同じことをしてくれることを願っています。また、大変な負担を抱えている保育士やスタッフが、私が願うレベルのケアにためらいを覚えてしまう時、教会活動に参加するために勇気を出して私たちに助けを求めてきた人々が、今までどれほど疲れ果て、屈辱的に感じただろうか、と共に思いを寄せてみたいのです。

●人格を優先することば

　ことばは大切です。残念ながら私たちの多くは、障がいについて話す時のことば遣い、つまり配慮あることばを意図的に使う練習にあまり時間を使ってきませんでした。私たちが優しい心を持ち、一人ひとりのユニークな必要に気を配ることができれば、使うことばも変わってくるはずです。

　障がいがある場合、必要とケアを説明するために用いることばは、状況によって大きく異なる可能性があります。サポートグループで使われる単語は、専門家との面談で使われる単語とは異なるかもしれませんし、医師の診察や健康保険の書式で使われる単語とは異なるかもしれません。幸か不幸か、障がいを持つ人々は、各グループが適切または好都合と考えるどんな言い回しにも適応することに慣れています。ミニストリーのスタッフが覚えておいたほうがいいことは、私たち全員が、障がいの有無にかかわらず対等に扱われることを望んでいるということです。

　人格を優先する価値観では、障がいとはその人自身ではなく、その人の現在の状態にすぎないと考えます。障がいについて話す時、私たちのことばがどれほど人を決めつけているように聞こえるかは衝撃的です。「彼は聾唖者で……」、「彼らは躁うつ病だから……」。このような発言は、アイデンティティを決めつけ、診断を絞り込むもので、人格を無視した配慮に欠けた表現に聞こえます。「障がい」は侮辱的な用語ではありません。誰かが障がいを持っていると言うことは、失礼でも不適切でもありません。問題なのは、その人の人格全体を無視して、その障がいや診断についてのみ見たり話したりすることです。多くの障がい者の支援者は、「障がい者」や「自閉症」と

いったことばを使わないで、これらのことばを標準化し、人々の生活の実際
の側面として受け入れて、より受け止めやすく、理解しやすくなるようにし
ようと皆に呼びかけています。

　一般的に、人格を優先することばの目標は、障がいのある人がまず人間で
あることを常に思い出させ、障がいに関する表現から誤解を解き、不快感を
取り除くことです。「サンディーは統合失調症を患っています」のほうが、
「サンディーは統合失調症です」よりもはるかに適切で尊厳を感じさせます。
障がいということばを、その人のおもな特徴として使っていることに気づい
たら、それをやめ、まず、親、子ども、生徒、友人など、よりふさわしい表
現を用いて障がいを持つ人たちを言い表してください。

　障がいを否定的にとらえることばを避けましょう。「障がいに苦しむ」「障
がいが残る危険がある」「障がいの犠牲者」などと書くと、障がいは避ける
べき悪いものであることを示唆することになります。障がいを持つ人の中に
は、苦しみや喪失感を経験する人もいれば、単に人と違う存在として認識す
る人もいます。他人の経験に否定的なレッテルを貼ることは、よその人がす
べきではありません。障がいは、多くの必要の中の１つです。必要のある
人々に私たちは何をしますか。彼らを愛していること、そして、神の食卓に
はすべての人の場所があることを伝えます。天国にはたくさんの人の場所が
用意されています。

　ことばは常に変化していることを心に留めておいてください。ここで引用
された特定の単語は、数年後には時代遅れになる可能性があるので、新しい
表現や言い回しを学び続ける必要があります。適切な表現を使用しているか
どうか確認するために、障がいをどのように表現しているかを他の人に尋ね
てみるとよいでしょう。誰かが障がいについて差別的また不適切なことばを
使っているのを聞いたら、勇気を出して、より適切な表現があることを伝え
てください。誰かがあなたの言い回しを訂正してくれたら、その人に感謝し、
新しい表現に変えてください。

　ことば遣いについて最後に一言。私は、障がい者ミニストリーについて話
す中で、「考えてみると、誰もが何らかの特別な必要を持っています」と言
うことがよくあります。私の意図は、共感してもらい、対等な会話にするこ

とでした。このような言い方の問題点は、障がいを持つ人々が経験する疎外感という障壁を軽く見すぎてしまうことだと気づきました。障がいとは、しばしば「居場所がない」ことを意味します。教会を誰もが居場所を見つけられる場所にすることが、ミニストリーリーダーとしての私たちの役割です。

障がい者ミニストリーはどのようなものか

ほとんどの牧師は、教会がより包括的で、より整えられた、より理解される場所であってほしいと願っています。問題は通常、どこから始めればよいかわからないことにあります。リーダーが障がい者ミニストリーの企画と運営を開始するのに役立つアイデアを共有したいと思います。すでに障がいのある家族にミニストリーを提供しているなら、すばらしいことです。取り入れたい新しいアイデアが見つかるかもしれません。教会にとって初めての試みである場合は、以下の提案を基に、障がい者ミニストリーの考え方を発展させ、さらに包括的な働きになるために幾つかの段階を取り入れてみてください。

●悲しみとタイミング

最初に考慮すべきことは、障がいの診断を受ける過程です。障がいへの適応がどのように起こるかわからなければ、受容の過程を家族と共に歩むことはできません。障がいの診断には悲しみが伴いますが、その理由は幾つか考えられます。1つは、診断が下される際の医師の態度が、申し訳なさそうであることです。ヘザー・エイビスは *Scoot Over and Make Some Room* の中で、医師が妊婦にダウン症の診断を伝える際に最もよく使うことばが「残念ですが」であることを嘆いています[10]。障がいの診断が悲しみの原因として扱われる時、それは悲嘆を引き起こします。

障がいの診断に伴うもう1つの悲しみの原因は、将来に対する期待の変化です。診断を受けた人は、日常生活が変化することを予感します。私たちにはみな具体的な将来のビジョンがあり、それを修正し続け、変更し続けています。親が癌であるとか、子どもが統合失調症だとか、眼鏡が必要であると

か、そういう診断が下されると、将来に対する突然の驚くべき挑戦となります。簡単に何気なく修正できることではありません。計画していた将来全体がすべて不可能になってしまったと考える（思い込んでしまう）人もいます。

　さらに、別の悲嘆の原因は、社会的な障壁による恐怖と不安です。バリアフリーの場所がない、職業上の差別、社会的孤立、健康管理や医療技術のための資金不足、これらのストレス要因が、新たな診断に直面している家族を圧倒することがあります。こういう課題は、文化的、制度的に障がいのある人々をもっと肯定することができれば、はるかに簡単に対処できるでしょう。

　今までの経験と、親しい友人との正直な会話から、この悲嘆の段階を乗り越えて、人権擁護と希望に向かうことは可能であり、一般的であるとさえ言えます。多くの人が、自分自身や子どもたちのために、他の人とは違っていても輝かしい将来を再構築する方法を見出しています。悲嘆は診断の初期段階において極めて普通のことであるため、ミニストリーのリーダーは、どの時点で診断を受けたかを知ることが重要です。

　障がいは、先天的（生まれつき持っていたもの）か、後天的（生まれつき持っていなかったもの）かの可能性があります。[11] 後天的な障がいは、一時的なものである可能性があります。先天的な障がいを持つ人は、それ以外の生き方を知りません。したがって、その障がいを苦しみや哀れむべき状態として扱うことは不適切です。障がいは、単にその人の生き方の一部です。しかし、親が障がいの診断をどのように受け止めたかについて、敏感になる必要があるかもしれません。受容の過程が完了している場合と、完了していない場合があります。

　後天的に障がいを負った人は、新しい制限に適応しなければならず、何らかの悲しみの過程を経ることになります。たとえば、摂食障害と診断された10代の若者は、セラピーに参加し、食事計画に従わなければならず、入院治療を受けなければならないかもしれません。また、仲間や親、教会の他の大人たちと向き合わなければなりません。彼らの多くは、病気や健康について、各々の見解を持っています。診断による精神的、身体的、社会的な変化（数か月から数年続くこともある）は、悲しみの過程を延長する可能性があります。一時的な障がいは、欲求不満、強い要求、痛み、喪失感をもたらす

かもしれません。足を骨折した成人は回復しますが、その間、外出、家族の世話、調理等が困難になります。

障がいの診断のタイミングについての考察が、診断を受けた人と共に歩む家族の参考となれば幸いです。診断に伴う変化、課題、悲しみを認識することは重要ですが、障がいそのものを否定的に捉えることは避けるべきです。障がいは、人を構成する多くの特徴のうちの1つなのです。人格、身体機能、身体的特徴を受け入れるのと同じ心構えで障がいについて話すことが適切です。障がいを中立的、また肯定的な特性として理解することで、ミニストリーのリーダーは、障がいを持つ多くの人々の参加を妨げている障壁を取り除くことができます。

●障壁を取り除く

人々を教会生活から引き離す原因となる障壁を特定することで、人々に奉仕し、支援する実際的な方法が見えてきます。障がいを持つ成人にとって、障壁の中には、利用しづらい施設、嫌な経験、招待の欠如などが含まれます。

●利用しやすい施設

教会には、障がいを持つ人々が建物内に入り、主要なフロアで参加する方法を提供する倫理的義務があります。基本的な配慮には、車椅子のスロープの設置、聴力補助装置、大きな活字の週報、障がい者のための駐車スペースの確保などが含まれます。これらは、障がいのある成人に教会を開放するための最も単純で明白な方法です。かなり費用がかかる場合もありますが、米国の成人の25％が障がいを持って生活していることを考えると、このような配慮を怠ると、膨大な数の人々に対して門戸を閉ざしてしまうことになります。[12]この機会に、利用しやすさを点検してみてはいかがでしょうか。

●障がいに対する姿勢

2017年4月、あるクリスチャンのリーダーが、障がいを持つ子どもの親たちに向けて、教会に知ってもらいたいと思う自分たちの経験を共有してほしいとツイッターに投稿しました。[13]人々は #disabilityinchurch を使って回

答を共有しました。人々は、活動に完全に参加することを妨げる多くの障壁について議論しました。その中には、霊的に健全になり、神の似姿を反映するために、障がいが癒やされる必要があることを暗示する神学的立場についての意見もありました。

　10年間教会で働き、様々な障がいを持つ人々と接してきた私が言えることは、教会は、支援の場や居場所であるのと同時に、ストレスの源でもあったということです。役に立ちたいと願う善意の人たちでさえ、障がいを持つ人たちへの支援がどのようなものなのかを理解していないことがあります。私自身や友人のメンタルヘルスを話題にすると、人々はしばしば口を閉ざしてしまいます。ある家族が、教会が抱いている家族像の期待に沿わない場合、違うと感じるだけではなく、自分はいないほうがいいのではないかと感じてしまうのです。

　私たちの多くは、衝突や社会的な不快感を何度も経験しなくても、起こりうる状況をうまく回避することができます。悪い状況が起きる前に予期できるので、少しでも判断のねじれや誤解の兆しを感じたら、にこやかに微笑みを浮かべ、静かにすぐその場を立ち去ってしまいます。

　恥ずかしさや被害者意識は、表面的な偽善や人間関係の回避につながります。私たちは、標準的に機能する心と身体を持つ人々のために設計された社会に存在しているので、障がいを持つ人々とその家族は、常に人権擁護の主張モードにあります。教育、正しい食事、就職、適切な治療やセラピーなど、様々な困難が待ち受けています。教会を探すのも、時間的にも体力的にも方法的にも余裕がない新たな困難のように感じられるかもしれません。

　このような家族に対し、教会参加への壁を取り除くにはどうしたらよいのでしょうか。1つの方法は、個人的に招待し、教会で過ごしてもらう間、その人々と共にいることです。もう1つは、障がいについてオープンに、肯定的に話すことです。障がいを持っていることを知っている人たちと人間関係を築いて、交わり、礼拝の企画チーム、奉仕活動等に参加してもらってください。祈り合い、受容し合いながら、生活について互いに分かち合うことのできる安全なグループを作りましょう。ミニストリーの会場は、スロープ、広い玄関、柔らかい色調、最小限の装飾で、利用しやすい場所にしましょう。

何よりも、活動のたびに1人ずつ、個人的に良い経験を積み重ねることで、困難な経験の壁を取り除くことができます。

●招待の欠如

私たちが取れる最も効果的な行動は、招待することです。教会はまだ障がいを持つ人を歓迎する体制が整っていないと主張するかもしれませんが、それであきらめないでください。配慮を必要とする人たちに配慮を示すことができるように準備していきましょう。障がいのある人々を招待し、教会がよりよく歓迎できる方法を教えてほしいと頼んでください。少しでも利用しやすくするための点検を、一緒にしてもらいましょう。当事者の意見を聞き、そのアイデアを実行に移してみてください。

招待は、教会のスタッフからであれ、教会員からであれ、影響力の強いものです。障がいのある人は、ない人に比べて、なじみのない教会に足を踏み入れるという勇敢な行為をする可能性が低いことを認識してください。教会員が、教会という家族を必要としていると思う人に招待状を出せるように励ましてください。

●聞いたことを実践する

私は、人生の中で何が最善なのか、彼らよりも自分のほうがよく知っていると考えてしまうことがどれほど頻繁にあるかに驚いています。障がいのある家族から聞くところによると、彼らは毎日のように、このことを体験しているそうです。障がい者ミニストリーとは、耳を傾け、実践することとも言えます。満たされていない必要があることを知っている、または感じている場合、その人たちに会話に参加してもらいます。様子を尋ね、答えに真剣に耳を傾けます。教会にどうしてほしいかを尋ね、答えを受け入れます。

数年前、ある女性が教会の事務責任者に声をかけて、礼拝に出席したいけれども、強い香りの香水が苦手だと話しました。香水やオーデコロンなどをつけている人が大勢いる会堂に入ることは、彼女にとって不可能なことでした。当時、このような障壁を経験したスタッフは誰もいなくて、初めての経験でした。しかし、勇気を出して自分の必要を伝えてくれた人に耳を傾け、

受け入れたリーダーがいたので、私たちは何かできることはないかと知恵を
絞りました。そして、礼拝堂のバルコニー、最も小さな礼拝のエリアを、無
香料ゾーンに指定しました。バルコニーの階段は教会の入口を入ってすぐ右
にあるので、この出席者は到着したら直接バルコニーの安全な場所に進むこ
とができます。彼女は午前10時5分の礼拝にしか出席できず、多くの人が
座る中心的な礼拝で賛美リーダーの近くに座ることはできませんでしたが、
礼拝には彼女の席が用意されていました。この必要への対応はごく小さなこ
とでしたが、少なくとも私たちは彼女の話に耳を傾け、取り入れることがで
きました。

　ある日、私はショーンという女性からメールを受け取りました。その内容
を今でも覚えています。彼女は、「コールの母親」であると自己紹介しまし
た。コールは、チャージ症候群という珍しい遺伝子的障がいを持っている3
年生だと書いてありました。歩くのも、見るのも、食べるのも、同級生とは
違う状態でした。ショーンは「ぜひ教会を訪問したい」と言い、コールを迎
える準備ができているか確認したがっていました。斜面を通るとバランスを
崩しやすいので、傾斜のある廊下を歩く時は、大人が手を添えてあげました。
食事は経管栄養なので、おやつの時間には本やおもちゃを提供しました。も
し、ショーンのような人からメールを受け取り、希望が正確に伝えられ、有
益な質問がなされた場合、彼女と主イエスに感謝し、彼らを歓迎し、奉仕で
きることがどれほど大きな特権であるかを考えてみてください。包括的な計
画がこんなにうまくいくことはめったにありませんが、そうなった時は、申
し出てくれた親に感謝する必要があります。

●中心的な集会への統合か、分離か

　率直に質問をし、その答えを受け入れるという習慣は、障がいのある子ど
もにとっての最良の体験を、親と協力しながら見極める際に特に重要です。
私の経験では、大半の親は自分の子どもを中心的な集会の中で過ごさせたい
と願いますし、可能な限りそれを実現するのが私たちの仕事です。正直なと
ころ、親の意向に反して子どもをグループから引き離す唯一の理由は、子ど
もが攻撃的に意思を伝えるので、グループの安全のためにしばらく離れる必

要がある場合です。自分の欲求を伝えるのが難しい子どもは、「ねえ、ぼくを見て。もっと助けが必要なの！」と伝える手段として、噛んだり、叩いたり、蹴ったりすることがあります。教会で子どもが攻撃性を示した場合、一時的にグループから離れて（２週間から数か月）、愛情深い大人がその子とペアになってコミュニケーションの方法を学び、その子が再び自然にグループに戻れるように手助けすることがよくあります。

　親が自分の子どもを教会の中心的な集会に参加させたいと望む時、見当違い、非現実的と判断したくなることもあります。自分の子どもも他の子と同じように参加させたいと親が主張するのを聞きながら、内心では、その子は少人数の個別ケアのほうが、グループ全体に気を取られることなく、良いケアと適切なトレーニングを受けることができると感じて、躊躇したことがあります。子どもの障がいの程度を認識していないか、全員をグループに含めるために必要なスタッフの作業量を認識していない親を、客観的に見てきました。あなたも同じような反応をしたことがあるかもしれません。

　けれども、もう一度言いますが、私たちは親の声を聞き、受け入れなければなりません。彼らが子どもの必要を知っているのですから。障がいのある子どもの親と親しくなればなるほど、彼らほど子どもの必要を察知し、心配している人はいないと納得します。自分の子どもが「普通」にふるまっているか、「社会的」にふるまっているかを常に意識している親は、子どもの障がいの程度を過剰に評価しがちです。

　障がいのある子どもを持つ親は、起きている間中、子どもを守ろうとし続けています。学校で、遊び場で、親戚の家で、小児科のクリニックで……。彼らはいつも、子どもにとって安全で居心地のよい場所を作り出そうとしているのです。私たちが作り出した世界は、違いを受け入れることが困難なので、親は子どものために道を切り開き、居場所を作ってあげなければならないのです。このように苦しい戦いを強いられてきた多くの親が、子どもの居場所を守るために教会で戦うことに抵抗を感じるのも無理はないでしょう。彼らが教会に障がいのある子どもを連れて来たとしたら、拒否されることを覚悟して、警戒モードで近づいてくるでしょう。戦うか逃げるかの状態にある親が、「ここにあなたとお子さんのための居場所があります 」と聞いたら、

どんなに安心することでしょう。完璧な場所ではないかもしれませんし、まだそのような場所がないかもしれません。でも、私たちよりも子どものことをよく知っている親に協力してもらえれば、その場所を用意できるのです。

　教会に来る可能性のあるすべての子どもたちのために、快適な空間を作る方法がわからなくても、全く問題はありません。自分の足りなさを認めると、障がいのある人や家族が私たちを助けてくれるのを信頼することができます。「教会での体験をもっと良いものにするにはどうしたらいいですか」「子どもが礼拝するのに最適な空間を作れるとしたら、どのようにしますか」と尋ねてください。そして、改善してください。

　多くの親たちが、障がいを持つ子どもも他の子どもと同じグループの中に入れたいと主張しますが、特定の必要を念頭に置いて準備された別の安全な環境にいれば、子どもがよりリラックスして自由に礼拝できる、という親も見てきました。一般的ではありませんが、一部の家族にとっては魅力的な選択肢です。到着時に子どもを預け、出発時に迎えに行ける安全な部屋（と愛情深い奉仕者）を希望するのであれば、それを実現する方法について柔軟に考えてみてください。私は、両親が週に1時間、恐れや罪悪感なく礼拝できるように、1人か2人の子どものお世話をするスタッフを特別に雇ったこともあります。配置を実現するために、家族や他の教会員に金銭的な援助を求める必要があるかもしれません。部屋の模様替えをする必要があるかもしれません。

　隣人に招かれて教会に来たジェームズとアニーという兄妹のことが思い出されます。2人とも自閉症だったので、私たちは様々なコミュニケーションの方法を学ばなければなりませんでした。ジェームズは、ことばよりも行動でコミュニケーションを取り、行動はだいたい、逃亡や破壊に向かう傾向がありました。この文章を書きながら、彼が私のコーヒーカップを手に取り、部屋の向こう側にいる私をまっすぐ見て、コーヒーを私の財布に注いだ時のことを思い出して笑ってしまいます。ジェームズほど、油断してはいけないことを教えてくれた人はいませんでした。

　ジェームズとアニーの母親にとって、経験豊富なスタッフと奉仕者が世話をする安全な別室に2人を預けられることは、まさに必要としていたことで

した。そこで、作業療法士の修士号を取得しようとしている学生をインターンとして採用し、日曜日にジェームズとアニーのお世話をしてもらうことにしました。彼らは家の外でも聖書の物語を共有し、コミュニケーションを取れるように、工夫を凝らして学び合いました。子どもたちが最も楽しんだ活動に基づいて部屋を模様替えし、ジェームスの脱走を防ぐために、ドアに新しい鍵を取り付けました。ジェームズとアニーが日曜日に遊んでいたその部屋は、子どもミニストリーのための聖なる空間となりました。彼らと母親だけでなく、彼らを知るすべてのスタッフと奉仕者にとっても特別な場所になったのです。

特別な必要を持つ子どもや若者をみんなと同じプログラムに合流させるにしても、分離するにしても、最初から家族に対して明確な原則を設定することが基本です。子どものためのケアが予算とボランティア数に影響することを理解し、家族の必要を尊重し、包括的であることを目指すなら、境界線を守ることが適切です。私が過去に主張した境界線の1つは、家族が礼拝を欠席する場合、週のある時点までに連絡してほしいということでした。そうすると、その週のスタッフ、予算、ボランティアを変更できます。もちろん、朝、玄関を出る時に、赤ちゃんがおむつを汚してしまったり、誰かが（おそらく親が）パニックになってしまったりで急に教会に行けなくなることもあります。そのような場合は、できる限り早くメールか電話で予定を知らせてくれるようお願いしています。

繰り返しますが、今まで奉仕してきた親と子どもたちのほとんどの希望は、教会が提供する中心的な礼拝と霊的育成のグループに一緒に参加することでした。そのためには、混雑しないように部屋を設計し直す、蛍光灯を明るい照明に変える、アレルギー物質の含まれていないおやつを提供する、といったように、全員に影響を与えるような変更になることもあります。また、教会で子どもや若者に付き添う奉仕者を募集して訓練したり、1人用のコミュニケーション板や感情チャートを用意するなど、1人か2人だけに影響のあるような変更を加えることもあります。本人または親からの希望があれば、それを試してみましょう。そうでない場合は、教育専門家、セラピスト、友人などに創造的なアドバイスを求めてください。ミニストリーが少しずつ包

括的になっていく継続的な過程に満足することです。最初の日曜日までにすべてを変更することはできないかもしれませんが、数か月後、数年後に振り返ると、ミニストリーの成長を実感できるはずです。大切なのは、家族の声に耳を傾け、心に留め、ミニストリーを計画する際に家族の助けを受け入れることです。

包括的支援の特徴

　最後に、包括的支援の特徴を幾つか紹介したいと思います。これらは教会が提供できる、障がい者に最も優しいミニストリーの要素であり、家族が他の場所で見つけることはほとんどありません。それは、聖餐式、メンタリング、そしてレスパイトケアです。

●聖礼典

　聖礼典とは、聖餐式と洗礼式のことを指します。しかし、聖礼典に準じる別の重要な行為として、油を注ぐことがあります。イエスの宣教の最高点の2つ、すなわちご自身の洗礼と最後の晩餐が、数千年たっても最も心に響き、感動的で、開かれた実践として記憶されていることは、驚くべきことではありません。教会での聖礼典は感覚を通して体験できる儀式であるため、私たちが提供できる最も包括的な礼拝の要素です。

●感覚的体験としての聖礼典

　聖餐式では、ジュースを飲み、匂いをかぎ、パンに触れ、いただきます。パンを手に取り、浸し、飲み込みます。参加は目に見えるものです。合図を送って行動を指示したり、複雑な反応をしたり、注意力を必要としたりすることはありません。多くのプロテスタント教会では、聖餐式自体が包括的であり、食卓を「開かれた」と表現し、すべての信徒に参加するよう勧めています。このように具体的な方法でイエスを覚えることには、神聖で本質的に霊的な面があります。能力に関係なく、聖餐を完全に理解できる人はいません。聖餐式は平等な場であり、誰もが自分の人間的限界に直面し、神との一

体化を求める気持ちを表すことを求められる場なのです。私は、教会が障がいを持つ人々に親しみやすくなるためにできる最も有効な方法は、毎週、礼拝の一部として聖餐式を行うことであると思います。

聖餐式が食物を通して感覚に訴えかけるように、洗礼式は水という感覚的な物質で身体を覆います。私たちにとっては、バプテスマの水を経験するのは一度だけで、乳幼児期のこともありますが、洗礼を受けた信者が神の家族の一員となるという知識は、所属の象徴で、大きな影響を与えます。人がバプテスマの水を注がれたり、洗礼槽の水に浸された後、引き上げられた時に拍手が沸き起こりますが、それは歓迎の行為です。その人を神の家族の一員として承認しているのです。私の奉仕している教会では、通路の真ん中に置かれた小さな台座に水の入った器を置き、指を水に浸して「洗礼を思い出し、感謝する」ことができます。5歳の息子は基本的に手で水を飛び散らせ、多くの人のように額に十字の印を描くのではなく、顔全体に水をこすりつけています。以上のことが、聖礼典的礼拝という私の考えです。

油注ぎはすべての教派で礼拝に含まれているわけではありませんが、古くから行われている伝統的な習慣で、必要とする人に希望と慰めと支えを与え続けています。私たちは、普通のオリーブオイルを入れたガラス瓶を台の上に置き、身体的、霊的、精神的な癒やしのために祈りを求める人々に油を注いでいます。祈りとは、ぼんやりとした不確かで形のないもので、無形のことばを宇宙空間に語りかけるようで、美しくもあり、時に空想的にも思えます。しかし、オリーブ油で十字架の印をなぞることで、癒やしを願ってゆだねる祈りのしるしが目に見え、感じられるようになります。体にしるしをつけることで、その祈りが時と場所を超えて、感覚的に現実のものとなるのです。聖餐や洗礼と同様に、油注ぎはすべての信徒が受けることができます。

●儀式としての聖礼典

初めて礼拝に訪れる人は、そこで行われる儀式を新鮮で神聖に感じるかもしれません。そのため、聖礼典は繰り返し行われることに意味があります。繰り返すことで、親しみが生まれ、慣れることで確信につながるのです。障がいのある人は最初の1、2回は遠慮してしまうかもしれませんが、同じ順

序で繰り返される儀式を守っていくうちに、安心して参加できるようになります。ほとんどの儀式には、いつも変わらない、美しい招きのことばが伴います。私たちの心と思いに直接語りかけ、神聖な行為への参加を促します。

　多くの教派では、聖餐式に伴う式文は、国内、国外のどの教会でもほぼ同様です。私が家族と一緒に他州や他国の合同メソジスト教会に行ったとしたら、多くの伝統がなじみのないものだと感じるかもしれません。しかし、洗礼や聖餐の儀式が始まると、ゆったりした気分になるでしょう。聖餐の儀式は私たちに期待を抱かせ、日常生活ではめったに味わえない快適さを体験させてくれるのです。

　毎週、教会では同じ式次第に従います。説教が終わると、牧師は前回と同じ式文を繰り返し、パンとジュースをキリストの体と血として紹介し、イエスの物語を語り、神が昔も今も、これからも神であることを思い起こさせます。そして私たちは前に出て、洗礼の水に指を浸し、手を伸ばしてパンを受け取り、ジュースに浸します。同時に、この食べ物は私たちのために裂かれて注がれたキリストの体と血であると告げられます。

　洗礼式があるたびに、同じ式文が繰り返されます。牧師が各自の誓いを確認し、クリスチャンの愛でその人と共に歩むことを誓うのです。洗礼式は、私たちが互いに霊的な配慮をし合うことを宣言しています。私たちは洗礼の祝福のことばを聞き、水が新しい教会の家族のメンバーを洗うのを観察し、その人が文字どおり会衆の中に招き入れられるのを歓迎します。洗礼を受けるのが赤ちゃんの場合は、牧師が通路を歩きながら、大切な赤ちゃんを私たちに紹介し、霊的に見守っていくよう勧めます。洗礼を受ける人が大人の場合は、礼拝後、その人に近づいてハグやハイタッチで歓迎します。聖礼典の式文、繰り返しは、すべての人に対し、すべての人のために行われます。私たちが広く開かれた聖礼典を共に体験する時ほど、キリストのからだとしての一体感を感じることはありません。

●メンタリング

　障がいのある子どもや若者にとって、メンタリングや1対1の共生ミニストリーは、彼らがどんな集まりにも一緒に参加し、必要な支えを受けられる

ようにするための最善の方策の1つです。私が長年指導してきた青年や子どもたちの小グループには、個別対応が必要な子どもが最低1人はいました。1人のリーダーだけでグループ全体のすべての要求や必要を管理することは期待できないし、障がいのある若者が大きなグループに溶け込み、指導なしにグループの社会的、物理的な期待をすべて満たすことも期待できません。

その指導は、パートナーシップという形で提供されるべきです。思いやりがあり、偏見を持たず、一貫性のある大人を障がいのある子どもの家族に紹介することは、歓迎の意を示すことです。私は、このようなメンターを大家族のように考えています。教会という家族が信頼できる友人として、子どもに手を差し伸べ、子どもを保護し、教会の安全方針を守りながら、グループ活動を意味ある方法で理解できるよう手助けします。

ユースにとって、1対1のバディメンター（相棒）を持つことは魅力的な選択ではないかもしれません。ユースの中には、指導的な大人が自分を注目させて恥ずかしいと感じる人もいるかもしれません。その場合は、(1)ユースグループの全員にメンターを割り当て、配置を標準化するか、(2)特別なケアが必要なユースすべてのために、相棒として大人をさりげなく配置するか、調整することができます。成人奉仕者を苦情処理係として紹介し、グループ内でカウンセリングを必要とする人、一緒に祈ってくれる人、質問に答えてくれる人として、誰もが相談できる存在になってもらいます。この奉仕者は、聖書研究を導いたり、活動を企画したりする責任を与えられることはありません。障がいを持っているユースのために、常に裏方として気を配ることができ、また外から見ている可能性のある障がいを持ったユースにも目を向けることができるでしょう。

メンタリングは全員のためのものです。若者と血縁関係のない大人がペアになるという考えは、確かに最初は負担かもしれません。しかし、大人が若者に関心を寄せて奉仕に献身することは、教会の本来の姿を見るような、すばらしい光景です。

●レスパイトケア

レスパイトケアとは、障がいのある子どもや若者、社会的弱者の親のため

に、無料または低料金で支援を受けられるようにすることで、親が休息をとれるようにするものです。通常、レスパイトケアは月1回または隔月で、1回に4〜6時間行われます。疲れた親がゆっくり昼寝をしたり、デートに出かけたりするのに十分な時間です。ネットで検索すれば、研修や資料を提供している団体も多数見つかりますので、気軽に始めることができます。また、地域の専門家に声をかけて知識を提供してもらい、自分で行うこともできます。

　レスパイトケアは、入念な教育と計画を終えてから実施する必要があります。これは、大人と参加者の比率が1対1または1対2でなければ機能しません。また、参加する家族の必要と希望について詳しく知る必要があります。教会内の数家族から始め、活動内容や時期、計画について意見を出してもらいましょう。最初の数回でうまくいったら、レスパイトケアを地域に開放することを検討しましょう。それは、教会では歓迎されない、負担になる、あるいは受け入れてもらえないと感じている世界中の家族に、神の愛を分かち合う最良の方法の1つかもしれません。

終わりに

　本章があなたのミニストリーを包括的にするために情熱と確信を呼び起こすことを願っています。すべての人の中に神の似姿を見出し、教会にいるすべての人と相互関係を求めるということです。障がい者ミニストリーでは、教会という神の家族のすべての会員との相互関係を追求することを求めています。教会は、一部のスタッフやリーダーが出席者のためにサービスを提供するのではなく、違いがあることによる一致によって運営されています。障がい者ミニストリーは、この仕組みを全面的に表しているのです。詳しくは合同メソジスト教会の Disability Ministries Committee（umcdmc.org）からさらに学ぶことができます。

　イエスほどすばらしい模範を示された方はいません。ある時は人々の癒やしの嘆願に応え、またある時は、求められないうちに身体的な癒やしを施されました。なぜイエスが多くの人に癒やしを与えられたのに、現代の私たち

に同じ力が与えられないのか、理由を理解しようと葛藤しました。親しい友人であるパトリックは、牧師であり、学者であり、てんかんと難聴を患うダウン症のアッシャーの父親ですが、苦渋に満ちた質問に耳を傾けてくれました。イエスの世界では、癒やしとは人々を共同体に戻すことだったと教えてくれました。癒やしは人々に居場所を備え、孤立を取り除きました。

　私たちにもそれができるのです。身体的な癒やしを提供することはできないかもしれません。そもそも、障がいを持つ人の中にはそれを望まない人もいます。しかし私たちは人生にとってもっと重要な、歓迎、所属、一体性、居場所などを提供することができます。すべての人が、会衆席で、聖餐式で、説教壇で、聖書研究で、バケーション・バイブル・スクールで居場所を見つけて、できる限り奉仕をするなら、イエスと同じみわざを実践させていただいたことになります。

第 **9** 章
カリキュラムとミニストリーの計画

　新しい年度の最初の日曜日でした。幼稚科から小学 5 年生クラスまでを担当している 22 人の教会学校の教師が、グループで集まり、一緒に学び始めようとしていました。私は廊下を行き来して、皆が必要なものを持っているかどうかを確認しました。

　私の幸せな平安は、ある教師が教室から出てきて、「あの、今日のお話は、具体的にどのように子ども向けにすればいいのでしょう？」と尋ねた時、崩れ去りました。恥ずかしながら、私はその日の聖書箇所がどこなのかさえ知らないことを認めなければなりませんでした。実は私は、カリキュラムを詳細に検討し、多くの点で優れた教材を選択していました。でも、最初のレッスンを確認するのを怠っていたのです。2 学期の最初の日曜日、真新しいカリキュラムに従って、家族全員を殺害し、孫も見つけて殺そうとしていた女王アタルヤの物語が子どもたちに語られました（Ⅱ列王 11：1 〜 21）。子どもたちには申し訳ないことをしたと思います。

　私はカリキュラムに対して肯定と否定の両方の気持ちを抱いています。世の中には優れたカリキュラムの選択肢がたくさんありますが、それらすべてに欠点もあることを学びました。ベテラン教師が使うとカリキュラムは役に立つツールになります。しかし、経験が浅い、また自信のない指導者が手にすると、効果的なミニストリーの妨げになることもあります。

　第 9 章では、独自の設定に合わせてカリキュラムを選択し、取り入れるための指針を提供し、カリキュラムに頼るだけでなく、教育課程を実践していることを確認できる方法を示します。日曜日の小グループから礼拝の環境についても触れます。その前に、カリキュラムに関して誤解されやすい点について説明したいと思います。

よくある誤解

　最初の誤解は、カリキュラムがミニストリーである、あるいはカリキュラムがミニストリーをする、という考えです。これは真実ではありません。むしろ、カリキュラムはミニストリーのツールであり、目標を達成するために使用できる多くのツールの１つにすぎません。私たちはあまりにも簡単に、ミニストリーの目標、宣教の使命、テーマをカリキュラムに決定させてしまいます。教会のスタッフが、自分たちのミニストリーについて説明する時にカリキュラムと同一視しているのを聞くと、カリキュラムに支配され、教会がそのアイデンティティを初期設定にしてしまっていることがわかります。今日のカリキュラムはデザイン的に美しく、市販のメッセージカードのようで、自分たちでできる以上に希望どおり表現してくれます。カリキュラムは、想像もしなかった方法で、神のみことばにいのちを吹き込むことができます。今日のカリキュラムを書いたり、イラストを描いたりする人たちは、発達心理、信仰教育、聖書などに関して十分な知識を持っています。どうして対抗できるでしょう。

　しかし、注意していないと、カリキュラムが人間関係の構築を妨げてしまうことがあります。経験の浅いリーダーは、カリキュラムに頼りすぎて台本にして読んだり、ビデオの再生ボタンを押したりして、話し合いや自主性、霊的な適用のための余地を残さない傾向があります。どの年齢層の分級でも、ミニストリーの活動に参加者を巻き込む必要があります。分かち合い、ディスカッション、祈り、そして互いに本音で話す余地がなければなりません。

　カリキュラムはまた、霊的な育成よりも教育に重点を置きすぎてしまうことがあります。教会の目的は教えることではなく、神を礼拝することです。「教会学校」と呼ばれるミニストリーに学びの計画があるのは当然ですが、本来の目的を見失わないようにすることが大切です。

　カリキュラムの用い方で大きな間違いの元になるのは、見た目が豪華なカリキュラムを選んで、それでよしとする場合です。カリキュラムだけでは人をイエスに導くことはできません。人間だけができることです。カリキュラムが最も効果的なのは、自分たちの状況や目標に合わせて取り入れる方法

を理解しているリーダーの手にゆだねられた時です。本章と次章の両方で、
カリキュラムを最善に使用しつつボランティア奉仕者を指導する方法につい
て説明します。

カリキュラムの選択

　私は25歳の時、3,000人の会員を抱える教会の子どもミニストリーの責任
者として、初めてフルタイムの仕事に就きました。数週間後、担当する奉仕
者が使用しているカリキュラムに不満を持っていることが明らかになったの
で、私は代替の教材を見つけるための調査に乗り出しました。すべての出版
社のカタログを探し、表を作り、費用を比較した結果、気に入るカリキュラ
ムにたどり着きました。夏に教師たちにお披露目し、秋から使い始めました。
しかし春になると、新鮮さを失いました。それでまた別のカリキュラムを選
び、数千ドルも支払って再挑戦しました。5年間で、毎年なるべく最新のカ
リキュラムを選び、教師たちを教えました。私の方策はうまくいきませんで
した。

　このような数年間の経験とカリキュラムの検討に基づいて、より良い方策
を紹介します。子ども、ユース、成人のどれであっても、ミニストリーの適
切なカリキュラムを見つけるように任された時、選んだ教材が自分の教会で
機能するかどうか確認することのできる方法があります。

●状況を知る

1. **対象者を明確にする**　そのカリキュラムはどの年齢層・発達段階を対
   象としていますか。グループの年齢や段階に合ったものを探しましょ
   う。各グループに何人いるか考えましょう。20人のグループには有
   効な活動でも、5人のグループには合わないかもしれません。
2. **予算を決める**　実際の価格を見る前に、幾らまで使えるか考えましょ
   う。宣伝、工作用品、おやつ、奉仕者への謝礼など、グループの必要
   経費を考えましょう。
3. **目標を設定する**　そのグループは、何を目的にしているでしょうか。

交わりのために集まっているのでしょうか。それとも、分かち合い、
聖書研究と学び、伝道、信仰育成のためでしょうか。

4. **奉仕者を知る**　担当予定のリーダーは、レッスンの準備にどのくらい
時間をかけられますか。ベテランの教会学校の教師がそろっているの
か、それとも新人の奉仕者で多くの指導が必要でしょうか。カリキュ
ラムがそれを使うリーダーに適していなければ、どんなに優れていて
も機能しないでしょう。

●神学を知る

　各出版社はそれぞれの立場の神学と聖書理解に基づいて聖書を解釈してお
り、その教理があらゆる年齢層のカリキュラムに表れていることは間違いあ
りません。どんな神学的背景があっても各状況に合わせることができますが、
教会の信仰告白に合わないカリキュラムを使用すると、調整のための作業や
学びが必要になります。あなたの教派の神学と出版社が支持している神学を
調べてください。神学的に一致していない出版社のカリキュラムを選ぶ前に、
神学的に異なる部分を変更するのに必要な時間と労力を考慮に入れてくださ
い。

　カリキュラムが教会の神学とどの程度一致しているかを見分けるには、ア
ダムとエバの話や十字架と復活の話など、主要な物語をどのように扱ってい
るかを見てください。これらの基本的な物語は、一般的にすべての年齢向け
のカリキュラムで扱われています。その物語の扱い方を批判的な目で読むと、
そのカリキュラムの神学的傾向について、ウェブサイトに掲載されている会
社の信仰指針を読むより明確に理解することができます。

●質の高いカリキュラムの特徴を知る

　グループの対象と神学を知ることに加えて、質の高いカリキュラムを探す
際に注目すべき点が幾つかあります。

・**幅広さ**　優れたカリキュラムには、男性と女性の両方、すべての人種、
障がいのある人など幅広い人々が対象であることが表れています。カリ

キュラムに現代人の写真が含まれている場合、除外されている人がいないことを確認します。

- **聖書の登場人物の正確な描写**　カリキュラムで、イエスは白人の米国人スターのように見えますか。そうすると、子どもたちは、偏った世界の価値観の中で白人のような救い主を見てしまいます。イエス、マリア、モーセなどがユダヤ系パレスチナ人として忠実に描かれている教材を探しましょう。

- **複数の選択肢**　優れたカリキュラム執筆者は、教師やクラスによって異なる必要があることを理解しています。簡単な工作、ゲーム、率直な祈り、ワークブック、活動、儀式、ディスカッションの質問など、メッセージを適用するために様々な選択肢を提供しているカリキュラムを探してください。

- **一貫性**　毎週同じ流れに沿ったカリキュラムを探します。子どもたちはわくわくドキドキする活動が大好きですが、最も親しみやすく歓迎されるカリキュラムは、毎週一貫した流れで子どもたちを導きます。子どもたちはその流れを理解し、次に何が起こるかを予測できます。定型化されている指導手順によって助けられます。

- **簡単な準備**　どんなに意欲があっても、平日の夜の聖書研究や教会学校の準備は、通常5時間以内に収めます。私たちのほとんどは、毎週教案誌を暗記する時間がありませんし、奉仕者にも求めるべきではないでしょう。リーダーの時間を尊重し、さっと見ただけで実践できるカリキュラムを探しましょう。

- **ディスカッションの質問**　特にユースと成人向けのカリキュラムを探し求める場合、ディスカッションの質問は最も大切な部分です。参加者がみことばにより頼むことができるように、自由に答えられて、チャレンジのある適切な質問を探しましょう。

あまり重視しないほうがいいことは、派手な映像や画像です。子どもは映像が大好きですが、スライドショーに表示されるカウントダウンを見たからといって信仰を深めているようには思えません。視覚教材は大切です。一流

の内容と構成で、すばらしい映像と画像が付いていれば、なおさらよいでしょう。しかし、スタイルよりも内容を優先させましょう。

　以上は、カリキュラムを選択する際の基本的な段階にすぎません。ここからが楽しいところです。次の段階は、カリキュラムを教会の状況に適応させて使用する方法を見つけることです。

カリキュラムの使用

　どんな状況下でも、一言一句変えないで使用できるカリキュラムを見つけたことはありません。グループの規模、年齢、活動のレベル、目的、リーダーシップなど、状況に合わせてカリキュラムを調整する必要があります。グループが小さければ小さいほど、ぴったり合うようにカリキュラムを調整することができます。たとえば、5人の高校生の小グループは、ディスカッションの質問や活動を自由に選び、最大限に活用できます。同じ年齢の大人数のグループであれば、テキストに沿って進めて、特定のポイントで長くとどまらないように注意すべきでしょう。

　あなたがカリキュラムの専門家なら、これは簡単なプロセスです。事前に各課の内容を確認し、どのプランがいちばん適しているかを判断し、自分のことばにするだけです。あなたが教師を指導、また統括している場合は、別の難題が発生します。カリキュラムを熟知し、各クラスに合わせて使用する方法を他の人に教える必要があります。

　カリキュラムを選ぶ時と同じように、最初に教案に目を通すことで、扱いたい神学的なニュアンスがわかるはずです。続いて、小グループの霊的育成の基本的な要素を探します。聖書を読み、ディスカッション、活動、工作、共同作業、ビデオを通して理解を深め、祈りや分かち合い、決心、ワークなどを通して適用に導きましょう。

ミニストリー計画

　ここまで、小グループと大人数グループの状況に触れてきました。家族を

対象としたミニストリーは、よく教会学校と同一視されます。しかし、ファミリーミニストリーは教会学校以外の環境でも行われます。だからこそ、教会学校のカリキュラムがファミリーミニストリー全体のビジョンを覆い隠してしまうべきではありません。本章の残りの部分では、教会学校からユースグループ、特別なイベントまで、あらゆるミニストリーの統合されたビジョンを作成するために最善の実践方法をまとめたいと思います。

●中心的な礼拝

気づいておられるかどうかわかりませんが、本書の読者は将来、世代を超えたミニストリーのために用いられる器になるように油を注がれるでしょう。教会は、より参加しやすい礼拝のモデルへと向かっています。何年もの間、騒音や妨害は聖い礼拝にふさわしくないと考えられてきました。このように聖書的な礼拝を誤解し続けると、教会が実を結ばないままに放置されることになりかねません。ミニストリーの最先端では、泣いている赤ちゃんも、もそもそと動く子ども、立ち去ろうとしている若者、忙しすぎる親、高齢の祖父母も、礼拝に招かれているはずです。礼拝を計画するたびに、同じ問いを投げかけなければなりません。「誰が除外されているだろうか」「礼拝の中で配慮が行き届いていないのは、どの年代だろうか」という問いです。

伝統的な礼拝は、30歳から60歳までの大人の必要に合わせて調整される傾向があり、他の世代が来ても、静かに加わってくれることを望んでいます。そのような時代は終わりました。私たちはすべての世代を受け入れるために、喜んで犠牲を払う必要があります。神様は、たくさんの収入があって献金をする年代だけではなく、すべての人々を礼拝に招いておられます。

●子どものための礼拝

礼拝で子どもたちの必要を満たすにはどうしたらよいか、激しい議論が今も続いています。私の同僚の多くは、子ども礼拝の時間を別に設けず、礼拝堂での中心的な礼拝に幼い子どもたちを参加させることを強く主張しています。この主張は、私にとってとても魅力的なものです。もし教会が、礼拝の進行、賛美、説教、儀式を子どもたちの発達に配慮したものにするための努

力を惜しまないのであれば、子ども礼拝がないからといって、あまり問題を感じることはありません。

　しかし私は、できる限り教会に、おもてなしのために、小学校3年生までの子どもたちに、独立した礼拝の選択肢を提示することを勧めます。もちろん、子どもはどのような礼拝環境でも歓迎されるべきであり、子ども礼拝を別に設けたからといって、子どもと一緒の礼拝を考え、準備することをしなくていいわけではありません。しかし私は、礼拝堂での礼拝と共に副次的な礼拝として、意図的に子どもに優しい環境を作るという選択肢をお勧めしています。初めて訪れる家族や、礼拝の奉仕に参加する親たちが、子どもに仕える献身的な奉仕者に子どもたちを預けられれば助かると思います。

　赤ちゃん、未就学児、小学生のための礼拝の選択肢は、全世代での礼拝の一環として提示されるべきであると思います。間違っても、子ども礼拝について「礼拝に出なくていいから」とか「自分たちだけの時間ね」などの表現を使わないようにしましょう。子ども礼拝に参加する家族も、教会の中心的な礼拝に参加する家族も、それぞれ祝福してください。

　小学校の後半になると、教会全体の礼拝に参加することを期待できるようになります。プレティーンにとって、会衆の年上の若者や大人と肩を並べ、自分の家族が神を礼拝する姿を見ることは大切なことです。この多感な時期には、牧師が神のことばを説教するのを聞いたり、親が講壇で祈るのを見たり、会衆席の友人にメモを渡すことさえ、彼らにとって本当に貴重な機会です。このような若くて意欲的なリーダーに、礼拝のリーダー、賛美、聖書朗読、案内、受付、音響、幼児や高齢者のヘルパーなどの奉仕を依頼しましょう。

●ユース〜ミドル世代のための礼拝

　ユースと成人が一緒に参加できるミニストリー分野は多くありませんが、全世代の礼拝はそれが可能です。説教、賛美、例話を両方の世代にわかりやすくするという意識的な方策のほかにも、若者と大人のための礼拝を計画する時に私たちが見落としやすい重要なポイントがあります。それは、彼らを巻き込むことです。

ただ椅子に座って黙って聞き、脇のドアから立ち去るのを認めてほしいと願う人もいますが、すべての人が礼拝の計画と奉仕に参加するように招かれるべきです。義務や強制である必要はありませんが、誰もが裏方に足を踏み入れることを歓迎され、作業部屋にも居場所があることを知る必要があります。翌週の週報の配布や礼拝後のコーヒーの準備、献金かごを回す奉仕に加わるよう誘うのに、日曜日に１回出席するだけで十分だと思います。最初から奉仕に誘うことで、教会に参加する段階でその人の居場所があることを伝えることができます。教会は、スタッフが舵を取る客船ではなく、誰もが役割を担っている航空母艦のようです。

私がかつて奉仕した教会の役員は、以前、幾つかのレストランを所有して経営していました。彼女は、店の中を改良したり、改装したりする時、インテリアデザイナーや企業の上司に相談するだけでなく、接客係や現場従業員とも話し合ったといいます。実際に働いている人たちに、「何が必要ですか。販売管理システムは、何が有効で何が問題ですか。買い替えなければならないものは何？　いつもなくなってしまうものは何？　うまくいっていないことは何？」と聞き続けたそうです。彼女は、自分たちの必要をほかの誰かが直感的に理解できるとは考えず、計画の段階から現場の人々を巻き込んでいったのです。教会でも、同じことをする必要があります。若者と大人は、礼拝の環境に最も深く関わっている大切な関係者なのです。何がうまくいっていて、何がうまくいっていないのかを尋ねてください。彼らから解決策を引き出しましょう。

●シニア世代のための礼拝

高齢の方々と接する中で学んだことは、若い世代が高齢者のことを決めつけるべきではないということです。加齢に伴い、新たな配慮が必要になることがあるのは事実ですが、高齢者は、リーダーシップを発揮する能力や興味を自分で判断できるようにすべきなのです。高齢者と仕事をする際の最大のルールは、「何も決めつけないこと」です。

礼拝に集う高齢者のために、教会は、聴きやすい音響システム、大きな活字の週報、広々とした座席と通路などの便宜を図ってください。これらのツ

ールが利用可能であることを皆に知らせ、必要に応じてそれらを使用できるようにします。

　礼拝計画チームには、老若男女が参加する必要があります。若い世代だけが理解できる説教の例話はやめて、誰もが共感できるものに変更する必要があるかもしれません。説教壇からすべての年齢層に語りかけ、説教します。シニア世代の貢献や必要を軽視すると、自分自身と教会に大きな不利益をもたらします。

　私が個人的に好きな神の家族の描写は、20歳未満の人のそばで60歳を過ぎた人が一緒に礼拝をささげている姿です。機会があるごとに、若い人たちに年上で賢明なメンターを紹介しましょう。年配の人に若い人たちのために祈ってもらい、その逆もお願いしましょう。機会を見つけて、いつでも年配者に自分の証しや人生の物語を積極的に共有するように頼んでください。毎週、礼拝の場にいるすべての世代の人たちのために、神様に感謝しましょう。

　世代間交流のしやすい礼拝環境ができてきたら、次は、通常小グループで行われる信仰育成のためのミニストリーに取り組むべきです。きっとカリキュラムが非常に役立つツールになるでしょう。

●信仰育成グループ

　信仰育成グループとは、時には個人的な祈りや学びを通して、また時には同じように信仰の成長を望む人々との関わりを通して、イエスに似た信仰者へと変えられていくプロセスです。教会は、信仰を持つ人々を互いに結びつけ、相互の成長を支援する最良の場です。すべての世代の育成グループは、信仰生活について話し合い、模範とし、祈り合うために、互いの関係を深めます。

　子どもが小学校4年生になるまでに、同年代ごとの信仰育成グループを経験し始める必要があります。正直なところ、子どもたちが準備できているかどうかを心配する必要はないのです。彼らが知らせてくれます。教会では、4、5年生が、両親や年上の若者が小グループや聖書勉強会の恵みを喜んでいるのを見て、同年代のメンバーと一緒にグループを作る計画を自分たちで立てるようになります。教会が小グループを提供しなくても、彼らはきっと

自分たちで作るでしょう。これは、プレティーンの子どもたちが「大人のようにふるまう」ようになる、最も純粋で、最も愛らしく、最も有益な方法の1つです。すべての年齢でグループの活動は適切ですが、4年生以上にとって信仰育成グループは必須です。

　このように、すべての年齢層に対する信仰育成の状況について話し合う中で、「子どものためのミニストリー」と「託児」という古くからの長い戦いが続いています。一部の牧師、親、他の教会関係者の認識では、大人の礼拝と大人のための小グループが教会の本来の活動であり、子どものミニストリーは大人のミニストリーを実現するための単なる手段となっています。私たちはしばしば、「子どもたちは教会の未来だ！」というような聞こえの良いスローガンで自分自身を満足させ、子どもたちを別の建物や別室に置き去りにし、大人のためのミニストリーに時間、予算、奉仕者を注ぎ込みます。子どもとユースのためのミニストリーの仕事内容は、多くの場合、まるでメリー・ポピンズが教会学校と子ども礼拝を運営し、備品庫を管理し、奉仕者を募集し訓練し、イベントの託児を提供し、スムーズに子どもを迎え、予算を超えず、週に10時間以上働かないことを期待しているかのように書かれています。このようなスタッフの役割は、年に数回、礼拝で特別賛美を披露する以外は、教会で子どもたちを見ても、声を聞いたりしたくないという願望を表しているようです。

　子どもたちは、教会の現在です。子どもたちが神を愛し、神に仕えるように育てることは、教会で礼拝するすべての会衆の使命でもあります。子どもとユースのために作られたグループは、成人のグループと同等かそれ以上の予算、指導者の質、計画に値します。すべての年齢の必要を満たすために小グループのミニストリーを計画する時に、どのような方法であっても子どもとユースを軽く見てしまうことは、ファミリーミニストリーの基本理念を侮辱するものです。

　私が言っているのは、単発のイベントや火曜日の朝の女性聖書研究会のための託児についてではありません。大人の集会に簡単で質の高い託児を提供することが適切な場合もあります。しかし、私たちの通常の中心的な礼拝と信仰育成の集会は、最も力の弱いメンバー（子ども、ユース、時には高齢者

や障がいを持つ人）を念頭に置いて計画されるべきです。親や他の大人のための集会に関しては、また別に計画しましょう。

●特別なイベントのための最善策

　私は、他のファミリーミニストリー担当者とは異なり、イベント企画が大の苦手です。イベント企画をするくらいなら、イライラしている親の相談に乗ったり、教会学校の教案を書いたり、スタッフの会議に出席したりしたいと思います。だから私の周りには、創造性があり、ビジョンがあり、細かいことに気づき、課題を整理でき、締め切りを守り、装飾に長けているなどの賜物を持つ、イベントを実行するのが得意なチームがいてくれます。そのような人たちから、イベントの企画について教えられたことを幾つか紹介します。

　第一に、特別なイベントは重要です。私にとっては不本意な告白ですが、確信しています。イベントは、私たち内向的な教会関係者にとって、教会に来ていない人を招待する最高の機会になります。特別な行事は、同じ時期に同じように繰り返されることで、意味のある伝統となります。バケーション・バイブル・スクールや教会全体の感謝祭のディナーは、私たちが成長するにつれて信仰の物語に組み込まれ、神の民が大勢集まる時のお祝いとパーティーを思い起こさせます。毎年12月に行われるクリスマス会に参加して育った子どもたちは、同じような行事があるかどうかで教会を選ぶ親になります。特別な行事がうまく行われ、一貫して繰り返される時、信仰の旅路のお祝いの節目として機能します。

　しかし、準備はとても大変で、お金も時間もかかります。以下は、イベントをより簡単に企画し、より充実させるための私なりの最善の実践プランです。

- 目標を設定する　第一のものを第一に保ちます。イベントを通して達成したい目標を決め、目標に応じて計画を立てます。あるイベントは、季節の行事や懐かしい家族のお祝いとして、教会全体の映画会やエッグハントのように、家族が他の家族とつながり、一緒に楽しめる安全な場所

として機能します。また、伝道を目的としたイベントもあり、ふだん出会うことのない人たちを招き入れることもできます。料理や飾り付け、その他の細かいことを決定する際には、この目標を念頭に置いてください。

- **目標を確認する**　目標を設定したら、あるいは設定中に、そのイベントを教会の全体的な予定に組み入れます。そのイベントのために教会が負担することになる時間、労力、資金を認識し、使命のためにその予算を支出できるかどうか確認してください。多くのファミリーミニストリー担当者は、時間のかかる価値あるミニストリーやプロジェクトの長いリストを持っています。イベント企画に使命を奪われてはいけません。費用が適切でない場合は、イベントの変更または中止を検討しますが、これは慎重に行う必要があります。適切な意思疎通とサポートがないまま単独でイベントの中止を決定すると逆効果になる、というのが経験から言えることです。もし、あるイベント（または複数のイベント）の中止が適当ではない場合は、上司やミニストリーの参加者に、どうすればよいか相談してください。

- **スケジュールを作成する**　大きなイベントごとにスケジュールを作成します。イベント当日から逆算し、すべての作業に期限を設定します。表の各作業の責任者を明確にし、少なくとも週に1度は進捗を確認して、重要な細目が実行されていることを確認します。

- **設営・後片づけチームを設置する**　セットアップと片づけを単独で担当しようとすることは、イベント企画で燃え尽きたり、不満を持ったりする原因の第一位です。私はこの女王です。テーブルを飾り、ステージを作り、カーペットについたゴミを掃除して、すばらしいイベントを数多く成功させてきました。しかし、これは間違っています。ファミリーミニストリーのリーダーとしての時間は、色塗り、飾り付け、整理整頓など、単独で個人的な作業にイライラしながら費やすにはあまりにももったいないものです。これらの作業は協力しながらできることであり、教会には、イベント当日に1時間でも喜んで設営や清掃を手伝ってくれる人がたくさんいます。一緒にやってくれる人を募りましょう。あなた抜

きでも、もっと上手にやってくれる協力者がいるかもしれません。

- **調整役を募集する**　私のように詳細で長い「やることリスト」にストレスを感じてしまう人は、自分と正反対のタイプの人を探して、イベントの調整役になってもらうようにお願いしましょう。調整役が決まったら、成功のために必要なすべての詳細とサポートを提供します。明確な予算を提示し、購入するための資金を提供するか、品物を購入するための簡単な方法を考えましょう。助けになる業者や奉仕者を紹介したり、過去のイベントの写真を見せ、どんなものを求めているかイメージしてもらいます。質問に答えるために、必要な時に何度でも会って話し合います。イベントをより良くするための壮大な新しいアイデアを持ってきたら、にっこり笑ってバトンタッチし、あなたに代わって担当しようとしているミニストリーのために、天国で豊かな報いが用意されていることを保証してください。

- **細部まで気を配る**　すべてのことを細部まで記録します。イベントの詳細を頭の中だけに保存しないでください。何かうまくいかなかった時のための代替策を用意しておきます。コミュニケーション、宣伝、食事、消耗品、奉仕者、予算、募集、文書化、評価などに関するすべての作業を項目化します。これをすべて保存し、次回参照できるようにしてください。

教会で質の高い特別なイベントを提供するための最後のアドバイスは、平和な存在でいることです。大きなイベントになるほど、ある時点で誰かが何らかの感情や解決すべき課題を抱え、あなたのもとにやって来ます。私たちの役割は、パニックを平和に循環させることです。鏡の前で、「了解！　絶対大丈夫」「気づいてくれてありがとう。ゆっくり話そうね」などのフレーズを練習しましょう。イベントの奉仕者には、牧会的な存在が必要です。彼らは本当に犠牲的に自分自身をささげていて、持ち込んでくる不安は、思いやりと、よりよく奉仕するための献身的な視点からくるものです。イベント中のリーダーの役割は、落ち着かせ、慰め、サポートし、感謝を表すことです。そして、それを繰り返します。

終わりに

　カリキュラムとミニストリーの計画は、私たちの働きの構成要素であり、教会の理念と神学について注意深くなければ、かなり危険な落とし穴となりえます。私たちがどのようにミニストリーを構築し、どのようなカリキュラムを提供するかは、人々の人生に影響を与えます。なすべき準備の1つは、これらのツールの使い方を確実に理解しているかどうかを確認することです。20年間同じカリキュラムを使用していても、新しい教材を使用していても、効果的に使用できているという確信を持つ必要があります。教会開拓のために礼拝や小グループをゼロから立ち上げる場合でも、特定の方法で行われてきた長い伝統を受け継ぐ場合でも、必要を判断して賢く対応することができるでしょう。とはいえ、牧師、教会スタッフ、親、奉仕者が、一緒にこの問題に取り組んでくれます。変化を提案するのは私たちの役割かもしれませんが、絶対に単独で突っ走ってはいけません。このことは次章で、ボランティア、つまり教会のからだの手足となっている奉仕者と共に仕えることについて書き記す中で、詳しくお話しします。

第 **10** 章
ボランティア奉仕者

　心に残る奉仕者はたくさんいますが、アンは記憶の中で際立っています。カトリックの女子高で数年間聖書を教え、教会では教会学校成人科に出席していました。彼女は聖書が大好きで、気をつけないと、十戒を記した2か所の記述の違いや、旧約聖書と新約聖書の文化的なつながりについて、30分も聞くはめになります。アンは電子媒体を避けていたので、自分を「恐竜」と呼んでいました。彼女と連絡を取りたいなら、折り畳み式携帯に電話するか、手紙を郵送するしかありません。彼女がキッズミニストリーのボランティアをしていた2年間、私は毎週、教会学校教師のブログ記事を印刷し、文字どおり彼女の家に郵送しました。

　アンと出会って5分もたたないうちに、聖書通読の節目（マイルストーン）を過ぎたばかりの小学2年生を対象に、毎年開催している聖書の基礎講座を担当するのに最適な人材と判断しました。私はカリキュラムを提供しましたが、彼女は快くそれを受け入れ、たぶん引き出しの中に入れて忘れてしまったと思います。彼女は印刷した概要を2年生に配布し、大学教員のように授業計画を説明しました。

　計画は、成功でした。子どもたちはアンを慕っていました。アンが、発達の違いのある子どもたちに特別な親しみを抱いていることと関係があったのかもしれません。数秒で彼女は「要配慮児童」の子どもを特定し、そのあと注意しながら、褒め、愛情を注いだので、子どもたちはアンの言うことを聞くようになりました。日曜日、教室の廊下を歩いていると、6年生にディスカッションで発言するように頼んでいるリーダーや、4年生を壁から引き離そうとしているリーダーを目にします。アンの教室に行くと、25人の2年生が椅子に座って、白板に書かれたヘブル語の意味を考えて、きちんと手を挙げているのが見えました。なかなかありえないことです。

ボランティアがすべて

　誰が教会を運営しているのでしょうか。ボランティア奉仕者です。教会員です。彼らこそミニストリーを実践する人たちです。教会のスタッフの仕事は、ミニストリー活動の最初から最後まで彼らをサポートすることだけです。新しいスタッフは、最初の1年間はミニストリーに慣れ、誰が中心的な役割を担っているのかを把握することで終わってしまいます。新任の子ども担当リーダーは、子ども礼拝の時間に毎週前に出てリードすることになり、新任のユース担当リーダーは、ほぼ間違いなく毎週陰で準備して、大きな集会と小グループをリードすることになるでしょう。経験の乏しいファミリー担当スタッフは、1年間、陰に日向にリーダーたちの心を熱く励ましていくことになります。この期間は、スタッフがミニストリーをどのように運営したいかを示し、現在や将来の奉仕者に自分たちが信頼に足る者であることを示す機会になります。

　しかし、最初の引き継ぎの時期が過ぎると、他の人をそのすべての役割に引き込む時期が来ます。健全で成熟した牧師や教会のスタッフは、自分自身の仕事を少しずつ手放していきます。スタッフの目標は、信頼できる奉仕者にリーダーの役割を任せ、各分野でスキルを高めてもらい、自分たちはすべての会議に出席したり、すべての計画を知っている必要はなくなって、ミニストリーの一部分だけを監督するだけになることです。

　これは時間のかかるプロセスで、募集し、研修し、力づけ、再教育し、耳を傾け、サポートすることを含みます。しかし、あなた自身が有給の教会スタッフであるのに、全世代の主要なリーダーであるならば、礼拝に出席する会衆の中で本物の信徒がごく少ないことを意味します。信徒は、あなたに代わって様々なミニストリーを主導する奉仕者の集合体なのです。[1] 有給の子ども担当牧師は、子どもたちに対する牧師ではなく、子ども礼拝のリーダー、教会学校の先生、バケーション・バイブル・スクールの指導者、ナーサリー担当のスタッフなどに対する牧会者です。当然スタッフは、親や家族などの関係者と良い関係を築くべきですし、どうしても都合がつかなかったリーダーの代わりを務めることもあります。ミニストリーの輪から有給スタッフを

除外しているわけではありません。ただ、献身的な役割を担ってくれる奉仕者は、日曜日の朝に説教壇に立つ人よりも、家族と親密な関係を築いていることが多いのです。そのような奉仕者のために牧会できることは、牧会スタッフにとって大きな特権であり、喜びなのです。

奉仕者の育成を目指す指導者に最もお勧めしたいのは、全員と協力関係を結ぶことです。私が今仕えている教会では、2週間以上、礼拝に出席すれば奉仕者として期待されます。参加している人は、奉仕者なのです。毎週、礼拝の最後に聖餐式を行うために、無作為に5人をすばやく選びます。私の目標は、新しい参加者をできるだけ特定し、役割を担ってもらうことです。友人のブライアンは、ある夏の日曜日に家族を連れて教会に来たところ、次の週には名前を呼ばれて歓迎され、3週目には歓迎チームの奉仕者になったと冗談を言っています（子どもや若者に直接接しない、初期のボランティアとしては完璧な役割です）。彼は今、スタッフとして奉仕しています。親しい雰囲気の中で奉仕者を募集するのは楽しいことです。教会奉仕は楽しいという雰囲気ができれば、奉仕者を見つけることを、毎週・毎月・毎年、パズルを組み合わせるように楽しむことができるようになります。では、募集のための方策について説明しましょう。

奉仕者募集のヒント

奉仕者の募集は、子どもやユースのための活動に携わるリーダーにとって、最も大きなストレスの1つだと思います。過去15年間も中学生男子クラスを教え続けてくれた奉仕者への感謝の気持ちと、日曜日の朝に幼稚園児のグループを教える人が誰もいない苛立ちの気持ちを抱えながら、私たちはいつも奉仕者募集について話しています。幾つかの働きは奉仕者が足りないために閉じられましたが、おそらく最善の結果だったと思います。もし会衆がミニストリーを実現するために犠牲を払わないのであれば、彼らの声に耳を傾け、自然消滅させるべきでしょう。

けれども、適切な呼びかけによって、奉仕者の募集はわくわくするミニストリーの一部にもなりうると、心から信じます。時間を取ることやコミュニ

ケーション、思慮深さ、計画性が常に必要であり、決して楽ではありません
が、結果が見えて、充実感を得ることも可能なのです。奉仕者の募集は、必
ずしも毎回、心配やストレスを引き起こすことはありません。

●個人的に依頼する

　奉仕者を募集するために、最初にして最も重要な方法は、個人的に聞いて
みることです。教会員が私たちの心を読み、自主的にミニストリーの穴を埋
めてくれることを期待するのは無理な話です。それは、友人や配偶者に、自
分が何を望んでいるかを言わなくてもわかってほしいと思っている人と同じ
です。私は結婚生活の最初の数年間で、痛みを伴う訓練を通してそのことを
学んだので、よく理解できます。自分の必要をことばにしたからといって、
相手の愛情が失われるわけではないのです。

　個人的に依頼する理由の１つは、子ども、ユース、配慮を必要とする成人
のための奉仕者となる基準は、かなり高いということがあります。礼拝や公
共の場で、このような人々に奉仕するように呼びかけることはあまり適当で
はありません。誰もが適任とは限らないと、当然考えられるからです。奉仕
者の募集はキャンペーンというよりも、個人的なマッチングに近いものです。
ミニストリーの役割を担ってくれる最適な人を正確に探したいのです。[2]子ど
もやユースの奉仕者に高い基準を設ける理由は、親が交代で奉仕する当番制
にしないためでもあります。家庭で子どもを育てている人がみな、教会で子
どもを教えるのに適しているとは限りませんし、家庭では子どものいない多
くの人が、教会で子どもやユースの理想的なリーダーになるでしょう。さら
に、シニア世代は教会で最も優れた奉仕者であることが多く、子どもたちの
すばらしい潜在的なリーダーとして見過ごされるべきではありません。[3]

　ある年、バケーション・バイブル・スクール（VBS）を半年後に控えた頃、
私はそれを主導してくれる人がいないことに気づきました。不安と絶望でい
っぱいの私は、上司に相談し、引き受けてくれそうな人の名前を挙げました。
上司は、「仮に世界中の誰にでもこの役割を頼めるとしたら、誰を選びたい
ですか」と質問し、私を別の方向へ導いてくれました。「思いつく限りで、
最高のVBSリーダーは誰ですか」と。すぐに、最も尊敬する親友の１人が

思い浮かびましたが、彼女は非常に忙しい生活を送っていて、皆から引っ張りだこでした。そのことを伝えると、「第一候補に聞いてみないのはもったいない」と言われました。少なくとも尋ねる価値はありました。

この奉仕の依頼で最高峰を目指したのは、神の導きだったに違いありません。友人が承諾してくれたので驚きました。彼女はアシスタントを募集し、皆と協力して、今まで参加した中で最高のVBSを作り上げました。企画した時間の霊的な深さと、私たち自身の間に築かれた友情によって、人生が変わりました。さらにその年は、私は家庭内暴力の状況に介入するため、VBSの週の大半を家族保健福祉局との調整に費やさなくてはなりませんでした。書類作成や会議、支援に追われ、400人の子どもたちや、彼らを率いる数十人のボランティアにほとんど接することができませんでした。この優秀で賜物にあふれたリーダーたちがいなければ、私は通常業務を放棄して、危機的状況にある家族に仕えることはできなかったでしょう。

私はこの経験から、奉仕は個々に依頼し、最善の担当者が与えられるように祈ることを学びました。ですから、ユースの宣教旅行、日曜日の小グループのリーダー、信仰告白した学生の指導、またはレスパイトケアを提供するチームのボランティアを募集する場合、それらの役割に最も必要な資質を考えてください。人材募集要項のように資質を書き出します。あなたが求めているのは、次のようなものでしょう。

- 経験
- 確信
- 外向的な性格
- 信頼性
- 聖書知識
- 特定分野の専門知識

- 忍耐
- 組織をまとめる力
- 思慮深い性格
- 一定の年齢層への愛
- 子育てのスキル

リストはまだまだ続きます。どの資質が最も必要かを決定し、その資質を持っている人の優先順位のリストを作ります。リストの上にいる人から順に、個人的に依頼していきましょう。

　奉仕者の候補に声をかける時は、なぜお願いするのかを具体的に伝えることが肝心です。すでに行ってきた奉仕実績をもとに、依頼内容を具体的に説明することができるはずです。その役割の必要性、リーダーにとって必要な特性、そして過去にその特性を発揮した奉仕者をどのように見てきたかを説明するのです。奉仕者は、見られ、理解されていると感じるべきです。そのように感じられれば、あなたの依頼を神からの召命を実現するための招待状と見なすでしょう。

　次に、具体的に何をやってほしいのかについて詳しく説明します。どのような頻度で奉仕するのか、奉仕の責任について、互いに同意できそうな期待について明確に示します。[4]どの程度のリソース、予算、カリキュラムを提供するのか、どのくらいの時間と頻度で奉仕するのか、何人の参加者を指導するのか、同労者は誰なのかなど、具体的に知らせておくとよいでしょう。リーダー候補の目の前に漠然とした奉仕内容をぶら下げて、サインしてもらうことはできません。

　私は、直接会ったり、メールを送ったり、ショートメールや電話で奉仕者を募集したりしています。各奉仕者にとって最善の方法で連絡を取るようにしているので、どれを用いてどれを避けるかは決まっていません。よく電話で質問してくれる人や、その場で電話で応答しても問題のなさそうな人には、電話を使います。今まで見てきたその人のすばらしさと、ある奉仕の候補として最適であることを凝縮して伝えられるので、それは楽しい時間です。

　しかし、多くの奉仕者は、私に面と向かって断ったり、その場で依頼に応えたりすることは困難です。そのような場合にはメールを送り、期限を知らせて答えを連絡してもらうようにしています。初めて奉仕に参加する人にショートメールでお願いすることはほとんどありません。ショートメールは、以前に20回ほど奉仕したことがあって、可能であれば必ず受けてくれる人への方法です。

●相手に断られたら

　綿密な計画を立て、丁重に依頼したとしても、辞退されることがあります。奉仕者は自分の限界や得意分野を私たちよりもよく知っているので、このよ

うな反応も全く問題ありません。辞退を丁寧に受け入れた上で、以下のこと
を尋ねてみましょう。

1. サブリーダーやチーム内の別の役割で奉仕してもらえるかどうか尋ね
   ます。中心的なリーダーとしての役割を果たすことができなくても、
   リーダーが不在の時にたまに奉仕するとか、実際には参加しなくても、
   企画会議には参加してくれるかもしれません。ハードルを下げて、も
   う一度お願いしてみましょう。

2. もう１つの選択肢は、ほかにどのような奉仕ができそうか聞くことで
   す。お願いした人が、リーダーとして依頼した年齢層を避けたい、ま
   たそのミニストリー分野で奉仕する力がないと答えたとしても、すべ
   ての奉仕に対する拒否だと決めつけないでください。神はすべての人
   に何らかの形で奉仕するように賜物を授けておられ、教会には多様な
   奉仕の機会が無数にあります。別の分野を提案することで、他のミニ
   ストリーの同僚を助けましょう。日曜朝の小グループが無理でも、委
   員会の役員になるのはどうでしょうか。宣教旅行に行くのが難しいの
   なら、造園や敷地の整備を手伝ったり、礼拝で聖句を朗読するのはど
   うでしょうか。教会のすべての人に居場所があるように、すべての人
   に奉仕の場があることを明確にしましょう。

　何度も断られるかもしれませんが、全く問題ありません。話している相手
は、あなたがその人を気にかけていること、その人に気づいていること、そ
して、その人が準備でき、奉仕できるようになった時に奉仕する場があるこ
とを決して疑わないでしょう。奉仕者を募集することは牧会的な配慮で、そ
の人の霊的状態を知って、共に祈り、信仰を守るように励ますことでもあり
ます。

● とっておきの奉仕者募集の方法
　私は、難しいお願いをしても、聞いた人が褒めことばとして受け取っても
らえるような、好感度の高いことば、高揚感を感じることばを示されること

があります。私が奉仕者を募集する時によく使う方法やことばを紹介します。
ぜひ役立ててください。

- 「大切なお願いがあります。その内容を具体的にお話ししますので、その後、何でも質問してください」
- 「数週間前から、（　　）の奉仕のリーダーに最適な人物について祈り、考えてきましたが、毎回、あなたの顔が頭に浮かびます」
- 「あなたがすでにお忙しくしておられることは、よくわかっています。教会のこの分野をリードするのに最もふさわしい方であると確信しているので、無理を承知で、お聞きしてみようと思いました」
- 「もちろん、今は無理であっても心配いりません。喜んでお待ちしますし、来年またお聞きします」
- 「あなたの（　　）のような経歴は、チームにとってまさに必要な経験です」
- 「この数週間、あなたが奉仕に参加しているのを見ました（具体的な例）。それはまさに、（〇〇ミニストリー）のリーダーに求められている資質です。よかったら、もう少しお話ししてもいいですか」

　奉仕者の候補と１対１の質の高い時間を過ごすのは、その人が奉仕に興味を示した後のほうが適しています。依頼するためにコーヒーに誘うことはしません。すぐに予算がなくなってしまいますし、短時間で気まずい雰囲気になる可能性もあります。その代わり、興味を示した人に詳細を説明したり、研修について話したり、具体的な内容を確認したりするためには、個人的な時間を設けるようにしています。奉仕候補者のことを個人的に気にかけていること、今後も対応可能であること、彼らが祝福されるために手伝いたいことを示すのです。[5]

●大きなお願い

　奉仕者募集で個人的に依頼することについて、最後に一言。最初に大きなお願いをしましょう。私は、奉仕者リーダーの多くと同じように、月１回の

奉仕を約束するローテーション方式にうんざりしています。この方法では、参加者はリーダーとの絆を築くことができず、リーダー自身も自分の奉仕の役割を、関係性を築く働きではなく、穴を埋める人と考えてしまうのです。リーダーとしての役割を高い頻度で交代するよう求めることは、その働きは実は負担が大きいもので、子どもたちが誰かにお世話されるために、自分が本当にやりたいことの4分の1を犠牲にしてほしいと言っているようなものなのです。ありえません！　それは私たちの願っていることではありません。

　まず、奉仕者に毎週奉仕するようお願いすることから始めましょう。この奉仕を、人生の主要なミニストリーとして、クリスチャンとしてのアイデンティティと教会生活の一部とするようにお願いします。奉仕内容を把握し、参加者に家族のように接することができるように、研修があり、整えられていくことを伝えます。彼らをサポートすることは当然ですが、信頼しているからこそ、彼ら自身が方針や議題を設定することを期待していると説明してください。確かに、毎週子どもやユースのために奉仕することで、奉仕者が中心的な礼拝や信仰育成グループに参加できなくなる可能性があり、それが課題であることは確かです。私の奉仕している教会では、毎週2つの同じ内容の礼拝を提供し、子どもやユースのリーダーが1つの礼拝で奉仕し、もう一方に参加できるようにしていますが、それはこのことが大きな理由の1つです。要は、もし奉仕者が毎週奉仕することによって教会の中心的な礼拝や信仰育成の時間に参加できないのであれば、彼らと協力して、これらの教会の祝福を体験できる別の時間や場所を用意する必要があるのです。信仰育成の必要を満たす平日の聖書研究会や、夕方の礼拝に参加できるようにしましょう。もし、奉仕に参加することが毎週の礼拝出席や信仰育成の機会を失うことを意味するなら、奉仕への参加を控えるべきです。

　このような大きなお願いを良心の呵責なく依頼するための唯一の秘訣は、奉仕者自身にとって最高の益となるものを提供していることを忘れない、ということです。彼らが燃え尽きたり、生活を悪化させることを願っているのではありません。それどころか、奉仕の中で与え、成長して自分の居場所を見つけることは、教会にいるすべての人に経験してほしい賜物なのです。

　といっても、毎週奉仕することに同意した人は、必要な回数だけ「休み」

を取ることができます。奉仕者は全員、オンラインのコミュニケーションソフトで毎週の奉仕の役割を受け入れたり辞退したりしています。私は、各奉仕分野で補助の候補者リストを持っていて、用事があったり、休暇で不在だったりする時は、いつでも喜んで変更できるようにしています。しかし、通常の日曜日には、子どもとユースの奉仕は、ほぼ一年中変わらずに、各2人以上の大人が担当しています。

ミニストリー奉仕者チーム

　個々の奉仕者を募集する方法について共通理解を持ったところで、チームの連携についてお話ししましょう。ミニストリーチームとは全員を含みます。12人の弟子たち、モーセが小さな問題を処理するために集めたかしらたち、墓でイエスの遺体を世話するために集まった女性たちのことを思い出してみてください。奉仕者は、自分1人だけで力を注ぐことはしません。一緒に奉仕をするメンバーを集めることによって、スタッフは奉仕者を最大限にサポートします。幾つかのミニストリーチームは、深い霊的な絆が形成され、聖書研究会や説明責任グループのように、一緒に過ごすことで信仰育成のみわざが成し遂げられることがあります。他のリーダーたちとテーブルを囲み、ミニストリーに関するアイデアを出し合って、提案したり、却下したりする究極の喜びを経験したことがありますか。それは至福の時となります。

　チームの育成には、様々なメリットがあります。1つは、教会スタッフがトップダウンで意思決定することがなくなることです。チームを結成すれば、複数の人が主体的に意思決定を行うことができます。親や同僚のスタッフがあなたが関わっているミニストリーの方向性に疑問を持った時、あなたの背後には、その問題について考え、祈り、議論してきた同労者がいるのです。チームと協力することで、信徒やスタッフのリーダーであるあなたが守られます。

　ミニストリーチームのもう1つの利点は、スタッフの仕事が楽になることです。各ミニストリーの責任を分かち合うことによって、奉仕者チームのおかげで、スタッフはもっと専門性の必要な未開発の分野に集中することがで

きます。私がまだ駆け出しの子どもミニストリー担当の主任だった頃、毎週
2回の子ども礼拝を担当していましたが、礼拝堂にいられることはほとんど
ありませんでした。1年後、3児の親であり、教会への情熱を持ったジェナ
が新しく礼拝に出席するようになりました。ジェナは、6か月間教会に通い、
子どもたちのための奉仕を始められる教会の条件を満たすとすぐにミニスト
リーに参加し、子ども礼拝を主導することに同意してくれました。彼女と私
は信頼できる大人を4、5人集め、チームを結成しました。そのチームは何
度も集まり、教える内容と順序、礼拝室内のレイアウト、分級の方法、礼拝
の要素について話し合いました。最初の1年間は、チームのメンバーにどう
してほしいかを示し、また彼らのフィードバックに耳を傾けながら指導しま
した。時として耳の痛いフィードバックもありました。自分1人で、広いス
ペースで1年間、子ども礼拝を主導しようとしていましたが、質が劇的に下
がることが判明しました。新しい奉仕者ほど、新鮮な目で弱点を指摘し、率
先して補強してくれる人はいません。

　1年間一緒に奉仕をした後、私は完全に手を引きました。その後、その教
会を去るまでの7年間、必要な時だけ補助として手伝いました。チームのミ
ーティングには必ず参加し、アドバイスや肯定的な意見を述べましたが、あ
くまで信徒中心のミニストリーで、私は応援団の役割を果たしたにすぎなか
ったのです。

　成功するチームを育成する鍵は、彼らを力づけ、そしてゆだねることです。
ミニストリーの専門家として、私たちは誰よりも適切に奉仕を担当すること
ができるはずですが、それでもとにかく任せることが大切です。特に最初の
うちは、模範を示し、流れを作ります。脇道にそれることがあれば、チーム
を方向転換させる準備をし、奉仕がミニストリー全体のビジョンに沿うよう
に境界線を設定します。順調にいっていれば、必要なすべての力と励ましを
与えてください。

　誰かがミニストリーチームに参加すると、チームは変化します。そのため、
新しい奉仕者を訓練する方策を確立することは有益で、その際、その人が持
つ得意分野を特定する必要があります。メンバーは、それぞれ異なる能力、
知識、得意分野を持っています。互いの得意分野を認識し、生かすと同時に、

不得意の部分を認識し、それを克服することができるようにします。私は今、教会で歓迎チームと一緒に奉仕をしています。長年奉仕しているメンバーは、すばらしい講師役になってくれています。また、新しい奉仕者が加わるたびに（月に１回程度ですが）、奉仕を改善するための新しい方法が見えてきます。先日も歓迎チームの２人が、自ら出資してインターネット注文したペン立てが収まるかどうか、礼拝堂の座席の背もたれのサイズを測っているのを見かけました。

　もしあなたが責任の大きさを前に燃え尽きたり、疲れ果てたりしているなら、また大きなビジョンや新しいミニストリーの開拓に集中したいのなら、チームを作ることが解決になります。

●研修とコーチング

　もちろん、ミニストリーチームが結成されたところで、まだ始まったばかりです。奉仕者と一緒に働くことを料理にたとえるなら、募集の段階は、最高品質の食材を集めることにたとえられるでしょう。そして、その材料を混ぜ合わせるのが、奉仕活動の研修とコーチングの段階です。この段階は、リーダーがビジョンを分かち合い、価値観と目的において全員が一致することで、参加者にとっても、奉仕者自身にとっても、質の高い経験を実現するために不可欠なステップです。[6] 研修とは、奉仕を成功させるための準備と学びで、実際の奉仕が始まる前に実施します。奉仕者に提供する最も基本的で大切な研修は、自身と参加者の安全に関するものです。以下に、あらゆるタイプの奉仕者に安全研修に関する方策を紹介し、その後、奉仕者が活動を開始する前に経験すべき他の貴重な研修の項目を取り上げます。その後、ボランティアという奉仕の厳しい面についても記します。そこには、説明責任を果たすこと、必要な時に厳しい話をすること、奉仕から外れてもらうための準備をすること等についてのコーチングが含まれます。

●安全研修

　最高の賛美をささげ、すばらしく聖書を教え、最も感動的な祈りをささげたとしても、ミニストリー参加者が身体的、精神的、霊的に傷つけられてし

まったら、実際にはほとんど意味がなくなってしまいます。

　霊的な育成は危険と隣り合わせの中では効果的に行われないものです。一部の人々が教会についてどう感じているかは別として、教会はいつでも誰にとっても安全な場所というわけではありません。それぞれのミニストリーは人々の安全を守るために、注意深くなければなりません。新しい企画はすべて、安全から始めるべきです。

　合同メソジスト教会では、安全に関する方針を「安全な聖域（Safe Sanctuaries™）」と呼んでいます。[7]教団は、職員や奉仕者を保護し、子ども、ユース、障がいのある成人に仕えるための基本的なガイドラインを示しています。合同メソジスト教会に所属するなら、この方針に拘束されます。他の教団で奉仕する場合は、教団のガイドラインを見つけ、それを熟知してください。賢明な教会は、すべての教団の基準を受け入れ、実施し、状況に応じて追加したり強化したりします。建物、場所、教会の規模、ミニストリーの種類など、すべてを考慮した上で、共通の安全計画を立てる必要があります。

　当たり前のように思われながら、必ずしも実施されていない安全策の1つが身元調査です。すべての奉仕者は、奉仕する前に全国的な身元調査を受けなければなりません。残念ながら、この調査は決して安いものではありません。新しい奉仕者の最初の身元調査費用と、継続して奉仕する奉仕者の3〜5年ごとの身元調査費用を予算化しましょう。この調査は不可欠ですが、奉仕者について必要な情報がすべて得られることはほとんどありません。cokesburykids.com には奉仕者の誓約書や申込書のサンプルが掲載されており、募集の際に記入してもらうことができます。身元調査報告書を入手せずに奉仕に加えることは絶対に避けましょう。どのような犯罪歴があると教会で奉仕することができないか、あらかじめ決めておきましょう。

　私は、子どもやユース、障がいのある成人のためのミニストリーに犯罪者を配置することを防ぐ最良の抑止方法は、礼拝参加歴、つまり、配慮を必要とする人々の指導を任される前に少なくとも6か月間は教会生活に関わり、会衆から知られていなければならないというルールであると信じています。このルールは、悪意を持った人がミニストリーに入り込むのを防ぐという目的だけでなく、それ以上の効果をもたらします。玄関で親を出迎えたり、ユ

ースのディスカッションをリードしたりする奉仕者が、教会を知っていて、教会の人々からも知られていることを保証します。奉仕に加わる人に最初にしてもらう仕事は、ほとんどの場合、新来会者を受付でお迎えすることです。教会に関する基本的な質問に答え、ゲストを適切に歓迎できるようになってほしいのですが、少なくとも6か月間、彼ら自身がそのような歓迎を経験すると、他の人を歓迎しやすくなります。牧師やスタッフ、その他のリーダーから親しく学べる期間を楽しんでもらうことは奉仕者への贈り物であり、彼らがより高い貢献を求められた時に、それに応えることができるようになるはずです。

　安全研修では、奉仕の必須要件を確認するだけでなく、自身とグループの安全のために守ってほしい作業手順も共有します。

- **大人2人のルール**　血縁関係のない（家族でない）2人の大人が、子ども、ユース、障がい者の成人の各グループを指導します。教会によっては、大人1人がグループをリードし、必要に応じて、いつでも自由に動けるリーダーを置くことを認めています。このルールについて研修する場合は、必ず以下の内容を含めてください。
    - ◎トイレ休憩の手順
    - ◎適切および不適切な身体的接触
    - ◎各グループに対する守秘義務
- **緊急事態の発生**　奉仕者は、緊急時の避難経路を知る必要があります。悪天候時の避難場所、侵入者警報時のドアのロック方法とタイミング、非常階段の位置などです。
- **テクノロジーへの対処**　奉仕者と参加者の両方が、教会内へのスマホの持ち込みと使用に関する方針を共有します。参加者の写真の撮影と投稿に関する方針に特に注意しましょう。ほとんどの教会では、未成年者の画像を使用したり共有したりする際には、親の書面による同意が必要です。
- **出席、到着・退出**　教会のやり方で奉仕者の研修を実施してください。書面または電子的な出席記録を保持し、子どもが適切な大人に迎えに来

てもらえるようにしましょう。

　長いリストです。私が安全研修を担当する時は、アウトラインに基づいて進め、質問を受けつけるために何度か時間をとります。アウトラインはcokesburykids.com に掲載されているので、ぜひ参考にしてください。
　基本的な安全研修に加え、各分野の奉仕者チームは、その分野に関連する詳細を必要とします。たとえばナーサリーの奉仕者は、おむつ交換の手順や、送迎時間に関する特別な指示を知っておく必要があります。ユース担当のリーダーは、生徒が非常に個人的な情報を共有したり、汚いことばを連発しながら部屋に入って来たりするような、面倒な状況にどう対応するかについての研修が必要です。奉仕者は、このような状況に愛をもって対処し、グループの安全を確保することができるとの確信を持たなければなりません。
　私の安全研修のほとんどは、「このクラスは、教会の奉仕について、皆さんが最も恵まれる内容にはならないでしょう」という声明から始まります。安全研修は、よくある決めごとや面倒なルールの説明に満ちているだけでなく、虐待やネグレクトの特定と報告に関する説明も必ずしなければなりません[8]。奉仕者は、グループの誰かが何らかの虐待やネグレクトを経験している可能性があることを心に留めておく必要があります。私は、奉仕者に虐待やネグレクトの兆候を教え、少しでも気になることがあれば、私か他のスタッフに相談するよう勧めています。報告して悪者になりたくないという理由で教会の誰かが虐待を受け続けるよりは、奉仕者が慎重になりすぎるほうがいいと思うのです。研修を担当する人は、統計情報を調べたり、社会福祉相談員や小児科医に相談したり、このテーマについて自分で学ぶことで、奉仕者チームを教育することができます。参加者の安全を守る方法を奉仕者が理解していることを確認したら、研修のもう少し楽しい側面、つまりミニストリーを成し遂げるための方策へと進むことができます。

●実践的な研修
　奉仕者研修のこの部分は、奉仕がスムーズに進むために本当に必要な準備です。この基本的な研修の要件に追加したり削除したりすることも可能です。

以下の内容は、指導を始めた初日に奉仕者から最もよく受ける質問をカバーしています。質問される前に、次のような疑問に答えられれば最高です。

　まず、ミニストリーに参加する子ども、ユース、大人の名簿を見て、特別な配慮が必要と思われる人々を特定します。その人たちに仕える奉仕者に、どのように接すればよいのか具体的な指導をします。たとえば、参加者の1人が挑戦や議論を好むなら、個人的に受け止めず、関わるタイミングを慎重に判断するようにと注意をするかもしれません。また、障がいのある子どもに大人の付き添いを求めるよう、奉仕者に伝えておくことも含みます。特におとなしい子どもや、芸術的なことが得意な人、以前に布おもちゃを使うと落ち着いた幼児を指摘するのもよいでしょう。また、家族の許可を得て、離婚の危機や家族の死について、彼らと情報共有することもできます。奉仕者と個人情報を共有する前に、適切な許可を得る必要があり、奉仕者が守秘義務を守ることが前提です。しかし、奉仕が順調に進むためには、奉仕者に対して、事前に参加者を紹介することがよい助けになります。

　次に、カリキュラムの使い方について奉仕者と話し合ってください。カリキュラムの使い方を自然に理解する人もいれば、グループの必要に合わせてカリキュラムを調整できるようになるまでに、少しの学びと研修が必要な人もいます。共にカリキュラムを確認し、奉仕者の才能とグループの力量を考慮しながら、最も効果的な部分を選択する手伝いをしてください。奉仕者に、予算、神学、基本理念の範囲内で、カリキュラムを自由にアレンジする自由を与えましょう。

　さらに、研修中は常に連絡手段を明確にしておきましょう。電話、ショートメール、電子メールに関する個人的な好みを伝えておきましょう。ある時間帯以降は電話に出ないのであれば、その旨を伝えておきましょう。別のアプリやブログ、ウェブページを通じて奉仕者と連絡を取る場合は、その使い方を説明しておきます。奉仕をしている時間に連絡を取る方法も伝えておきましょう。コミュニケーション方法を伝えることで、奉仕者は1人ではなく、あなたが支えてくれることを確信できます。

　研修中の奉仕者への最後のことばは、クラス時間外の作業量について期待を共有することです。もし、奉仕者に自分たちでカリキュラムや活動を準備

してもらおうと考えているならば、必要な時間を見積もりましょう。奉仕者に、クラスの前にカリキュラムを確認してほしいなら、それにかかる時間の見当をつけて伝えます。クラス以外に時間を多くとりたい奉仕者もいるでしょうから、燃え尽きを避けるために準備時間の制限を設けてください。奉仕者が期待に沿うかどうかは別として、その期待を共有することは非常に有益です。指示どおりできなかったとしても、ガイドラインがあることを知ることができます。

　そして当然ですが、奉仕者と一緒に祈りましょう。彼らの祝福を祈り、神が見えない努力に報いてくださり、参加者に救いと祝福がもたらされるよう祈りましょう。奉仕する時に信仰が深められ、導く時に召命と霊感あふれることば、愛のことばを語ることができるように、神に祈りましょう。奉仕者から祈りのリクエストを募り、牧会的な役割を果たせるように心がけましょう。あなたの指導の下、彼らは教会のミニストリーに参与してくれているのですから。

●コーチング

　研修が終了し奉仕が始まると、コーチングの段階がスタートします。この段階は、奉仕者が成長するために必要なフィードバック、励まし、説明など、終わりのないオン・ザ・ジョブ・トレーニング（OJT）です。正直なところ、コーチングは研修の50倍ほど難しいですが、奉仕者の育成と成長には段違いの効果をもたらします。専門的な育成と励ましを提供することは、あらゆる種類の慈善団体や非営利団体においてボランティアの定着につながります。[9]

　奉仕者は、研修どおりに実行し始めると、誰もが必ず予想していなかった疑問に遭遇します。その際、奉仕者があなたに近づきやすい環境を作ることが非常に重要です。私は、子どもたちの分級のリーダーが教室で教えている廊下を歩きながら、誰かがドアから顔を出して、追加の工作用品を求めたり、トイレの付き添いを頼んできたり、その日の聖書物語に出てくる人物の名前の発音を聞いてくるのを待つのが好きでした。集中していないように見える参加者やイライラしているように見える奉仕者についてメモしながら、リーダーに時々目を配ることは、自分自身の学びのためにも非常に役立つと気づ

きました。

　近づきやすくしていることに加え、時には、本来あるべき姿でないと判断
した場合に、懸念を表明し、指示を与えることが必要になります。リーダー
が参加者に圧倒されていたり、グループが1時間ずっと遊具によじ登ってい
て、座って学びに取り組もうとしなかったり、いつもテーマから完全に外れ
ていたりする場合、そのリーダーとの話し合いに踏み込む必要があります。
このような状況では、常に最初に質問をするようにしましょう。誰かが問題
を報告したとしても、自分が課題に気づいたとしても、まずはリーダーに自
身の考えを話してもらいましょう。状況に関して共通の見解を持ったところ
で、何を変えてほしいのか、直接、明確かつ簡潔な指示を伝えます。

　リーダーに改善のためにコーチングをする場合、小さなステップに満足し
ましょう。奉仕者が完全に落ち込んでいたり、イライラしていたりしたら、
誰かに補助に入ってもらう、事務の奉仕者に工作や配布物の準備をお願いす
る、5分早めに来て、参加者が来る前に一緒に祈って落ち着かせるなど、す
ぐにできる小さな変更を実行してください。私たちはみな、改善点がたくさ
ん見つかった奉仕者と一緒に喜んで奉仕していることに気づきます（今はそ
うでなくても、すぐに気づくでしょう）。疑問を前向きにとらえて、自分と
奉仕者のために小さな目標を設定しましょう。初心者を1週間でベテランに
しようと思わないでください。

　奉仕者のリーダーシップに懸念がある場合は、速やかに対処しましょう。
グループ全体が苦しんだり、事態が改善することを願って放っておいて、あ
なたが行動を強いられるほど事態が悪化してしまう前にです。小さな方向転
換であれば、可能ならその日のうちに話をしましょう。懸念が大きい場合は、
指導者に相談してから対処したほうがよいかもしれません。その場合は24
時間以内に相談をすませ、次の機会に奉仕者と話をする準備をします。

　直接会ってコーチングをするのが常にベストです。1人か2人の奉仕者に
しか起きていない問題に対処するために、すべての奉仕者に大量のメールを
送らないでください。繰り返しますが、大ごとにしないでください。厳しい
話をする場合には、速やかに、その人に直接会って話すほうが皆のためです。
適切な質問をし、あなたの期待を述べ、そして、設定した基準を達成するた

めにどのように助けることができるかを尋ねます。あなたが彼らの味方であり、彼らの賜物と得意分野を理解していることを伝えましょう。真の励ましを提供し、他の不完全な人間と一緒に教会で奉仕することがどれほど困難であるかに共感しましょう。奉仕者に、応援していることと同時に、正しく必要な働きを期待していることを伝えましょう。

　まれに、特定の奉仕者に退いてもらう必要がある場合があります。そのような場合は、奉仕者を外すことがグループの最善の利益であるだけでなく、その人の最善の利益でもあることを忘れないでください。グループの必要を第一に考えるかもしれませんが、グループにとって悪いことは、奉仕者にとっても悪いことだと私は確信しています。私たちは両方の当事者に責任を持ち、関係者全員のために牧会的な配慮をした上で決断しなければならないのです。

　奉仕者を役割から外す最初のステップは、その決断を支持するよう求められる可能性のある教会の指導者だけに、あなたの意図とその根拠を伝えることです。牧師、代表役員、運営委員、役員会議長、教会の信徒代表などが考えられます。その人たちに祈ってもらい、奉仕者が傷つき、怒って彼らに助けを求めた場合でも、あなたの話を聞いて支持してもらえるように準備しておきます。決断を裏付けるような方針や原則を見つけるために、自身の指導者に助けを求めてください。

　次のステップは、その奉仕者が教会内でより適していると思われる他の奉仕分野を特定することです。キリストのからだの中には、誰にでも奉仕の場があります。仮に１つの分野でうまくいかなくても、より適した分野があと５つはあるはずです。ある役目から奉仕者を外すことは、その人が奉仕から外れることではありません。成長によりよく貢献し、賜物が生かせる別の場所を見つけるというだけのことです。

　必要な支持が得られ、新しい奉仕の可能性が決まったら、奉仕者と対面で話をする時間です。他のコーチングの場合と同じように、まず質問することから始めましょう。これまでの経験について本音を聞き出し、課題についての相互理解を深めます。そして、あなたがミニストリーと奉仕者の両方にとって最善を望んでいること、別の役割に移ってもらいたいことを伝えましょ

う。その人が教会の方針に違反したことを具体的に伝える必要があるかもしれませんし、単に、努力が望んだような結果を生んでいないと伝える場合もあるでしょう。適当でない奉仕をお願いしたことについては責任を持たなければなりませんが、自分の責任ではないことまで責任を負う必要はありません。教会生活の中に彼らのための場所があることを伝え、除外されたとか、見捨てられたとか、評価されていないなどと思わないでほしいと念を押してください。励ましのことばを交わしながら、感謝だったことや祝福されたことがあれば、必ず口にするようにしましょう。しかし、決断そのものは揺るがないものであるべきです。

　この会話によって奉仕者が傷ついた場合、癒やしを見つける方法を示してください。気持ちの整理を手伝ってくれる適切な人を紹介し、必要であれば場所を提供し、一度考える時間が必要なら、そのあとにまた話をすることができるようにしておいてください。あなたが彼らを愛し、彼らにとって最善を望んでいることを伝えてください。可能であれば、次のステップについて一緒に祈りましょう。

　最後に、その日の残った時間は休んでください。感情的に負担のかかる会話の後、身体と霊性を再び活性化させる時間をとりましょう。日記を書いたり、ジムに行ったり、映画を見たり、瞑想したり、昼寝をしたりしましょう。休息と回復の日を計画しましょう。会話を、できる限り愛をもって、助けになるように、確固たるものとするために、最大限の力を尽くしました。回復の時が必要です。

●座って見守る

　リーダーを募集し、研修を終え、コーチングによって知恵と経験を身につけていってくれれば、あなたの育てたリーダーたちによって、楽しくて充実したミニストリーのビジョン、黄金の明日を体験することができます。あなた自身も、配置したリーダーたちと同じかそれ以上に、レッスンを指導し、小グループの活動を計画し、祝福を祈ることができるのは分かっていますが、彼らがあなたの計画を実践しているのを見るのは、とてもすばらしいことです。すばらしい奉仕者を育てることで賜物を倍増させることができるのです。

そのようにさせていただける栄誉を神に感謝しましょう。あなたの個人的な
賜物や経験を超えて、目の前でなされている、キリストのからだを建て上げ
るすべての会話、聖句、祈り、賛美について立ち止まって考えてみてくださ
い。神に召された奉仕をするために、他の人たちを整える人として、キリス
トのからだの中でのあなたの役割を楽しんでください。それはとてもすばら
しい立場なのです。

終わりに

　奉仕者を募集し、育成し、力づけることができる立場にいるなら、神学校
を卒業したかどうかにかかわらず、あなたは牧会者と言えます。彼らの人生
を変え、世界を変えることができる方法で、人々に神のみわざにあずかる方
法を紹介していることになります。確かに大変な奉仕ですが、その大変さも
また栄誉であり特権なのです。奉仕者にとっての牧会者、親にとっての育成
者、コーチにとってのコーチであることを意識してください。

　そして、奉仕者と一緒に働くことについて、最後に何か付け加えることが
できるとしたら、それは「感謝を表す」ということです。教会の運営に参加
している人々に心からの感謝を繰り返しましょう。メールでのコミュニケー
ションはすばらしいものですが、手書きの感謝カードや対面での「お礼のこ
とば」に勝るものはありません。奉仕者とは教会であり、責任が大きいこと
は祝福が大きいことでもあることを再認識してください。教会は、教会で互
いに仕え合う人々がいなくなると、文字どおり存在しなくなるのです。お菓
子に感謝のことばを添えて、奉仕者にお礼の気持ちを込めたギフトを用意す
る賜物のある人がいます。奉仕者に感謝の気持ちを伝える品物を作ったり、
カードを書いたりする賜物を持っている人もいるでしょう。持っている賜物
を用いてください。奉仕者への愛と感謝をどのように伝えるかはそれほど重
要ではありません。彼らが定期的にあなたからの感謝の気持ちを受け取って
いることがとても大切なのです。神に感謝し、彼らに感謝し、それを繰り返
してください。ボランティア奉仕者は本当に世界を、教会を動かしているか
らです。

第 11 章

結婚と離婚

第 11 章では、結婚と離婚に関する私の職業上の経験、その分野の専門家の研究、そして教会という環境の中で結婚と離婚を通して家族を支援するための実践的なアドバイスについて取り上げます。最初に、結婚が時代とともにどのように変遷してきたか、また、今日の結婚に対する文化的、経済的な制約について考えます。簡単な歴史に続いて、ミニストリーで経験することが予想される結婚の豊かさと危機について説明します。最後に、離婚のライフサイクルを概観し、離婚した親とその子ども、そして影響を受ける家族や友人に対して私たちが提供できるサポートについて説明します。

結婚も離婚も家庭生活や教会生活に大きな影響を与え、既婚者だけでなく、結婚しない大人、未亡人や寡夫、結婚が自分の人生の一部であるかどうか疑問に思う若者たちにも影響を及ぼします。教会は、結婚と離婚について思いやりのある実践的な神学を採用することに苦しみ、それを実践することにさらに苦労してきました。結婚と離婚ほど繊細で、偽善が蔓延しやすく、誤解されやすいテーマはないでしょう。本章では、結婚や離婚の影響を受けるかどうかにかかわらず、教会内のすべての家族を強めるために、教会指導者が何らかの視点を提供し、備えられるようにしていきたいと思います。

結婚の歴史

キリスト教の視点から結婚について書かれた本の多くは、創世記の、神がエデンの園でアダムとエバを引き合わせたところから始まります。聖書の最初の章では、2 人の人間が、神によって定められ祝福された生涯を共にする関係で結ばれていることが描かれています。この物語で私がいちばん好きなところは、神は人間が孤立することを望まれなかったということです。神は全く別人格の 2 人を、互いに関わり合うことでご自身を映し出すようにお造

りになりました。神は私たちを共同体と交わりのために創造し、私たちの中にある他者との親密な関係を求める深い欲求を肯定しておられるのです。

この人間同士の結びつきは創世記の物語に美しく描かれています。けれども、私たちはその細部の多くを、霊感を受けた意図的な結婚に必須の命令として解釈し、人間関係に対する神の計画の全体像とは相容れない制約を読み取ってしまう傾向があります。私は、創世記の物語が結婚の処方箋であると確信しているわけではありません。確かに、神は私たちが人間関係を築くことを望んでおられますし、結婚は他のどんな関係とも違う親密な関係です。ただ、アダムとエバから得られる最高かつ最善の教訓は、私たちは孤立しているべき存在ではないということです。

ダイアナ・ガーランドによれば、歴史上、結婚には様々な意味がありました。他の家庭や国と同盟を結ぶための戦略的手段であり、社会を強化し利益をもたらす社会構造でした。そして新約聖書の時代には、キリストの教会に対する愛を反映する神聖な一夫一婦制の愛の結合であったといいます[1]。キリスト教神学は歴史的に、結婚を神の愛の深さを教えてくれる結合として、美しく神聖な見方を示してきました。しかし何世紀にもわたって、結婚と性についての教会の教えは、多くの人々にとって現実と一致していませんでした。たとえば、アクィナスは独身を神に近づくための方法と考え、結婚生活におけるセックスは子孫繁栄の手段としてのみ許容されると考えました[2]。

現代の米国では、1950 年には 78％の世帯が夫婦でしたが、2016 年には 48％に減少しています[3]。結婚が減少している理由の 1 つは経済的なもので、今の若い人たちが世帯を作り、一緒に暮らすにはお金がかかりすぎるからです。また、アメリカ人の結婚観も変化しています。かつて結婚はビジネス上の取り決めであったのに対し、今では大人になったことを祝う、社会的な節目として位置づけられています。同棲は社会的に受け入れられつつあり、その実用的・経済的な利点が結婚率や離婚率の低下に寄与しています[4]。

米国は現在、先進国の中で最も高い離婚率を記録しており、早期に破局する同棲関係が最も多い国です[5]。私たちは明らかに結婚の大切さを信じているはずなのに、離別を見聞きしています。2009 年には、結婚の 40％が離婚に至ると推定されていました。社会科学者は、離婚率は将来的に 40 ～ 60％で

比較的安定するだろうと考えています[6]。

　私は、結婚が単に財産や政略的忠誠と引き換えに人間を取引きするもので
あった時代に戻りたいとは思いません。しかし、結婚に対する、よりロマン
ティックなアプローチがうまくいっているとも思えません。結婚における個
人の善良さ、美しさ、夫婦としての強みを認める結婚観がほかにあるはずで
す。聖書における結婚の包括的原則を見て、神が結婚と離婚に何を望んでお
られるかを問わなければなりません。

祝福と課題

　新約聖書の記者たちは、結婚が神と神の民との関係、キリストと教会との
関係を表す最高の象徴であると明確に信じていました[7]。福音書や書簡には、
夫婦は互いに仕え合い、キリストが教会を愛するように互いに愛し合うべき
であると何度も書かれています（エペソ 5：22 ～ 24、コロサイ 3：18 ～ 19、I
ペテロ 3：1 ～ 2)。聖書の記者たちのこれらのことばは、何世紀にもわたっ
て神学者たちによって研究され、解釈されており、神の国に対する神の期待
と同じくらい、結婚に対する期待について多くのことを教えてくれます。ど
ちらも共同体であり、人間関係に基礎を置いています。だからこそ、両者と
もとても混乱したものです。

　結婚というのは不思議なもので、2 人が一緒になって 1 つとなり、それぞ
れの個性を保ちながら、部分の総和よりも大きな全体を構成しています。結
婚を選択した人は、2 つの人格を生きることを約束します。神によって造ら
れた自分自身の召命、好み、個性、必要を持った人間として成長すると同時
に、独自の特徴や必要を持った「夫婦の人格」に貢献するのです。それは美
しく、複雑で、しばしば痛みを伴います。

　結婚とは、大きな犠牲を伴う過程です。ガーランドが書いているように、
「自分らしさを保ち、人間関係の調和を見出し、家庭生活を支えるという点
で、私たちはみな多大な代償を払うことになる[8]」のです。ある親しい友人が
最近、「結婚生活で自分はいちばん自分らしくない」と話してくれました。
彼は配偶者を愛し、その関係を大切にしていますが、その大切さと親密さが

自分を表現する自由を奪っているのです。結婚の制約の1つは、結婚がすばらしく、祝福されたものであってほしいという重圧です。夫婦から周囲の人に至るまで、誰もが結婚関係からは幸せだけが生じると思いたいので、逆に夫婦が問題を軽視したり無視したりすることを助長しています。神をほめたたえ、神の栄光が現れるようにして2人の人生が1つとされるためには、痛みや犠牲が伴います。教会は、そのことを十分に認めてきたとは言えません。完璧主義のストレスと、結婚生活で最高に幸せな歩みをしていきたいという希望が、多くの結婚を破綻させる要因となっています。

● 結婚の支援

結婚には、祝福すべき多くの価値や美しい側面があります。同時に、⑴結婚は万人のためのものではない。⑵結婚は誰かを良くするものでも、人生そのものをより良く、より価値あるものとするものでもない。⑶LGBTQの人たちにとって、結婚は常に選択肢であったわけではない、ということも認識しておきたいのです。結婚を美化して語ることは、結婚を望んでいない人、選択肢にない人、結婚がうまくいかなかった人の権利を抑圧することになりかねません。私の願いは、教会が結婚を美化したり、その課題を覆い隠したりすることなく、結婚とそれを選択する人々を支援する方法を見つけることです。

神は結婚を通して人々の心に働きかけることを願っておられる、と私は信じます。結婚式で「約束します」と言うことは、お互いを磨き合うプロセスへの献身です。結婚には安易で簡単で単純なものはなく、要求も報酬も高価です。23歳で夫のジョンと結婚した時、自分の世界がこんなに狭いものとは思ってもみませんでした。両親の美しい結婚生活をずっと見てきた私は、両親がうまくいったようにすべて再現できて、ジョンは私が家族の中で観察してきたすべての役割を果たすことを期待できると思っていたのです。私の結婚に対する期待の多くが、クリスチャンのロマンス小説やブライダル雑誌から得たものであることを認めるのは、実はとても恥ずかしいことです。私は自分が何に巻き込まれることになるのか、全くわかっていませんでした。

結婚して12年がたった今、最初の数年間を振り返ってみると、ただただ

呆れるばかりです。私たち夫婦はどちらも、夢のような新婚生活を送っていませんでした。性的に、情緒的に、職業的に、霊的に、成功しなければならないというプレッシャーを感じました。私は新婚旅行から戻った翌日に大学院に入学し、数か月後にジョンは、私が望んでいた大家族を養うために、よりよい仕事をしようと転職したのです。3 年後、新しい街に引っ越し、私はフルタイムで教会の働きができるようになりました。ジョンは私を全面的にサポートしてくれましたが、数年間は自分にとって適切な次の職場が見つかりませんでした。この間、私たちは日々の人間関係の葛藤を他人に見せることはほとんどありませんでした。教会から聞かれることもなく、自分たちでもその葛藤をほとんど認識していなかったためです。私たちは苛立ちに目をつぶり、口論がなくなることを望んでいました。結婚して 5 年目、2 人目の子どもが生まれるまで、お互いに本音をぶつけ合うことはありませんでした。感謝なことに、ようやくセラピーに踏み出すことができ、私たちの関係は救われたのだと感謝しています。

　振り返ってみると、結婚の準備期間や結婚後数年の間に、教会が私たちを支援し、助けることができたであろう場面がたくさんありました。教会は結婚にとても積極的であるにもかかわらず、結婚をより健全にする実践的な支援をほとんど提供できていないことがよくあります。文字どおり何千冊もの本やカリキュラム、超教派団体が存在し、メンタリングやリトリート、小グループを通して、結婚を健やかなものにする手助けをしています。

　結婚を支援する機会を提供することはすばらしいことであり、強く推奨します。もし教会で既婚者を対象としたミニストリーを担当しているのなら、以下の質の高い教材やコースを自由に利用することができます。

- **Emotionally Healthy Discipleship**（情緒的に健康な弟子訓練）
  ピーター ＆ ジェリ・スキャゼロ
  https://www.emotionallyhealthy.org/
  　教会指導者が成熟した弟子を育てることを支援する「情緒的に健康なリーダー育成コース」では、霊性と人間関係についての 2 つの 8 週間コースを文書とビデオ教材で提供しています。どちらのコースも結婚ミニ

ストリーに役立ちますが、人間関係のコースのほうがより本質的です。無料のニュースレターとサンプルレッスンのダウンロードが可能です。〔訳注：日本では同団体関連の書籍として、ピーター・スキャゼロ『情緒的に健康なリーダー・信徒をめざして』、ジェリ・スキャゼロ『情緒的に健康な女性をめざして』（共にいのちのことば社）が出版されている〕

- **The Daring Way**（勇気ある方法）
  ブレネ・ブラウン

  https://brenebrown.com/thedaringway/

  　これは、職業的な援助専門家のための認定プログラムで、信徒が教会で提供することを意図したものではありません。しかしウェブサイトには、認定された専門家（州ごとに検索可能）が掲載されているので、近くの研修会を探したり、専門家に依頼して教会でコースを提供したりできます。このプログラム以外にも、ブラウンの本の多くは結婚生活を豊かにする教材であり、どんな規模のグループでもテキストとして利用することができます。多くの本にはディスカッションガイドが含まれています。

- **Rekindling Desire**（情熱を燃え立たせる）
  エスター・ペレル

  https://www.estherperel.com/

  　エスター・ペレルはホロコースト生存者の娘で、難民への対応、カップルへのセラピー、著書、TED トーク〔様々な業種の人がプレゼンテーションを行う番組〕、記事、インタビューなどを通じて、人間関係や性的関心について研究しています。この学びは、カップルが自分たちの関係と性愛を結びつけて、再び燃え立たせるのを助けることを目的とした4時間のオンラインのコースです。ペレルは、明確にキリスト教や聖書に基づいた教材を提供してはいません。不倫その他の結婚生活に関する彼女の信念は、一部の教会とは相容れない点があって、ミニストリーに混乱を与えてしまうかもしれない点に注意すべきです。

- **The Art and Science of Love**（恋愛の芸術と科学）

　ジョン・M・ゴットマン

　https://www.gottman.com/

　　ジョン・ゴットマンの 40 年にわたるカップルと人間関係の研究を基礎とした週末のワークショップです。ウェブサイトから居住している地域で開催されているワークショップを探したり、ゴットマン研究所のトレーニングを受けたり、DVD セットを購入したりすることができます。

　結婚生活を豊かにする機会は、リトリート、読書会、専門家のセラピーやカウンセリング、小グループ、講演会など、様々な形で提供できます。個人的、職業的な経験からは、教会が提供できる結婚を豊かにする経験として、説明責任を持ち合う小グループと資格のある専門のカウンセラーを個人的に紹介する方法がお勧めです。

●説明責任グループ

　私は、4 人の友人とほぼ毎週集まって、生活の深みまで分かち合っています。彼女たちは、結婚生活に関しては、誰よりも深く私のことを知っています。正直に言うと、守秘義務と無条件の愛を約束した私たちのグループでも、仕事と経済的ストレスについて、またその週の夫婦のけんかについて共有することは、100％安全とは感じられません。それは怖いことです。しかし、配偶者との継続的な口論を反芻したり、性生活にはセラピーが必要なのではないかと考えたりするような暗く孤独な瞬間に、そのような課題がグループには秘密でないと知っていることが安全策となっています。結婚生活には山と谷があり、そのどちらにおいても、夫婦以外の支えとなる関係が必要だと確信しています。

　私の経験では、グループ内でこのような深い説明責任と弱さを分かち合える場を作ることは、メンバーとしても、ミニストリーのリーダーとしても難しいことです。このような小グループを立ち上げようとする場合、正直さと尊敬が必要であることを、参加する人たちにはっきりと伝えるようにしまし

ょう。それはアルコール依存症患者のための祈り会に参加するようなもので
す。これらのグループは、伝統的なウェスレー派のバンドミーティングのよ
うなもので[10]、人々が難しい質問をし、それに答えることが期待される場です。
結婚について本音で語り合う場を提供することは、信頼できる結婚ミニスト
リーの核心です。説明責任グループを計画する際には、以下のようなガイド
ラインを心に留めておくとよいでしょう。

1. **グループ内の約束を決める**　グループの初期段階で信頼を築く良い方
   法として、グループ内の約束を決めること、つまり「ある一定の基準
   や期待を守ることを約束する[11]」ことが必須です。グループの約束の中
   には、話し合いのテーマ、守秘義務のルール、アドバイスの可否、出
   席の基準、集会の時間、当番の割り当てなどの細かい計画も含まれま
   す。共通の期待を明確に示し、それを実現することで、本音で分かち
   合うために必要な信頼が築かれます。

2. **弱さと受容のモデルとなる**　互いに受け入れ秘密を守るから信頼する
   ことができ、信頼し合えるから結婚生活の弱さを分かち合うこともで
   きます。結婚の説明責任グループのリーダーは、信徒でもスタッフで
   も、ありのままの弱さをさらけ出すことと互いに受け入れ合うことの
   模範になる必要があります。参加者はリーダーに倣って分かち合うと
   いう研究結果があるように、リーダーがオープンで正直だと、他の参
   加者もオープンで正直になるでしょう[12]。

3. **グループの型を提供する**　グループが自分たちに合った型を作れるよ
   うに、次のような質問を考えましょう。グループはカリキュラムを使
   用するのか、誰が主導するのか、誰が参加するのか、参加者はどのよ
   うにグループ分けされるのか、新しいメンバーも受け入れるのか、受
   け入れないのか。すべて大切な質問ですが、決めるのはメンバー自身
   です。私はリーダーとして、教会内のすべてのカップルを対象に、電
   子メールや個人的な誘いを通して、興味を惹くように呼びかけます。
   そして、参加者を説明会に招待し、どのカップルがどの目的に興味を
   持っているのか、弟子としての成長か、聖書研究や読書会か、分かち

合い形式を好むのか、リーダーや参加者に関して希望があるのか、などを話してもらいます。それから相性がよさそうなグループに参加者を配置します。上に挙げられた形式の中には小グループに適しているものもあります。

●夫婦の説明責任

　教会で説明責任グループを実施しようとすると、夫婦が一緒に参加できるかどうかという質問にぶつかるでしょう。この疑問にどう答えるにしても、プラス面とマイナス面があります。夫婦のための説明責任グループは、必要に応じて託児を利用することができ、グループに参加するのは一晩だけで参加しやすいでしょう。また、自分たちの生活について友人とオープンに共有することで、配偶者の姿を違った角度から見聞きすることができます。分かち合いの時間を一緒に持つことで、夫婦の関係はより深まり、コミュニケーションも活発になります。

　夫婦が一緒に説明責任グループに参加することを認めない最大の理由は、正直になり、弱さを率直に表明することの妨げになる可能性があるためですが、結婚生活が行き詰まりつつあるメンバーにとっては特にそうです。自分たちの関係で困難な時期を経験している夫婦（誰にでもあることですが）にとって、小グループに参加することは、問題を脇に追いやって存在しないふりをする、単なる偽りの時間になりかねません。私の知っている多くのすばらしい夫婦がいるグループは、定期的に集まってお互いの信仰を分かち合い、支え合っていましたが、ある夫婦が思いがけなく別れることを発表し、ショックを受けました。このようなグループでは、正式な発表がなされる前に、グループのメンバーは何が起こっているのか予感しているだろうと思うでしょう。しかし実際には、配偶者と一緒に説明責任グループに参加することで、十分な安全性が確保されない場合があるのです。配偶者なしで結婚生活の傷や葛藤を共有する場を設けることで、より励まされ、コミュニケーション能力が向上し、結婚生活で愛のある選択をしようという意欲が高まることがあります。

　夫婦のための説明責任グループについての最後の注意点は、このグループ

は、結婚の危機にある夫婦のためのセラピーの役割を果たすものではありません し、果たすことができないということです。このグループは、「○○について専門家に相談することを考えたことはありますか」「知り合いのセラピストを紹介しましょうか」という愛情あふれる質問をするのに理想的な場所です。説明責任グループの仲間は、ある人の必要性のレベルが臨床的な領域にまで達していることをすばやく察知し、メンバーをその領域に導く手助けをすることができます。教会を拠点とする説明責任グループは、祈り、励まし、傾聴し、希望を語り、質問するための適切な場所です。メンバーの1人が毎週のように危機を訴える場ではありません。また、心理学に詳しい人が、他人の問題を診断して解決しようとする場でもありません。結婚生活におけるより深刻な危機に関しては、牧師や専門家のカウンセリングが適切で、必要な選択肢となります。

危機的状況にある結婚生活

先ほども述べたように、どんな結婚生活もいつか、ほとんどの場合何度も、壁にぶつかるものです。転職、出産、健康問題など、ストレスを予測しやすい出来事は人生に幾つかありますが、どんな結婚生活にも予測不可能なストレスや葛藤があります。ここでは、結婚生活のライフサイクルと、危機的状況に陥った時に教会が提供できる支援を見ていきましょう。

ロン＆ジョディ・ザピア夫妻は、結婚に関する本を書き、結婚のためのミニストリーが盛んな教会を設立しましたが、彼らの物語はそこから始まったわけではありません。結婚して最初の年のある日、ジョディは出張から早く帰宅し、ロンが浮気しているのを見つけました。翌日、ジョディは向かいの教会に入り、2人をカウンセリングして離婚の許可を与えてくれる人を探しました。教会主催の結婚ワークショップに参加した2人は、牧師によるカウンセリングを受け、適切な質問を受けることを通して、悔い改めと赦しの必要性を認識するように導かれました。ロンは2019年2月のポッドキャストの番組でのインタビューで、教会に対して、結婚している夫婦に「見捨てられていない」と伝える方法を見つけてほしいと求めました。夫婦に集まって

もらって、互いに率直かつ正直に分かち合える場を提供しようと提案したのです。結婚を支える教会の力を証明できる存在として、ロンの助言は説得力があります。教会で健全な結婚生活を送るために私がここで紹介するアイデアは、すべてこの第一の目標の繰り返しです。教会の夫婦が自分たちの結婚について率直に弱さをさらけ出して話せるような場所と指導を提供することです。

●結婚1年目

　私は、結婚してからの3年間よりも、中学時代の思い出のほうを懐かしく思い出します。家、ベッド、そして日常生活を共にすることを学ぶこの数年間は、摩擦に満ちたものです。私たちは結婚を誓う前に、教会の結婚前カウンセリングに参加しました。教会の熟年夫婦と数回会い、一緒に学ぶことになりました。表面的な議論に終始しがちでしたが、今はそれを後悔しています。彼らは難しい質問をしてきましたが、できる限り受け流していました。私たちはただ、早く結婚前カウンセリングを終えて、結婚式の日に向けて一直線に進みたかったのです。前の教会の牧師は、「結婚前のカウンセリングは絶対的に重要というわけではない」と言いました。婚約したカップルが自分たちの問題を認め、それに取り組むことに納得することはほとんどないからと言うのです。「結婚後のカウンセリングこそ不可欠である！」 私もその意見に賛成する側です。

　すべてとは言いませんが、ほとんどの夫婦が結婚1年目に夫婦間の不満の第一段階を経験します。最初の1年間は、夫婦が互いに安心できる愛着を形成し、身体的、情緒的、経済的に安定した資源確保をする上で絶対的に重要な時期です。[15] 2人の背景、社会経済的地位、年齢など、違いが大きければ大きいほど、結婚の難しさは増します。[16] 結婚前のカウンセリングは確かに大切で奨励されるべきですが、結婚後のカウンセリング、特に結婚して最初の1年間のカウンセリングは必須とすべきです。一般的にこのレベルのカウンセリングを提供できる唯一の有資格者は教会教職者だけですが、信徒リーダーは婚約中や新婚のカップルに、牧師のカウンセリングか、または臨床カウンセラーのカウンセリングを受けるよう、すぐに紹介すべきです。これは、結

婚したばかりの 20 代の若者にも、離婚や死別を経験した人、あるいは半生
を独身で過ごしてきた人で、新しい相手を見つけた人にも当てはまります。
最初の 1 年間のカウンセリングは非常に重要なのに、多くの人は 1 人で乗り
越え、結婚の夢を描いていた相手とは似ても似つかない人とロマンチックで
ない夜を過ごすことによる幻滅に黙々と対処しています。結婚しているかど
うかにかかわらず、ファミリーミニストリーの担当者は、結婚の最初の年に
見られる特別なストレスに注意する必要があります。特に、新婚の夫婦が奉
仕をしていたり、子どもがミニストリーに参加していたりする場合には注意
が必要です。

●最初の数年を超えて

　数年前、教会の指導者に夫婦げんかの愚痴をこぼしたところ、「結婚して
何年目？」と聞かれたことがありました。私は少し背筋を伸ばして「5 年で
す」と答えると、「それなら納得、まだまだこれからだね」と言われました。
最初は 5 年間がそれほど短いものとは思えず、少しだけ傷つけられたように
思ったのですが、今思えば彼の言うとおりでした。ちょうどその頃、ジョン
と私はお互いに本音で話せるようになりました。5 年という節目で、少なく
とも私たちは、殉教者のようにふるまって見せかけ続けるよりも、自分自身
を乗り越えて、感情や精神面での正直な必要をお互いに表現しようと決めた
のです。結婚生活で何がうまくいっていて、何がうまくいっていないのか、
正直に話すことはあまり良い気持ちではありませんでしたが、そうしてよか
ったと思います。一日一日、時には危機的状況の中で、内面の真実を発見し
続けているのです。

　結婚が危機的状況に陥った時、ファミリーミニストリー担当者は「頑張っ
て」と、あたかも結婚は苦しんで乗り越えるしかないかのように声をかけて
しまい、内在する罪悪感や失敗感を強めてしまうことがあります。離婚に至
るまで、夫婦は結婚生活を何とか立て直そうと多大な努力を払うものです。
努力だけで何とかなるのなら、離婚はもっと少なくなるはずです。超人的な
努力の末に離婚に至るという体験は、本当にトラウマとして残ります。結婚
を成功させるために必要なのは努力だけだと信じることは、不完全な人間が

完璧な関係を実現するのに自分の力だけで十分であるという前提に立っているのです。[17]

　結婚が順調であるのは、夫婦の努力だけが理由ではないことをシステム理論で説明することができます。結婚は閉ざされたシステムではなく、健康、育児、経済、地域社会、仕事など、様々な要因に影響されているからです。夫婦が制御できない要因やシステムが、夫婦の絆の強さに関係しているのです。その1つが教会であり、教会の信仰告白です。残念ながら、教会はしばしば感動的な結婚式を主催しながら、その後の結婚のためのミニストリーの必要性を無視することがあります。教会は、結婚関係を支え育む1つのシステムであることができますし、そうあるべきです。教会の結婚支援システムには、先に述べたような説明責任グループ、牧会カウンセリング、説教壇から説かれる健全な結婚の神学が含まれるべきでしょう。イベントや学び、小グループなどに、独身者や離婚した人々を明確かつ愛情をもって受け入れることが理想的です。

　ある広範な研究によると、順調な結婚にしても困難な結婚にしても、夫婦を牧会し支援しようとしている教会には、3つの鍵となる特徴があるそうです。[18]第一に、教会の牧師と信徒は、結婚の難しさについて現実的でありながら、結婚が生涯の約束であることを目指すことに確信を持っています。第二に、教会は教会員（既婚者、独身者、離婚者、すべての人）が自分自身を親密な交わりの支援者、他者への積極的な奉仕者として考えることができるように励ましています。第三に、教会は、結婚と文化的影響の両方について正直に話し、文化的信念と結婚の健全な神学との間の相違を指摘しています。要するに教会には、人々が結婚に踏み出し、強め合い、話し合うために、また結婚を解消するにしても、安全で健全な環境となる力があるのです。

　仮に結婚の誓いを守ることが、夫婦の一方または両方の罪、心の崩壊、依存症等によって不可能になった場合、法的な離婚手続きが行われるかどうかにかかわらず、その結婚は取り消されます。このような破綻した結婚生活では、大人も子どもも、結果として生じる口論、虐待、ごまかし、疎外感から、永続的な被害を被ります。離婚によって正式に解消することで罪を加えるわけではなく、家族はどちらにしても保護と癒やしを必要としています。[19]

離婚のライフサイクル

私は、離婚は１つの選択肢であると信じていると言いたいと思います。離婚はすばらしいものでも、望ましいものでもありませんが、離婚は残された数少ない可能性の中で最良の選択肢であることもあります。毒をもたらすような結婚生活の中で、離婚が唯一の命綱であるならば、それを恥や失敗と結びつけるのはやめましょう。多くのセラピストや学者の間で、離婚を結婚と同じように標準的な社会制度として捉え直そうとする動きがあります。「予定外の人生転換」は、誰の人生のどの時点でも起こりうることです[20]。結婚か離婚かというのは、人生の中でおそらく最も困難で本質的・対人的な究極の二者択一なのです[21]。

教会は離婚を否定的に捉えることが多いのですが、離婚を異常と見なさないことによって、多くの離婚経験者が苦しんでいる批判や孤独と闘う助けになるでしょう。人々は離婚を強いられている時のような過渡期に、最も成長します[22]。ミニストリーのリーダーは、離婚の必要性を悲しみ、健全になる可能性のある結婚を強化し、離婚が安全と自由のための最良の選択肢である人々を支援し、祝福する場を持つことができます。

ガーランドの離婚モデルには３つの段階があります。

1. **怒り、傷、楽観**　この段階では、夫婦は互いを傷つけ、傷つけられていることを認識し始め、問題を解決する方法を探しています。結婚生活が改善されうるという希望がまだ残っています。

2. **怒り、傷、悲観**　この段階では、夫婦は傷つきながら希望を失い始めます。変化はもはや手の届くところにないように思われ、相互作用の継続的な痛みによって鈍感になり始めます。

3. **怒りと無関心**　この段階では、傷は減っていきます。傷の原因となる行動は続きますが、夫婦は無気力となり、希望は完全に失われます。この時点で離婚はほぼ避けられませんが、ほとんどの夫婦が最終的にカウンセリングに助けを求めに来る段階です[23]。

　実際の離婚協議は、数か月から数年にわたる悲嘆、別居、再会の繰り返しを経て進展するのが普通です。このような混乱が長く続くと、夫婦も子どもも宙ぶらりんな状態になり、離婚という現実が受け入れがたいものになります。離婚を決断するとは、そこに至るまでに様々な苦悩やつらさを感じてきたということです[24]。教会として、ある夫婦が苦しんでいると聞いた時には、すでに気づくのが遅れた、その時点で結婚生活の問題は進んでいた、知らないところで機能不全が起きていたと考えてよいと思われます。結婚生活の苦痛に耐えられなくなるまで、助けを求める人がほとんどいないことを知ると、私たちの共感は深まるはずです。どちらにどんな問題があったかに関係なく、結婚している2人は傷ついており、おそらく長い間悩み続けていたでしょう。結婚生活の悩みを打ち明けようとする人がいたら、愛と忍耐と受容をもって耳を傾けることが適切です。

離婚を経験した家族を支える

　ストレスの多い人生の出来事の中で離婚が最上位近くに位置するのは、同時期に繰り返し起こる多くのストレス要因を巻き込んでいるからです。これらの継続的かつ曖昧な課題はすべての家族システムに存在し、関係者すべてに様々な方法で、等しく影響を与えます。共同養育の取り決め、元配偶者との継続的なコミュニケーション、法的手続き、その他多くの課題は、何年も、あるいは永遠に解決されることがないのです[25]。特に共同養育すべき子どもがいる場合、対人関係はずっと継続するため、多くの意味で、結婚が本当に終わることはありません[26]。教会は、家族のそれぞれの立場や必要性に応じて、リソースを提供することができます。ここでは、離婚の影響を受ける大人、子ども、祖父母、友人に対して教会がどのように奉仕できるか、幾つかの事例を紹介します。

●離婚に直面する親へのサポート

　親が離婚の手続きに入っていることを打ち明けてくれた時、私はそれを光栄に思い、教会がどのようにサポートできるかを質問します。カウンセラー

や支援グループを紹介する必要のあるのは誰か、片方の親か両方か、子ども
たちでしょうか。教会は赤ちゃんが生まれた家庭に食事を提供したり、婚約
中のカップルに婚約祝いパーティーを開いていますが、離婚の危機に瀕して
いる家庭にも食事や保育を提供できないでしょうか。それから、子どもたち
の意識はどの程度なのか、子どもたちと接するリーダーに注意を促してもよ
いかどうか、と聞きます。また、法廷に行く時、牧師が付き添って、裁判の
前後、あるいは最中に祈ることは適切かどうか、役に立つかどうかも尋ねま
す。これらはすべて、ファミリー担当牧師が離婚の危機に直面している家族
に提供できる具体的な支援です。

　離婚する親が必要とするかもしれない特別な霊的サポートも存在します。
先週、友人のリズベスとお気に入りのカフェに行った時、彼女は離婚と教会
での一人親の経験についてオープンに話してくれました。彼女が話してくれ
たことの多くは、離婚の経験がない私にとっては全く新しい情報であり、気
づかなかった真実でした。離婚した人はそれぞれ違いますが、リズベスの体
験に共感する人は多いのではないでしょうか。

　リズベスにとって、離婚は最初は失敗のように感じられました。他の多く
の人と同じように、結婚が自分のクリスチャンとしてのアイデンティティに
必要であり、正しいことであると信じて育ってきたため、結婚生活が崩壊す
るのを見て、自分自身が崩壊していくように感じたのです。彼女の結婚生活
を支えてきたすべての人が離婚の知らせに感情的になり、リズベスはそのこ
とに責任を感じていました。リズベスは結婚が神の計画であると信じていた
ため、離婚が聖書的に正当化され、自分と前の夫、そして娘にとって絶対に
正しい決断であったとしても、離婚に伴う罪悪感に圧倒されたのです。正し
い決断であっても、傷つくことはあるのです。離婚とその余波を経験してい
る大人は、法的手続き、家族のスケジュール、資産の分割、すべての教師や
セラピスト、牧師、友人に知らせる作業など、多くの現実的なストレス要因
とともに、霊的な危機を経験することがよくあります。それは疲れるし、複
雑です。ファミリー担当牧師がこれらの困難をすべて解決することはできま
せんが、離婚する親を霊的に支える努力をすることはできます。離婚の渦中
にある人々に、１人でないことを思い出させることができます。精神的な危

機の中で、彼らの感情を正常化し、恵みと安心感を与えることができます。ファミリー担当牧師は、通常の友人にはできない方法で、霊的な方向づけ、祈り、聖句、リソース、祝福を分かち合うことができます。

　また、ファミリー担当牧師は、離婚する親に資格を持っているセラピストを紹介することができます。離婚を考えている親は、セラピストと関係を築く必要があります。離婚する親のほとんどは、困難な人生の出来事を初めて経験しますが、優れたセラピストは、何十、何百もの離婚するカップルと一緒に歩んできました。誰かに相談することで、引き金になるものを管理し、危険な兆候を見極め、自分の感情に後ろ盾を与えることができます。カウンセラーは、週に1時間でも安全な空間を提供することができ、離婚する親がその過程を少しでも円滑に進められるように手助けしてくれます。教会は、幾つかの違った方法で、必要とするセラピーを受けるのを支援することができます。一時的でも、その費用を工面するために資金を建て替えることもできます。

　教会で、信頼できる経験豊富な弁護士のリストを提供するのも有効な手段です。私の小さな奉仕教会には優秀な離婚弁護士がいて、多くの教会員が、別離への過程を導いてくれる信頼できる人を紹介され、安堵のため息をついているのを見てきました。

　家族で教会に通っていた夫婦は、どちらの親が教会に残るかを決める必要があります。牧師やミニストリーのスタッフは、状況に応じて可能な選択肢を提示することで助けることができます。教会が複数の礼拝をしている場合、各々が別の時間に出席するよう招くことができます。また、別の礼拝場所を探す必要がある場合は、親を歓迎し配慮してくれる他の教会を紹介することができます。誰がどこの教会にとどまるかについて話し合う時は、子どもの参加しやすさも考慮すべきです。可能な限り、家族のすべてのメンバーにとって、教会がオープンで安全な場所であるようにします。離婚に至るまでに虐待やトラウマがあった場合、家族の中で一緒に安全に活動することができない者同士がいるかもしれません。そのような場合は、誰が教会の交わりに残るのか、また別の礼拝場所を探す必要がある人はどうすればいいのか、そこで助けを受けることができるのか、明確な道筋を立ててください。

　教会の行事を設定する際、あらゆるタイプの家族を考慮することは私たちの責任です。一人親家庭にとって、特に平日の夕食後に行われる行事は、参加が非常に難しい場合があります。イベントの持たれる曜日と時間帯について、よくよく考えてみてください。聖書研究会が子どもを家に置いてこられる人にしか参加できないなら、それ以外の人にも開かれたものにするためには、どうしたらよいでしょうか。一人親は、子どもと一緒に参加できる遊びの日のようなイベントから恵みを受けられるかもしれません。または子どもが寝た後に自宅で集会を開くことに興味を持つかもしれません。ミニストリーの時間、特に日曜日の午前中以外に質の高い保育を提供することは、もはや必須です。一人親がミニストリーに完全に参加するためには、託児が必要です。教会の他のどの大人よりも、それを必要としているかもしれません。

　障がい者ミニストリーの章で述べたように、離婚した家族に接する際の目標は、健全な相互関係であるべきです。離婚の最初のショックと危機が収まるにつれて、離婚した親に対する接し方も変化していくはずです。離婚した親は、常に援助を受ける側であってはならないのです。どんなに愛情をもって接してもらっても、いつも他人から同情され、プレゼントをもらい、他人に時間を割いてもらうことに嫌気がさしたと言います。離婚を経験した人にも貢献できる賜物や能力があるのですから、教会で正常な相互関係を築くことができるようにすべきです。一人親で2人の男の子を持つ教会員を思い出します。彼女はとても影響力のある人で、奉仕の機会にはいつも真っ先に参加し、早天礼拝には最も早く到着し、教会全体の会計監査作業日には最後に帰る1人です。私はいつも彼女に感謝し、2人の子どもを連れて奉仕に来る彼女がいかに大きな犠牲を払っているか、称賛したい誘惑にかられます。しかし私たちはみな、他の人と同じように奉仕し、受け取ることが必要なのだということを学びました。皆がどこかに所属することが必要ですが、それは成熟した相互関係の中でしか起こらないのです。

　何よりも、教会は離婚についてオープンに、正直に話すことで、より健全で安全に、より良い方向に別離への過程が導かれるよう助けることができます。教会の指導者として最も避けるべきことは、家族の離婚を無視することです。離婚した2人には教会の配慮と思いやりが必要であり、彼らの必要を

どのように受け止めるかを判断するために、率直に尋ねることが必要です。

●離婚に直面する子どもへのサポート

　離婚は、経験する大人にとって大問題であるため、子どものことまで配慮するのは難しい場合があることを認識しましょう。子どもは結婚が解消されるまでの期間、仲間外れにされないで、話を聞いてもらい、平常心でいたいと願っています。[27]子どもも親と同じように離婚の影響を受けるため、離婚した家族を支援する際には、親と同じように子どもの気持ちや必要に気を配りたいものです。子どもたちの年齢、出生順、成熟度は様々であり、家族の大きな変化をどのように受け止めるかについて、単純なルールはありません。子どもたちを招いて、どうしたら助けられるのか深く鋭い質問をするのも、あまりに無神経です。実際、離婚の悲嘆のプロセスに介入しすぎないようにすることが重要です。子どものためにできる最善のことは、2人の親を気遣い、ユースと子どもミニストリーにおける居場所をできるだけ安全にすることです。

　教会の家庭が離婚に向かっていることを知った場合、最善の最初の一歩は、子どもミニストリーのリーダーに知らせることについて、親の許可を得ることです。子どもたちを守り、特別な助けを提供できるようにしたいこと、そのためには、子どもたちがこれまでと違う行動をとったり、離婚について話したりした場合に適切に対応できるよう準備しておく必要があることを説明します。子どもによって、離婚への対処の仕方は異なります。教会で離婚の話をする子もいれば、話さない子もいます。また、教会の他のユースが、親が家庭内で誰かの離婚について話しているのを聞いて教会に質問したり、うわさをしたりすることもありえます。こういう動きを遮り、質問したりうわさしたりするのを止めて、友人への正しい愛の示し方を指導する準備が必要です。積極的になるということは、その家族と接触する可能性のある教会の指導者たちと基本的なことを共有し、敬意を払い、励まし、家族の必要に注意を払うことです。

　どの年齢の子どもも、両親が離婚に至る過程で感じた傷、罪悪感、恥、恐怖を内面化することがよくあります。親の許可があれば、ユースに個人的に

離婚の話題を持ち出し、彼らのために聞き役になることを申し出るのは適切かもしれません。幼い子どもの場合は、自分の気持ちをほとんど意識していないため、大人が離婚の話題を持ち出しても、「愛されているよ」「話したいことがあったら、そばにいるよ」と簡単に伝えるくらいしか役に立たないかもしれないことを認識しておいてください。親の離婚を経験した子どもたちは、親からくるのか、自ら課したものなのかわかりませんが、どちらか一方の親、または両方の親に忠誠を誓わなければならないという強いプレッシャーを感じることがあります。そんな彼らに最も望ましくないのは、善意の第三、第四の大人が、自分も忠誠を必要とする人間だと位置づけることです。

　一方、両親が離婚した子どもは、他の子どもよりも家族に対してより広く、包括的な視点をもたらします。家族が崩壊し、変化し、再び形成された子どもたちは、家族をより広いつながりとして捉えています。聖書に登場する複合家族の物語の多くは、友人、おじ、おば、祖父母、義父母を家族として認めることを学んだ子どもにとっては、明確に理解できることでしょう。

　離婚後、両親が再婚した子どもにとって、役割と忠誠心は変化を余儀なくされます。血のつながりのある親と継父母のそれぞれに対して、適切な忠誠心を保とうとしていることに気づくかもしれません。義理の兄弟が家庭に溶け込むと、出生順や年齢に応じた役割が変化し、子どもとその両親の両方にアイデンティティの混乱をもたらす可能性があります。[28]

　離婚する親と子どもについての会話で、最も気まずいけれど不可欠な確認事項の1つは、親権に関する合意です。誰が子どもを迎えに行くことができるのかを明確にし、親権者の同意が教会の安全対策に影響を与える場合は、連絡方法を決めておきます。どちらかの親が子どもと接触する法的権限を失う場合、教会は子どもを迎えに来た親に引き渡す際に注意深く行動する必要があります。送迎の時間帯に受け渡しを担当するすべての保育スタッフとボランティアが、子どもを引き取ることができない特定の大人がいるかどうかを認識していなければなりません。

　離婚した子どもたちに示せる実用的で簡単な助けは、教会の出席回数が、週末にどちらの親の家庭に属しているかによって決まることを認識することです。出席表を作ったり、出席率の良い子にご褒美をあげたり、何週にもわ

たるプロジェクトを大々的に行うことは、特定の親と一緒にいる時だけ教会に来られる子どもにとって教会が悲しい場所となります。すべての子どもたちに、教会にいる時は100％自分の居場所であることを強調しましょう。始めたその日に達成できる活動や課題を提供するとよいでしょう。

　もう1つ、離婚した子どもたちと接する時に注意したいのは、決して彼らにスポットを当てて質問したりしないようにすることです。どちらの親が迎えに来るのか、どこで一晩過ごしたのか、などという質問はしないようにしましょう。祈りの課題を出してもらう時間に離婚の話を持ち出したり、それについて話してほしいと頼んだりしないことです。もし彼らが共有したいのであればすばらしいことですが、あくまでも彼ら次第です。

　離婚は多くの場合、生涯にわたる人間関係の課題です。離婚届に署名した後も、親同士の共同養育や親権者の取り決めは続いていきます。子どもたちは、自分の感情的な必要が両方の親によって満たされていると感じることもあれば、無視されたり、利用されたり、非難されたりすると感じることもあります。教会では、離婚した家庭の子どもたちが山あり谷ありの長いプロセスを経るかもしれないことを想定しておいてください。離婚した大人と同じように、子どもも質の高いセラピストと過ごす時間が必要であり、その価値があります。離婚手続き中もその後も、子どもを専門のカウンセラーに連れていくように保護者に促すのは適切なことです。子どもは回復力があり、両親が子どもを愛し、思いやることができれば、ほとんどの場合、他の子どもと同じように希望を持って、離婚を乗り越えて成長することができるでしょう。教会のリーダーは、このような子どもたちを見守り、困難な日には彼らの闘いを受け止め、時には人生のすばらしさを共に祝うことができるのです。

●友人や家族へのサポート

　1つの家族の離婚は、教会内の他の多くの友人や家族にも影響を与える可能性があります。私たちは、できるだけうわさや話題にならないようにとどめることで、離婚する家族を温かく支援することができます。1つの方法は、離婚する2人に、離婚についてはっきり率直に話し、今後、教会にどのように参加していくつもりかを明確に伝えるよう勧めることです。離婚は2人の

人生を分断することを意味するため、友人たちがどちらかの味方をするのは自然な反応ですが、必ずしも有益な反応ではありません。私たちリーダーは、離婚に直面している両方の親と関係を保ち続ける模範を示すことができます。つまり、うわさや秘密情報を漏らさず、可能な限り2人が教会で礼拝や奉仕を続けられるように最適な方法を示します。また、離婚した家族をどのように支え、共に悲しむことができるかを彼らの友人や仲間たちと話し合い、最善の方法でサポートすることを目指しましょう。

終わりに

結婚はすばらしいものであると同時に複雑なものであり、祝福され、支援されるべき人生の一大イベントです。教会は、健全な結婚と危機に瀕している結婚生活の支援システムとなることができます。同時に、神学において結婚を高く引き上げて、独身者が目指すべきステータス、教会での奉仕や所属の条件のように昇格させることは決してしたくありません。結婚を愛するのと同じように独身を愛し、両方の祝福と葛藤を認識すべきです。

結婚生活が有害になり、そこにいる人々に害を及ぼすようになった場合、教会の指導者は、別れることになってしまった夫婦の手を握り、牧会カウンセリングを通して、あるいは必要に応じて信頼できる専門のセラピストを紹介して、安全な空間を提供することができます。私たちの役割は、離婚を通して家族全体とより大きな共同体を牧会することであり、誰かの味方をしたり誰かを悪者にしたりするのではなく、教会の会衆に、すべての人を神の子どもとして大切にする方法を示すことです。結婚と離婚における牧会に際しては、正直さ、無条件の愛、そして判断の先入観チェックという高い能力を発揮するよう求められます。結婚と離婚のミニストリーほど、人々を愛し、難しい質問をし、慎重に境界線を設定することの重要さが問われるミニストリーはないと言えるでしょう。

第 **12** 章
危機とカウンセリング

　数か月前、あるミニストリーチームのために週末リトリートを企画し、出かけようと思って目を覚ましたのですが、足を動かすと激しい痛みに襲われました。数時間のうちに右足に血栓ができ、両側の肺塞栓症で集中治療室に移されました。危機は突然やってきます。その突然の入院を振り返り、教会の家族がいなかったらどうなっていただろうと考えずにはいられませんでした。教会の複数の牧師が毎日見舞いに来てくれ、友人たちはすぐに３週間分の食事の配達スケジュールを作ってくれました。孤独を感じることは全くありませんでした。

　友人の１人は、15歳の息子を持つ一人親です。彼は今年の初めに癌の摘出手術を受け、数日間入院することになりました。家族や教会とつながりのない彼は、息子に病室で寝てもらい、毎朝市バスを乗り継いで学校に通うよう手配しました。病床に横たわりながら、息子の安否を心配し、息子が自分を必要としていたらどうしようかと悩んだそうです。彼はたった１人で危機に陥っていたのです。

　私たちリーダーの仕事の多くは、誰もが支援のネットワークを持つようにすること、教会の家族が暗い谷間を歩く時に孤独でないことを確認することです。神は私たちを通して、人々のことば、行動、存在を通して、慰め、恵み、癒やし、平和を備えられます。第12章では、トラウマや危機が家族に与える影響の幾つかを検討します。また、依存症、死、病気、虐待などの危機の際に、家族が特別に必要とすることについて説明します。このような困難な出来事の中を歩むことを考えるのは、決して気分の良いことではありませんが、一方で、悲劇や心の傷を経験している人々の霊的な伴走者となることは、非常に光栄なことです。

危機ミニストリー

どの教会の指導者も、時には日常の仕事を一時中断し、危機的状況にある家族の支援のために多くの時間とエネルギーを集中させるよう求められることがあります。この仕事は正式な職務説明書にはあまり記載されていませんが、あえて言えば私たちの仕事の中で最も重要なものの１つです。教会に影響を及ぼすかもしれない様々な危機への対応策を立てる前に、危機とトラウマの影響について基本的な理解が必要です。本章で扱うのは、あくまで「基本」です。危機とトラウマについてさらに学ぶ意欲を起こさせる程度のものでしかありません。

あなたや私がトラウマと思うような出来事や状況が、他のすべての人にとってもそうであるとは限りません。ある出来事に対して「危機」や「トラウマ」ということばが適用されるのは、あくまで当事者個人の認識に基づいています[1]。たとえば、１か月早い早産は、新米のパパとママにとっては本当に大変なことかもしれませんが、それを想定内と考え、平然と受け止める人もいるでしょう。つまり、他人にとって何が危機的状況であるかを決めつけることはできないのです。私たちは、他人が人生の出来事に対する認識を知らせてくれることを信頼しなければなりません。

ストレス、トラウマ、危機といったことばは、人によって様々に定義されます。本書では、以下のような定義を用います。

ストレスとは、「その人の持つリソースに負担をかけ、あるいはそれを超えて幸福を脅かすとその人が評価する、人と環境との特定の関係[2]」と定義できます。ストレスは、それを体験している人の認識の中にあります。また、ストレスは、「予測可能な生化学的、生理的、行動的な変化を伴う情緒的な経験[3]」で、不快なものと考えることができます。継続的に否定的な変化を伴い、あらゆる面で私たちを消耗させ、身体的、精神的、霊的な健康にも影響を及ぼします。

トラウマとは、ストレスとなる出来事の後遺症として認識される身体的または心理的な障がいで、不安を引き起こし、そのストレスに対処する人の能力を超えてしまうことです[4]。トラウマはストレスによって発生し、無力感と

いう深い感情を内包しています。

　危機とは、トラウマの認識が「未解決の急性また慢性のストレスが知覚され、不安定で無秩序な状態⁵」に進行すると発生します。

　ストレス、トラウマ、危機は連続的に作用し、私たちのミニストリーでは、どの地点にも該当する家族を見つけることができます。ストレスは日常的に発生するものであり、ストレスの多い状況はトラウマになる可能性がありますが、家族は通常、すでに持っているシステムや個人のリソースによって解決することができます。定期的、日常的なストレスは、増大する要求に応えるために必要な資源を集める能力である「肯定的ストレス」につながり、それによって家族の絆が強まることもあります。一方、ストレスの多い状況は、ストレス要因の要求を満たすことができずに家族の絆が弱まる「苦悩」につながる可能性もあります。⁶ 家族が苦悩している時、彼らの必要は教会が満たすことができる以上のことかもしれません。また、トラウマや危機的状況に陥る危険性も高くなります。

　ストレスがトラウマに発展するのは、そのストレスが自分の精神や身体に損傷を与え、自分では克服できないものであると本人が認識するためです。トラウマが解決されず治癒されないために、自然に危機に陥り、傷が治療されない場合に発生する状態です。危機は、トラウマによって引き起こされた全体的に不安定な状態です。

●苦悩から非難を取り除く

　私たちは、誰かのせいにしようとする反射的な気持ちを抑えてこそ、人の苦しみに恵みをもって対応できます。悪いことが起こるのには様々な理由があることを受け入れるよりも、苦しみを悪や罪の影響と考えるほうが簡単な場合があります。責任のなすり合いは、悲劇そのものと同じくらい有害です。親が投獄された時、連れ去られた親と残された家族の両方を支えるために全力を尽くすことよりも、何が悪かったのかを推測することにエネルギーを費やしてしまうことがあります。子どもが自閉症と診断された時、母親が妊娠中にタバコを吸ったのではないか、何か障がいがある家系なのではないか、などと考えるかもしれません。このように、どこかに責任を押しつけようと

する傾向があると、そのことに気を取られて、教会の家族に恵みを与え、支援することができなくなります。私たちの仕事は責任の所在を問うことでなく、互いに回復力を高めることにあります。

● 「何があったのか？」

　ストレスを抱えている人に話しかける時のことばに関して、簡単にできる変更があります。人々が自分の話を真実に自由に分かち合うように誘いたいのです。困難な状況にある人との対話を始めるには、「何があったの？（What happened?）」と尋ねるのが効果的です[7]。あまりにも当たり前のことに聞こえますが、我慢して読んでください。人が動揺しているように見えると、周りに注意しながら、私たちは「何が問題なの？（What's wrong?）」と聞いてしまいがちです。否定的なことばで質問すると、せっかく話してもらおうとしていた話が閉ざされるかもしれません。なぜなら、「何が問題なの？」は、自分か誰かが何か悪いことをして問題を引き起こしたという、非難の意味にも受け取れるからです。質問を「何があったの？」と言い換えることで、私たちは判断や非難をせずに話を聞きますよ、と伝えることができます[8]。グループでゲームをしている最中にユースが泣き出したり、親が真剣な表情で近づいてきて、少し話をする時間があるかと尋ねたりした場合、何が問題なのかを聞くのは避けましょう。何が起こったのかを尋ねるのです。人々に自分の話をする機会を与えることは、神が私たちに与えてくださった最高の癒やしの方法の１つです。

● ストレスが危機を生み、危機がさらなるストレスを生む

　危機は何度も訪れ、１つの否定的な体験が他の体験につながることも多く、その波及効果に圧倒されそうになります。危機がストレスを生み、それがさらなるトラウマや危機を生み出します。鬱病になった親は、ベッドから起き上がれず、時間どおりに仕事に行けなくなり、その結果、仕事を解雇されるという別の危機が訪れるかもしれません。その危機は、家族の経済的ストレスにつながり、さらに社会経済的地位の変化、家や持ち物の喪失、夫婦げんか、親子のけんかなどにつながります。そして、ストレスは解消されること

なく、ただ積み重なっていくだけなのです。

　危機は、家族システムの中できれいに収まるのではありません。ダイアナ・ガーランドによれば、「ストレスは伝染する[9]」のだそうです。1 人が極度のストレスを感じると、それが家族全体に影響を及ぼすというのは、家族システムの中で見られることです。教会の家族でも、1 人が危機的状況に陥ると、他の全員がその状況に飛び込んでいくことがあります。集団自殺、薬物中毒の蔓延、人種差別による犯罪など、多くの共同体がこの現象を証明しています。専門家は、1 件の銃乱射事件の後、さらに銃乱射事件が起こる可能性が高まることを説明するために、「伝染」効果ということばを作りました[10]。牧師に、ある時期に急に葬儀が増えた経験があるかどうか聞いてみると、おそらく「ある」と答えるだろうと思います。最初のストレスに満ちた出来事から視野を広げて、その出来事が家族内や教会の共同体全体にどのような波及効果をもたらすのかを問うことが重要なのです。私たちはまず、危機を直接体験した人々に注意を払いますが、優れた指導者は、危機が拡大する過程で、影響を受けるかもしれない他の人々にも注意深く気を配ります。

●教会を安全な場所に保つ

　教会は、すべての人にとって安全な場所とは思えません。安全性は自動的に担保されるものではなく、与えられた環境の中で培われるものです。家族はしばしば、自分たちの最大の危機は恥ずかしいことであり、教会では隠さなければならないと感じます。家庭での生活が崩壊しているにもかかわらず、教会では良い姿を見せなければならないと考えるかもしれません。このような原因によって、不倫、精神疾患、依存症、貧困等の状態が隠れているために、教会が真に危機にある人々を支えることができないという悲しい連鎖を生み出します[11]。

　安全性は、明確な境界線と期待によって確立されます。境界線がはっきりしないと、恐怖と不安が生まれます。適切な接触、秘密保持、共依存関係、説明責任などに関する重要な境界線を示すことで、教会は人々が心を開き、成長するためのより安全な場所となります。境界線を示すのに最良のタイミングは、人々がそれを越えてしまう前の、まさに最初の段階です。境界線が

あることを知らずに越えてしまった人に対して、説明責任を課すことは可能
ですが、より困難です。それよりも、最初から全員が認識し、同意している
安全規則を参照するほうがずっと簡単です。ですから、私が小グループの最
初の集まりで行うのは、グループが守るべき境界線について説明し、その根
拠を説明することです。

　私たちは一般的に、教会を誰にとっても安全な場所にするために、もう少
し工夫をする必要があります。期待されていることがわかれば、人々は、共
有する情報が尊敬と配慮をもって受け取られることを信頼し、よりオープン
で正直になれます。危機が訪れた時、私たちが望むのは、教会にいる家族が
共有でき、支援を提供する小グループが確立されていることです。

　人々が自分の人生の危機について話し始めたら、その人たちをそれぞれの
人生の専門家として扱うことが大切です。結局のところ、自分の体験を話し
ている本人が、最も知識が豊富で信頼できる情報源であることは間違いない
のです。相手がまだことばを発しないうちから、その人を治そうとする誘惑
に駆られることがあります。結論を急いだり、危機に瀕している人を「治そ
う」としたりすることは、その人がそれ以上話すことに不安を感じることに
つながります。

　小グループで話すための安全な空間を作るのに、もう１つ考慮すべきこと
があります。ある人の現在のトラウマについて話し合うと、過去に同じよう
な経験をした人に未知の害を及ぼす可能性があります。現在の危機について
あまりに詳しく話すと、過去に同じような経験をした人に再びトラウマを植
え付けてしまう可能性があるのです。過去の困難で有害な経験を呼び起こす
可能性のある話題に取り組む時は、そのことを意識し、議論から抜け出せる
ようにするか、話を聞いて導いてくれる資格のある人と自分の経験を処理で
きるよう、安全で健全な場所を用意する必要があります。

儀式と物語

　ストレス、トラウマ、危機について正直に話し合うためのもう１つの方法
は、物語を通して話すことです。物語法（ストーリーテリング）は、ストレ

スやトラウマを抱えた人々に間接的な参照点を与えることで、その経験を克服する手助けをし、人々を守ることができる実践法です。同時に物語は、トラウマの影響を受けていない人たちが共感を深めるのにも役立ちます。創世記の数章を見るだけで、夫婦が家を追い出され（3：23 ～ 24）、兄が弟を殺害するなど（4：2 ～ 9）、聖書には多くのトラウマの物語があふれています。

　トラウマに配慮した視点を通して聖書の物語を話すことは、危機がもたらす恥、秘密、孤立、恐怖に包まれている人々への癒やしの糸口となります。神が傷や痛みを知らないわけではないことを理解すれば、自分自身の傷を神に委ねることができるようになるかもしれません。教会で聖書の物語を読む時、神と神の民が危機やトラウマを経験した箇所を探して、人間の経験はそれほど変わっていないことを認識すべきです。聖書では、神がそのような状況でどのようにはたらかれるかを見ることができます。神は痛みを防ぐことはなさいませんが、神にしかできない方法で贖いをもたらしてくださいます。神と神の民の物語を話すことは、教会で提供できる最も愛と癒やしに満ちたミニストリーです。

　物語を語ることに加えて、儀式は癒やしの力をもたらす最高の方法の１つであると思います。治療の現場では、専門家が儀式を用いて、日常的なアイデアやシンボルを、新しい、あるいは見慣れない変化やアイデアと結びつけていきます。このように用いられる儀式は、変化に対する前向きな内省を促し、人々が自分の人生において次に起こることを受け入れるのを助けるのです[12]。儀式がセラピーで癒やしのために用いられるのであれば、教会という霊的な場で、儀式の施行はどれほど効果的なものとなりうるでしょうか。

　儀式では、霊的な変化、愛する人の喪失、離婚、トラウマからの回復など、人々が変化を体験できるのに役立つようなシンボルやたとえが用いられるならば、形式に決まりはありません。危機は私たちを変化させ、時には混乱させ、麻痺させ、感情的に暗い場所に閉じ込めてしまいます。儀式は、苦痛について頭で考え込むことなく、気持ちが前向きになる行為を何度も繰り返すことを促し、シンボルを使って痛みに対処します。儀式は、人生の困難な変化を、乗り越えやすいように促してくれるのです[13]。

　教会を安全な癒やしの場としたいと願うなら、礼拝と霊的育成に儀式を取

り入れることになるでしょう。トラウマを抱えている人にとって、聖餐式に参加し、キャンドルに火を灯し、洗礼の水に触れ、祈祷課題を匿名で書き記すことは、100回の説教や同情的な視線よりも平安をもたらすに違いありません。回復グループや支援グループで儀式を行うことは必須ですが、そのような環境に限定される必要はありません。教会の礼拝スタイルがどんなに現代的でも、会員がどんなに伝統的でも、礼拝の場でどんな象徴的な儀式が用いられるか考えてみてください。子どもたちが毎週、神様に手紙を書いたり、絵を描いたりして、郵便受けに入れるのもいいかもしれません。双眼鏡や虫めがねを持たせて、子どもたちに先週、世界で神がはたらいておられると気づいた場所を教えてくれるように指示することもできます。人生における神のはたらきを象徴するような、目に見える物体を用いましょう。

　儀式はすべての年齢層に適用できます。大人も子どもも同じように、安全で、慣れ親しんでいて、繰り返される、癒やしと聖さへの招きを必要としています。癒やしの旅路を共に歩むことを考えると気が重くなりますし、特に傷ついた子どもを養育することを考えるのは難しいことです。霊的なリソースは、年配者と同じように若者にも必要であり、同じように適切であることを心に留めておいてください。「すべての年齢の子どもたちは、霊的な思考と信仰を持つことができ、霊性が癒やしの助けとなることが非常に多いのです[14]」

　気づかないうちに、すでに毎週の礼拝や霊的育成のプログラムの手順に儀式が取り入れられているかもしれません。実施されている儀式のほかに、子どもたちが安全に溶け込めるように、象徴的なことばや物体を紹介できる他の場所を探してください。ある子どもたちのリーダーは祈りの時間に、小学生が深刻な重荷を負っていることに気づき、「希望のキャンドル」を紹介しました。それは大型店で売っているシンプルな白い円柱状のキャンドルですが、子どもたちにとっては重要な意味を持つものでした。自分自身や傷ついた誰かのために祈りたいことがある人は、「希望のキャンドル」に火を灯してもらい、一緒にライターを持ちながら、あわれみを求める祈りをささげるのです。そのたびごとに、悲しみの何分の一かがその小さな炎に移され、キャンドルに取り込まれ、希望へと変化していくのです。それが教会のミニス

トリーです。私たちは、傷ついた人々をすべて集め、心の中に希望の炎を灯すのです。それは痛みを解決するものではありませんが、傷ついた心に安らぎを与えるものです。

自分自身のトラウマ

　ミニストリーにおいて準備しておくべき、また注意を払うべき具体的な危機についての議論に移る前に、重要なことを1つ書いておきます。まず、自分自身のトラウマに対処しておくことです。

　この章を読んでいる間にも、すでにあなたのトラウマが何かの引き金になっている可能性があります。私たちはみな、トラウマや危機に関する話題の中に自分自身を重ね合わせることがあります。自分の過去を振り返って、まだ対処していないトラウマ的な体験があるのなら、他の人がその経験をする時に、一緒に寄り添える状態ではないでしょう。ユースがいじめ、性的暴行、薬物使用などの経験を話した時、つらい個人的な過去がよみがえって心を乱したり、怒りをあらわにしたりする小グループのリーダーは、無限の害を及ぼしかねないのです。誰もがトラウマの治療と癒やしの作業を免れることはできませんし、神学校に通ったり、この本を読んだりしても、解決はありません。あなたの人生に対処されていないトラウマが隠されている可能性があるなら、この本を置いて、今すぐ牧師かセラピスト（またはその両方）に予約を取ってください。どんな方策も、研究に裏打ちされた提案も、まだ神に委ねていない深い傷を覆い隠すことはできないのです。

　たとえトラウマを克服したとしても、「苦しんでいる人たちと一緒に仕事をすることによって生じる自然で予測可能、治療可能、予防可能な結果」[15]である共感疲労に関しては、警戒を怠らないようにしなければなりません。言い換えると、ストレス、トラウマ、危機の中にいる誰かを支援することは、私たちに影響を及ぼすということです。教会のリーダー、特に牧師や教職者は、ストレスやトラウマについて話す必要のある人たちと多くの時間を過ごします。ストレスやトラウマを語る人の話を聞き、サポートを提供するという経験を繰り返すと、2つの異なる反応が起こります。

1つは、トラウマの問題を扱う際の肯定的効果である「思いやり満足」で、苦しんでいる人たちをうまくサポートすることに喜びや充足感を感じることと関係があります。[16] 仕えることの喜び、自分が役立っていると知ることで得られる自信、与えることで得られる喜びや祝福といったものを経験したことがあるでしょう。これらはすべて、「思いやり満足」の一部です。

一方、「思いやり疲労（共感疲労）」は、感情の燃え尽き、疲労感、孤立感によって特徴づけられます。この疲労を放置すると、燃え尽き症候群や二次的外傷性ストレス、心的外傷後ストレス障害（PTSD）などに発展する可能性があります。[17] 代理トラウマの研究によると、トラウマを抱えた人の話を聞き、導く人は、自分もトラウマを抱える可能性があるのです。セラピストやソーシャルワーカーは常にこの現象に対処していますし、教会の指導者もまた、この現象に無関心ではいられません。牧会することによって、自分たちや一緒に奉仕する奉仕者に、感情的、霊的な負担を与えてしまうことを認めないのであれば、愚かなことです。

ミニストリーのリーダーが共感疲労を経験した場合、他の人々への配慮を継続するために、一歩下がって自分自身の霊性を見つめる必要があります。代理トラウマの場合は専門家の助けが必要かもしれません。自分が一般的な共感疲労を経験しているのか、より深刻な代理トラウマを経験しているのかを知るには、PTSDの症状が見られるか自問してみるのが一番です。他人が語ったトラウマ的な体験を繰り返し思い出す・苦痛に感じる・眠れなくなる・いらつき怒りっぽくなる・集中できなくなる・興味や大切な活動への参加意欲が減少する・極度の疲労感と孤立感・自分自身や世界観が否定的になる、などの症状です。[18] これらの症状が当てはまる場合、単純なセルフケアや健康への投資だけでは十分な対応とは言えません。資格を持つセラピストによる対応が必要かもしれません。

共感疲労の兆候に気づいたらそれに対処しなければなりませんが、幸いなことに、緩和させることができます。人を助ける立場にある私たちにとって、共感疲労や代理トラウマを管理しやすくするための有用な実践法があります。スーパーバイザー（指導的立場の専門家）から質の高い、愛情に満ちたサポートと指示を受けることは、燃え尽き症候群や共感疲労に対する重要な防御

策であることが、研究によって示されています。[19]スーパーバイザーに荷物を預け、肯定と助言を受けることで、教会員に負担をかけるストレスが軽減されるのです。危機的状況にある人々への個人的な支援とは別に、様々な学習やミニストリーの活動に参加することも、共感疲労を防ぐための方法です。[20]危機的な状況では、私たちを必要としている家族の支援に週や月の大半を割くことがよくありますが、最も困難な状況であっても、仕事と生活のバランスを保つことが重要です。危機的状況にある人であっても、その緊急事態が私たちの健康、人間関係、そしてミニストリーを続ける可能性を侵害し始めたら、境界線を設けることはよいことであるばかりか、健全なことなのです。私たち自身が完全に消耗してしまっては、他者を支援することはできません。

　研究結果とは別に、個人の経験から言うと、燃え尽き症候群や二次的ストレスに対する最高の防御策は、心を打ち明けられる、影響を受けていない別の第三者かグループを知っていることです。研究結果としては見つかっていませんが、身近な人が傷つき、そのつらい経験を話してくれた時、重荷は私1人では負いきれないほど重いと感じることがよくあります。私が第一の犠牲者の手を握るように、私の手を握ってくれる第三者が必要なのです。三位一体の神を愛し、キリスト教共同体の重要性を信じる者にとって、代理トラウマに対処する最善の方法の1つが他者との関係であることは驚くことではありません。

　二次的なトラウマを、すでにその影響を受けている人と共有しても、全く意味がありません。重荷を背負うのを助けてくれるのは、重荷から切り離された人だけです。教会に危機が迫っているのなら、教会の外で話を聞いてくれる人を探す必要があります。危機をその当事者に話しても、お互いのストレスは軽減されません。この方法はうわさ話の領域に陥りやすいので、全員が、自分がお世話をしている人のことを口走らないように注意します。これこそ、セラピストや教会外部の信頼できる説明責任グループが本当にお勧めである理由です。配偶者、同僚、教会の信仰育成グループは、自分たちが属している領域で起きたトラウマを処理するのを助ける立場にあることはほとんどありません。

　危機に特効薬はありません。それを意識して人間関係を築くことが危機に

対する対処法です。自分と同じように代理トラウマを経験している人としか
関係を持たず、トラウマを永続化させてしまうことのないようにしましょう。
つまり、自分とは違う立場の人、教会で働いていない人、他人の危機に日常
的にさらされるような立場でない人と関係を築くことです。

依存症　死　悲劇　トラウマ

　これは決して、家族のトラブルを網羅したリストではありません。以下に
紹介する選択肢の中には、様々な状況下で有効なものもあります。また、一
部のケースにしか当てはまらないものもあります。もちろん、食事の提供、
無料の託児、訪問など、どのような状況でも必ず歓迎される支援もあります。
出産や入院、家族の死去の際に、食事の手配を申し出て断られたことは、ま
だ一度もありません。当然ながら、食事制限や嗜好にも配慮し、親戚や友人
がいる場合、その人数を含めるかどうか、必ず確認します。ベビーシッター
を紹介したり、託児サービスを提供する場合には、身元確認、研修、安全性
などに配慮しています。家庭であれ病院であれ、訪問は人々が困っている時
に孤独を感じたり、見捨てられたと感じたりしないようにするために必要な
ことです（ただし、彼らがその必要性を知らせない場合は別で、そういう事
例もあります。その場合できることは、必要性を察知したらすぐに行動する
ことです）。危機の最中には、常に人々を訪問し、祈り、食事や託児などの
基本的な必要を満たすよう努めます。予算と支援が許せば、家事代行、食料
品の買い出し、その他の用事も友人やボランティアの助けとして歓迎されま
す。具体的に考えていきましょう。

●依存症

　教会の家族が薬物依存やアルコール依存で危機に陥った場合、以下の事柄
をざっと理解しておくと、より良い支援ができます。アルコール依存症とは、
「ライフサイクルの中で、生理的、心理的、社会的障害をもたらす持続的で
過度のアルコール摂取であり、この行動は家族の力関係によって形成され
る[21]」とされています（この定義はアルコールに特化したものですが、他の事

柄に置き換えても同じことが言えます）。心に留めておくべき最も重要な原則は、依存症は家族全員に影響を及ぼすということです。依存症の人と一緒に暮らすことの影響は、一生続く可能性があります。

　米国保健福祉省によると、2009 年から 2014 年の間に、約 870 万人（または 12.3%）の子どもが、少なくとも片方の親が薬物依存症を抱えている状態で暮らしていました。[22]この統計からわかることは、教会にいる家族も薬物やアルコール依存症の影響を免れることはできないということです。教会にアルコール・薬物依存症の問題の影響を受けている子どもがいないとしたら、驚くべきことです。しかもこの数字には、幼い頃に薬物やアルコールに依存するようになった子どもやユース自身は含まれていません。

　共依存とも呼ばれる厄介な現象、「依存症の相手に対する習慣化された過剰な精神的・情緒的執着[23]」のために、依存症の影響を受けている家族システムは、秘密裏に自分たちの内に閉じこもるのが一般的です。研究者は、家族が依存症を中心に、それを隠蔽・助長するような相互作用のパターンを発展させる傾向を「アルコール依存症家族」という用語を使い、総括しています。[24]依存症は、病気が家族の各メンバーに影響を与え、それぞれが依存症という状態に影響を与えるので、この点を理解しないで、家族システムという理念から外れて個別に考えるべきではありません。[25]

　問題を抱えた人を悪者にしてしまっては、家族が依存症の危機を乗り越えるための手助けをする上で、何の進展もありません。薬物等の過剰摂取歴のある人は、外部からの指摘を受けなくても、羞恥心や無力感を抱えています。だからこそ、教会の取り組みは、アルコールや薬物の問題を抱えている本人だけでなく、子ども、兄弟、配偶者の必要にも優先順位をつけるべきです。先に述べたように、危機は次の危機を呼び寄せます。薬物やアルコールの乱用は、失業、虐待（身体的、精神的、性的）、精神衛生上の懸念、運転事故、孤立などを引き起こす可能性があります。依存症は、単純な問題でも、簡単に解決する問題でもありません。教会は通常、依存症の危機にある家族のすべての必要に応えることができるわけではありませんが、私たちには重要な役割があります。危険な兆候をどのように探すべきかを知ることができます。

- 性格や気分の急激な変化。このような変化を、思春期が原因、大人のストレスのせいと決めつけるのは簡単ですが、急に内向的になったり、普段の活動に興味を示さなくなったり、怒りっぽくなったりしたら、注意を払う必要があります。
- 外見や身だしなみに無頓着になる。
- 家族や友人との関係が悪化する[26]。
- 新しいグループ仲間（特に飲酒や薬物を使用する人々）ができる。
- アルコールや薬物の使用を止められない、量を制限できない状態に陥る。
- 仕事、人間関係、食習慣や睡眠習慣、気分、防御姿勢の明らかな変化が見られる。
- 運転中や水泳中など、安全でない状況でアルコールや薬物の使用が見られる[27]。

　次にできることは、厳しい質問をすることです。疑いが杞憂に終わったとしても、私たちの質問は相手を思う心の表れだと解釈してくれることを期待できます。インターネットには、薬物やアルコールの問題があるのではないかと心配する人に質問するのに役立つ資料がたくさん掲載されています。秘密を守りたいという気持ちが強く、率直な答えは得られないかもしれませんが、質問することで説明責任を果たすことができるかもしれません。もし、家族の子どもや配偶者が依存症のために危害を受けるかもしれないという懸念がある場合、自治体の適切な窓口に電話して報告することが私たちの義務です。

　依存症は、どんな人にも、どんな家族にも影響を与える可能性があることを知ってください。この問題の影響を受けないほど善良な人、裕福な人、健康な人はいないのです。若者や親と、懸念や注意すべき兆候について率直に話し合うことは、あなたが安心して打ち明けられる人であること、そして、対人関係の不快感よりも、自分のミニストリー内の子どもや親の安全を常に優先することを示す1つの方法なのです。

　教会で回復について学び、サポートするための実用的で簡単な第一歩は、Alcoholics Anonymous、Al-Anon and Alateen、Narcotics Anonymous、

Adult Children of Alcoholics などの既存の 12 ステップのプログラムと提携することです〔訳注：各団体とも日本でも活動している〕。これらのプログラムは無料で、すでに存在し、多くの場合、誰でも参加することができ、勉強のために牧師や教会スタッフも参加できます。教会でこのような集会を 1 つ以上開催することは、12 ステッププログラムを支援し、アルコール依存や依存症についての会話を教会に紹介するすばらしい方法です。

●死

　教会が行う最も重要なミニストリーの 1 つは葬儀であり、そこでは悲嘆に暮れる家族や友人が愛する人に別れを告げます。高齢化が進む教会では、葬儀が定期的に繰り返され、携わる牧師は、家族が直面する最も深く、人生を変えてしまうような困難、死と喪失への対処を垣間見ます。[28] 自分の世界の大部分を占めていた人の不在を受け入れるには長い過程が必要ですが、葬儀という儀式は、人が慰めや方向づけのために振り返ることができる、悲しみの節目のような重要な終結の瞬間になります。

　悲嘆に暮れている家族と一緒に葬儀を計画する際、第一の目標は、健全な悲しみのプロセスを促進することです。専門用語では「順応的哀悼（adaptive mourning）」と言いますが、失った愛する人を物理的な存在として見るのではなく、その人を称える肯定的な記憶、物語、業績に焦点を当てるように移行することです。[29] 愛する人のいない新しい現実に人々が適応できるように助けることは、厄介なプロセスである場合があります。怒り、恨み、鬱、孤立感、短気などは、すべて悲嘆の過程でよく見られる感情です。

　この難しい節目の出来事の牧会者として、私たちは悲しみを経験している子どもや若者に特別な注意を払うよう召されています。5 歳以下の子どもは、死が最終的なものであることを理解していません。彼らにとって、死は反転可能な出来事であり、おばあちゃんはいつ帰って来るのか、お父さんは今天国で何をしているのかと質問してくるかもしれません。[30] この年齢層には遠回しな表現や比喩を使わないで、単純に伝えましょう。愛する人が死んで、体が動かなくなったことをまっすぐに伝えましょう。その人のことを思い出し、話し、とても慕っているけれど、もう会ったり話したりすることはできない

のだということを子どもたちに知らせてください。愛する人が天国に迎え入れられる、遠くに旅立つ、亡くなるなどの表現を避けましょう。なるべく具体的なことばを使います。また、死を十分に理解できないからといって、幼い子どもは悲嘆に暮れないと決めつけないでください。大人と同じように、十分に悲しみ嘆くことができます。彼らの悲嘆のプロセスも尊重されるべきです[31]。

　あるポッドキャストの番組で、ケイト・ブレストラップというチャプレンが、どのように死と向き合う手助けをしているかという話をしました[32]。話の中心は、5歳の少女が、告別式の前に葬儀場に置かれている亡くなった従兄弟の遺体を見たいと言い出したことでした。両親は、「そんな衝撃的で悲しい体験は、子どもを怖がらせて、死を乗り越える妨げにならないか」とためらいました。しかしケイトは、「幼くても悲しみを感じるし、それを表現する方法を見つけられるから大丈夫」と言い聞かせました。結局、その子は遺体安置所にいる従兄弟のために、大切な思い出の品をこっそり持っていって、歌を歌い、愛情を込めて腕に触れて、旅立つ準備をしてあげました。彼女は自分なりの方法で、従兄弟の死を記憶にとどめたかったのです。

　5歳から10歳の子どもたちは、共感と正義感がさらに発達しています。かなり具体的に物事を考えるので、年少の子どもたちと同様に、死について単純で率直でわかりやすい表現が有効です。この年齢層の子どもは、悲しみの中で、死んだのは誰のせいなのかを考えたり、神秘的あるいは幻想的に死が可逆的であると想像したり、誰かを失った他の人に深く同情を寄せたりすることがあります[33]。　葬儀の計画は、年長の子どもにとって意味づけの一形態となり、家族が死について一緒に話す方法を提供します。葬儀の準備に携わる場合は、すべての世代が望むだけ参加できるように招待しましょう。死について子どもに分かりやすく話すよう、親を指導します。悲嘆の儀式について、子どもたちからの提案を受け入れるように親を励まします。亡くなった家族のために食卓に食事を用意し続けたり、家族を偲ぶための別の儀式を用意したりしてもいいでしょう。

　10歳以上の子どもたちにとって、愛する人の死は、より個人的なものであると感じられます。この年齢層は、喪失の最終性と永続性を理解すること

ができるので、大切な人のいない人生を生きることを学び直すプロセスに直面しなければなりません。この年齢層にとって、死は実存的な危機であり、個人のアイデンティティと神学と理念を再評価することを要求するものです。[34] 10 代の若者は非常に社交的で、仲間との関係は彼らにとって重要です。彼らはユースグループ、数人の特別な友だち、または SNS を通じてインターネットでつながるすべての人と喪失を分かち合いたいと思うかもしれません。拒絶や誤解に敏感であるため、仲間に喪に服してくれる人がいなければ孤立してしまうかもしれません。悲嘆に暮れる 10 代の若者を支える有意義で実践的な方法は、ユースグループの友人や指導者に、その若者の話を聞き、受け入れるよう指導することです。友人たちは、思い出の品を作ったり、励ましのメールを送る予定を決めたり、お見舞いカードにサインしたりして、悲しみを共有できることを示すことができます。

　要するに、悲しみに遭遇することを恐れず、悲しんでいる人が悲しみのプロセスについて自分の必要や希望を表明することを信頼することです。子どもやユース、あるいは彼らの親との間で、難しい話が出ることを覚悟してください。もちろん彼らが話したくないのであれば、特に公共の場で無理強いしないでください。また、ある人の最近の喪失が他の人の過去の喪失の悲しみをよみがえらせることがあっても、驚かないようにしましょう。愛する人との別れは人それぞれであることを認識しつつ、前に家族を亡くした人がどのように感じ、悲しんだかを共有することは、同じ環境にある人にとって有益かもしれません。

　突然の死や悲劇的な死の場合、牧会的対応の必要性が高まることに留意することが重要です。トラウマになるような死を乗り越えた人の大半は、最初はひどい苦痛を味わっても、やがて回復力を獲得します。しかし、中には心的外傷後ストレス障害（PTSD）を経験し、健康的な生活や仕事の能力を取り戻すために専門的なセラピーを必要とする人もいます。[35] 最も一般的な外傷死の 1 つに自死が挙げられます。米国では 13 分に 1 人の割合で自死が発生しており、1 人の自死に対して 25 人の致死的でない未遂が起こります。[36]

　自死は、友人や家族を打ちのめすようなショックを与える感情を引き起こします。自死のトラウマは、共同体の中で爆発する手榴弾にたとえられてい

ます。爆発の影響として、強い罪悪感、怒り、困惑、そして遺族がどうにか
したら自死を防げたはずだという信念が含まれます[37]。自死の影響はすべての
年代に及びます。自死で親を失った子どもは、他の原因で親を失った子ども
よりも悲しみで苦しむ傾向があります[38]。

　食事や託児などの支援に加え、遺族のために一番にしてあげられることは、
話を聞くことです。様々な感情を受け入れる準備をし、話を遮らないように
します。説明しようとしないことです。相手を治そうとしたり、気分を良く
させようとしたりする必要もありません。批判して相手を苦しめたりするこ
とがないように、相手が恐れないで話せるような安全な場所を確保してくだ
さい[39]。

　ミニストリーにおいて、死は他のすべての用事を置き捨てて、走って助け
に行くような状況です。悲しみ方は人それぞれですが、共同体の支援が必要
なことは共通しています。ランチの約束の予定を変更し、自分の家族のため
にはピザを注文し、奉仕の責任をできる限り他の人に譲り、悲しんでいる家
族のそばで寄り添いましょう。

●悲劇とトラウマ

　ミニストリーに参加している家族に降りかかるすべての危機を列挙するこ
とは不可能ですが、虐待、不倫、投獄、大規模な暴力など、心を痛める悲劇
が教会員に降りかかった時に役立つ、慰めとアドバイスを幾つか紹介したい
と思います。

　第一に、秘密と沈黙は、悲劇の後では何の役にも立ちません。私たちは生
存者のプライバシーを常に尊重しますが、悪の加害者は、必ずしも同様のプ
ライバシーを守る権利に値しないかもしれません。虐待、犯罪、不倫が教会
で起こった場合、癒やしへの唯一の方法は、公に告白し、赦すことです。仮
に教会員が全体に影響を与えるような罪を犯した場合、その不法行為につい
て黙っていることは、単にそれを継続させることになります。

　第二に、教職者としての私たちの役割は、被害者を信じることです[40]。虐待
を受けた子どもたちと接する心理学者は、子どもたちが虚偽の訴えをしない
という証拠に基づいて、子どもたちの証言を信じるように提唱しています[41]。

法執行機関の実務を研究する学者たちは、警察官や一般市民でさえも、性的暴行の訴えが捏造されたのではないかと女性を疑う傾向があるにもかかわらず、性的暴行の虚偽の訴えは、他のすべての重罪の虚偽の訴えよりも少ないことを明らかにしています[42]。私は、虐待が起こった時に、自分自身の心と他人の反応に奇妙な傾向があることを見てきました。それは、加害者を守ろうとする傾向です。人種、性別、年齢、身体的能力、金銭的な力が加害者の側にあることが多いためか、加害者を弁護し、無視し、あるいは力づけようとすらするのは、卑劣ですが、自然な欲求なのです[43]。権力者を過大に評価するのではなく、犠牲者に寄り添い、彼らを信じ、彼らのために正義を主張することに細心の注意を払いましょう。

　銃乱射事件や自然災害のように、悲劇が大規模に起こることもあります。公共の場で大規模な悲劇が起こった場合、悲しみは個人的であると共に共同体的なものでもあります[44]。このような出来事は、一般的にメディアで執拗に報道されるため、継続的かつ広範にその話題に触れることになります。銃乱射事件や暴力事件が起こるたびに、友人や同僚がソーシャルメディアで「何が起きたのか、子どもたちや地域社会にどう説明すればいいのか（あるいは話すべきか）」という投稿を見かけます。地域社会の指導者は、人々がショックから立ち直り、新しい日常生活に適応するのを手助けする大切な役割を担っています[45]。

　テロや暴力行為によって共同体の社会的規範が崩壊すると、自分とは違う人を敵に回すようになりがちです。同質性は、それが偽りのものであっても、心理的に安全感をもたらしてくれます。しかし、自分たちのグループを信頼し、異なる外見、話し方、生き方をする人を悪者扱いすると、共同体は崩壊してしまいます[46]。このような悲劇の最中にあっても、リーダーは違いがあっても一致を規範とし、神の宴席に連なるすべての人に対して、神が明確で開かれた招待状を出しておられることを再確認する必要があります。

　大規模な悲劇は地域社会全体に影響を及ぼすため、地域社会全体で認識し、支援の手を差し伸べることが重要です。祈祷の夕べ、告別式、キャンドルサービス等、共同体全体が痛みを認め、神の恵みを信じる希望を告白することができるような公的な集まりを開くのです。教会は、私たち自身の心、犠牲

者の心、加害者の心を祈りの中で1つにするために存在しています。この祈りの時間が日曜朝の礼拝で行われるにしても、特別に開催される集会であっても、2つのことを思い起こすことが大切です。(1)暗闇の中でも神は存在すること、(2)私たちはみな神の家族の一員であり、神の愛、赦し、癒やしが互いに届くための最善のチャンネルは私たち自身であること、です。

カウンセリングとセラピーの紹介

　本章で取り上げたすべての悲劇的な出来事や困難な状況に対して、専門的なセラピーは適切で利用可能な手段です。教会のリーダーとして、私たちはセラピーに参加し、積極的に推進すべきです。私自身は、教会のスタッフとして受けた牧会カウンセリングを除いて、ミニストリー開始以来3人のカウンセラーやセラピストの援助を受けてきました。個人的にも職業的にも、カウンセリングが私の成長に与えてくれた影響を、私は非常に感謝しています。もしセラピーがなかったら、今の私のミニストリー、結婚、家庭が充実した喜びの場になっていたとは思えません。

　牧師や教会のリーダーとして培うことのできる最高の関係の1つは、地域の質の高いセラピストとのつながりです。他の牧師、ソーシャルワーカー、セラピストに紹介を依頼し、可能であれば地元のセラピストと1対1で会い、診療内容、料金、専門分野について尋ねてみましょう。大人だけを扱うセラピストもいれば、子どもや青年だけを扱う人もいますし、すべての年齢層を扱う人もいます。職業的なカウンセラーの中には、宗教的な実践を公表している人もいれば、宗教的な原則を口にしないように注意している人もいます。クライアントが何を求めているかによって、どちらのアプローチも有益で適切なものとなります。

　最初に出会ったカウンセラーが自分に合わないというのはよくあることで、それがきっかけでカウンセリングから遠ざかってしまうことがあります。また、間違った理由でカウンセリングを受け、その恩恵にあずかれないこともあります。いずれにせよ、カウンセリングを受け続けるよう勧めてください。新しいカウンセラーに変えることは恥ずかしいことではありません。自分に

合う人を見つけるまでは、探す価値があるのです。

　ここで重要なのは、私たち自身がセラピーに参加し、他の人に受けるように促すことで、セラピーのイメージをいち早く改善することです。誰もがどこかの時点でセラピーを必要とするでしょう。教会教職として私たちはいつでも誰かの話を傾聴し、共に祈る機会が与えられています。けれども社会福祉や心理関連の公の資格を持っていない限り、誰かの結婚、アイデンティティ形成、虐待、機能不全の詳細に立ち入ることはできません。私のような多忙な人間は、誰かの告白をすべて集めて背負いたくなるかもしれませんが、それは霊的助言と聖なる傾聴の境界を越えてしまうことになります。

終わりに

　まとめると、本章の大半は、人の話によく耳を傾け、神がはたらかれるための場を整えるべきということに集約されます。私たちの働きは、危機の時に癒やしをもたらしたり、問題を解決したりすることではなく、聖なる場所への入り口として機能することなのです。たとえ人生が悪く見えても、神は良いお方だと信じています。私たちは、希望がないかのように苦しむことはありません。世界には大きな悪があり、それはトラウマ、痛み、病気、死、悲劇、傷を与える個人的選択として、常に生活に現れています。私たちは、悪を見過ごしたり、弁解したり、無視したりすることなく、神の最善を信じ、傷ついた人々の生活に主の恵みが注がれるために最善を尽くします。

　危機的状況において、私たちは祈り、本音で語り、優れたカウンセラーのもとへ人々を紹介します。信仰とセラピーの力強い協力関係を信じ、カウンセラーが神の癒やしと成長を伝えるすばらしい伝達者になれることを信じます。そして、教会のリーダーとして、日常でも危機の時でも、最も重要な役割は、自分自身の信仰生活に気を配り、神との関係を育むことで、そのようにして他の人々を助けるための霊的・情緒的リソースを受け取ることができると確信しています。

第 13 章
ミニストリーの運営

　初めてミニストリーの仕事の正式依頼を受けた時、息が止まりそうになりました。小さな会議室で、ケンタッキー州ルイビルの合同メソジスト教会の常任役員のシャノンに会っていた私は、彼女が私の信仰とリーダーシップ能力に最も影響を与える人物になるとは知りもしませんでした。私はただ、その仕事を手にしたいだけだったのです。

　その申し出を受け、喜びを隠しきれないでいると、シャノンの忘れられないことばで現実に引き戻されました。彼女は 25 歳の私の魂を見つめ、「サラ、これから言うことはとても重要です。あなたは今、子どもミニストリーのディレクターです。インターンではなく、研修中でもありません。あなたがこのミニストリー分野のトップになりました。この仕事ができると思わなかったら、あなたを雇わなかったと思います。早速、仕事のことを考えるのでなく、働いてください」

　彼女の下で働いた 6 年間、彼女が私を指導してくれたように、あなたを導いてくれる指導者に出会えるように祈っています。とはいえ、道は両側に続いています。ただ優れたリーダーシップを待っているだけでは足りません。学びたい、成長したいという謙虚な気持ちを持って、ミニストリーの組織を導いてください。シャノンは、私に何度でも教えてあげると言ってくれました。私は彼女の生徒になれたことを光栄に思います。彼女は私のキャリアの中で最も難しい会話を強制した人です。私には、人々に最高の期待をすること、気まぐれや刺激的なアイデア以上の準備を十分に整えてから会議に出席することを教えてくれました。第 13 章を書くにあたり、私は彼女にインタビューをしました。ここで紹介する理念の多くは、その中から生まれたものです。しかし、本章の大部分は、過去 10 年間、非常に印象的なリーダーと無力なリーダーの両方と仕事をし、彼らから学んだことを、ミニストリーの専門家が納得できるように筋道立てて整理した成果です。

　本章は、ミニストリーの仕事を得る方法、役割を適切に果たす方法について
のガイドです。優れた部下、賢明な監督者、そして柔軟な同僚になるため
の方法を紹介します。具体的で実践的なアドバイスができればと思いますが、
本章の多くは、次の2つのポイントに集約されます。（自分も含めて）疑問
を持つことを認めること、そして人間関係 ── 面倒で難しく、複雑で美し
い人間関係 ── を築くことについてです。

組織図

　すべての教会には、スタッフと信徒の役割がどのように相互作用している
かを視覚的に表す組織図があるはずです。これは、私が新しい職場で最初に
確認することの1つです。誰が誰に対して責任を持つのか、どの仕事が意図
的に関わり合っているのかを知りたいのです。

　教会の規模と教団に応じて、あらゆる種類の教会の人員配置の体制が見ら
れます。多くのミニストリーを信徒が運営していて、1人の牧師が導いてい
る小さな教会でも、複数の教職者と高度な訓練を受けたスタッフがミニスト
リーを導いているメガチャーチの場合でも、組織図のトップを誰が占めてい
るのかを知っておく必要があります。教会によっては、関係性や牧会的な働
きを監督する高レベルのリーダーと、事務や財務、人事などの分野を監督す
る高レベルのスタッフを区別しているところもあります。そのような場合は、
異なる職務がどのように分担されているかを質問してみるのもよいでしょう。
組織の中心にある肩書きには、主任牧師、主管牧師、委員長、ディレクター
といったことばがよく使われます。

　これらは、教会のビジョンを設定し、大きな決断をする人々です。このよ
うな立場の人は、様々なミニストリーで起こっている細かいすべてのことを
知ることはできませんし、知るべきでもありません。彼らははるかに広い視
野を持っています。教団内の組織的な動きから、会衆の中でトップの献金者
からの苦情まで、ほとんどの教会員や教会スタッフでさえも知ることのでき
ないことを聞き、知っています。彼らが意思決定をする際には、他のスタッ
フや一般信徒には知りえない情報を考慮します。

次に、組織図では、副牧師または協力牧師を見つけることができます。彼らは、神学校やその他の大学院で訓練を受けた指導者であることが多く、運営や組織にあまり関係なく、牧会的な役割を果たすことができます。多くの場合、彼らは信徒に最も牧会的なケアを提供することができるスタッフであり、多くの病院訪問を行い、祈りのチームを導き、グリーフケアのグループを組織し、人々に耳を傾けるように奉仕することができます。健全な教会では、副牧師は主任牧師と共生関係にあり、互いに信頼し合いながら自分の力を発揮することができます。

組織図の次のレベルには、多くの場合、年齢別のミニストリーがあり、成人、青年、子どものためのリーダーが配置されています。これらのスタッフは、主任牧師や常任役員の直属である教会もあれば、副牧師や伝道師に監督される教会もあります。いずれにせよ、これらのリーダーは特定の世代グループに対する教会の使命を果たすことで、その世代に対する専門知識を提供します。本書をお読みの方の大半は、このような組織的な立場におられると思います。その立場の人の多くは、パートタイムかボランティアで奉仕をしていますが、私の考えでは、その働きは、主任牧師と同様に、教会生活にとって必要不可欠なものです。

一般的な組織図には、総務役員、会計担当者、事務主事、事務スタッフ、事務ボランティア、受付係など、詳細は省きますが、他にも重要なポジションが存在します。これらの人々は、しばしば教会組織の有効性を左右します。賢明な牧師やミニストリーのリーダーは、宣教担当役員や有給の教職者が霊的働きに集中できるように、日々の教会の仕事の詳細を管理するスタッフや奉仕者をサポートし、評価し、感謝を示すために時間を取ります。

組織図を知ることは、幾つかの理由で重要です。まず、適切なコミュニケーションの方向性を教えてくれます。後で、「上向きだけに吐き出す」という理念、つまり怒りや不満を、組織図上の自分の上位の人にのみ表現することについて詳しく説明します。下向き、また横向きに不満を吐き出すことは不適切であり、非常に破壊的なことです。組織図が役立つ第二の理由は、組織の力関係を明確にするということです。教会は民主主義で運営されているわけではありません。青年牧師のアイデアやビジョンがどんなにすばらしく

ても、主任牧師によっていつでも拒否権を行使される可能性があります。権力の所在を知ることで、どのように変革を提案し、誰を意思決定に参加させるべきかがわかります。組織図が明確であることの3つ目の利点は、計画に含める必要のある人を明らかにすることです。仮に私が子どもミニストリーのディレクターとして教会学校のやり方を変えたいと思った場合、まず私の組織レベルにいる他の全員と協議し、彼らの支持を得て、私の変更が彼らの奉仕活動を混乱させることがないことを確認する必要があります。そうして初めて、自分の提案する改革を組織の上のレベルに持っていくことができるのです。

　しかし、実際に人間と作業をするようになると、これまでの理論が通用しなくなることを忘れてはいけません。スタッフの役職の関係性を示す図があればそこから始められますが、その役職に就く人たちは、私たちと同じように、それぞれの夢や傷、必要、個性、そして恐れを抱えています。結局のところ、組織を導くには、人間関係を構築し、神の教会の最善の利益を最優先させることが重要なのです。

教会スタッフの採用面接

　教会組織の中で有効に働きを始める前に、まずは採用される必要があります。私は、雇われる側と雇う側の両方にいた経験から、面接は常に学習の機会であると確信しています。候補者も面接担当者も、自分自身と組織について学ぶことができます。したがって、この項目は、ミニストリーの職を求める人と、その職のスタッフを採用する人の両方に当てはまります。

　面接の目的は、候補者がその組織にふさわしいかどうかを判断することです。雇用する側の教会は、学歴や専門知識、スキルだけでミニストリーの専門家を雇うわけではありません。彼らは特定の資質、つまり成熟した人格に伴う能力を探します。ミニストリーの候補者にとって、最も重要な特性は、創造性、柔軟性、チームワーク、謙遜さ、適応性などです。私は、神学校を卒業した人や自分のやり方に固執しているようなベテランよりも、経験はなくても高い成熟度と、学び成長したいという意欲が表れているファミリーミ

ニストリーの専門家（その分野の働きをする人）を雇いたいと考えています。学歴や専門知識には価値があり、求められていますが、結局のところ、それを用いる人がチームに合わないのであれば、意味がないのです。

上記を念頭に置きながら、大学院や神学校の学位を持っている人への助言としては、謙虚に面接室に入ることです。神学校は、すばらしい方法でミニストリーのために備えをさせますが、教室で学べないスキルもたくさんあります。ミニストリーを通じて築かれる人間関係を通して、教会で学ぶことができるのです。結局のところ、ミニストリーとは人間関係の働きです。ミニストリーで祝福されたい人は、柔軟性、チームワーク、そして自分自身と他の人への恵みを祈る必要があります。

面接のプロセスとは、簡単に言えば「本物探し」です。質問する側は、ビジネススーツやマニキュアというきれいな外見に隠された本当の姿を垣間見ることを望んでいます。そのため、高度な人材を募集している企業では、長時間の緊張を強いられる面接が繰り返し行われます。仮にその組織の面接をつらいと感じても、彼らは本物のあなたを見ようとしているのですから、安心してください。その人が組織の中でどのように活躍するかは、実際にその役職に就いてみないとわからないものです。ですから面接では、その人の性格や個性、能力をできるだけ正確に見極めるように工夫されています。面接では、本当の自分をアピールしてください。もちろん、自分の長所をアピールしてください。なぜ自分がその役職にふさわしいと思うのか、本当にそう思うのであれば、理由を組織に伝えましょう。しかし、不安も抑えないでください。その役職があなたや組織の生命を奪うようなミスマッチであれば、何年もたってから気づくよりも、面接の時に気づいたほうがいいのです。

●面接担当者の心得

面接を行う人にとって、候補者をより明確に把握するのに役立つ質問が幾つかあります。候補者に、過去に出会った最も優れた指導者は誰か、何がその人の良さだったのかを説明してもらいましょう。その答えから、彼らがどの程度自律的に行動できるのか、また、過去にどのようにフィードバックに対応してきたのかを知ることができます。また候補者に、自分についてのキ

ャッチフレーズを出してもらいましょう。「マイクロマネジメントされるのが嫌だ」と言う人がいたら、その意味を聞いてみましょう。また、自分のことを「努力家だ」と言う人がいたら、それがどのようなものであったのか、例を挙げて話してもらいましょう。最後に、候補者のためにどのように祈ることができるかを尋ね、正直で有意義な答えが得られるかどうかを確認します。そして、候補者のために祝福の祈りをささげて面接を終了します。あなたが提供したい霊的な環境、人間関係の環境を示しましょう。

　ミニストリーの面接では、幾つかの危険信号に注意する必要があります。もし候補者が以前の雇用主の悪口を言っていたら注意してください。ほとんどの人は、面接で自分の職歴をどのように説明するかについてある程度考えているので、なぜ現在の状況を離れて新しい場所で働きたいのか、明確で合理的な説明をするはずです。前職の状況で恨みを抱えている人は、その恨みを簡単に新しい職場に持ってきかねません。

　もう1つの注意点は、面接を受ける候補者が何も質問しないことです。質の高い応募者は、面接に来る前に教会や組織のウェブサイトを調べ、他の方法では出てこないような質問をリストアップしてきます。以前に良い働きをした人であれば、予算、期待される職務内容、組織の管理、イベント企画などの経験を持ち、有意義な質問をするはずです。候補者が仕事や組織について質問しないなら、この機会が彼らにとってどれほど重要なものなのか疑問に思うのは当然です。ミニストリーの専門スタッフが採用されたら、本当の仕事が始まります。次の項では、ミニストリーのスタッフを指導するための最善の方法を詳しく説明します。

良い指導者になるために

　ミニストリーのスタッフを指導する機会が与えられているのなら、その祝福を感謝しましょう。あなたは人を育てる働きをしています。[2]スーパーバイザー〔訳注：教会スタッフを管理監督する立場にある責任者〕は、ミニストリーのすべての仕事をする責任はありません。組織における役割の大部分は、自分が指導する人々を、強く信頼できるリーダーとして育てることに費やさ

れます。もしこのことを考えても喜びを見出せないならば、他の仕事を探す
ことを考えましょう。最高の指導者は、他の人の成長を助けることを愛する
人である、と聞いても、驚くべきことではありません。

●人を信じること

　私はこれまで、牧師からビジネスの専門家まで、多くの優れた指導者に恵
まれ、その人たちが時間をかけて私を育ててくれたからこそ、今の私がある
のだと思っています。その中で最も役立ったのは、他の人を指導しないとど
うなるかを体験させてもらったことです。

　私は大学を卒業してすぐに、投資顧問会社のアシスタントとして就職しま
した。率直に言って、私は本当に未熟な事務員でした。細かいことが苦手な
私は、頼まれた細かい仕事を忘れてしまったり、無視してしまったりしてい
ました。それでも上司の役に立ちたいという思いがありましたし、自分では
できる限り最善を尽くしていたつもりです。上司が私に不満を感じていたこ
とを非難しようとは少しも思いませんが、その上司は、私について最悪の予
想をするという、リーダーシップの大失敗を犯したのです。私が無能である
ことがわかると、仕事の邪魔と考えたのです。指示と優しさがあれば、細部
にこだわってしまう癖は改善されたはずです。それなのに、彼は私が意図的
に手を抜いていると非難し、私の知性を侮辱したのです。彼は私の行動をす
べて記録し、彼への質問やメッセージも含めて記録するよう指示しました。
直接会って話すことは許されず、質問やコメントはすべてメモに書いて、彼
の受信箱に入れなければなりませんでした。彼は私を失敗者だと見なしてい
ましたが、その信念のせいで私が成功することはありませんでした。

　他人の意思を最大限に尊重することが重要です。人を信じることは、だま
されやすく、世間知らずと思われるかもしれませんが、誰も、他人が失敗す
ると予想している環境、特にその他人が上司である場合には、成長すること
ができません。あなたが指導する人には、その人を信じて期待するという恵
みを与えてください。指導というのはサポートすることであり、人々が最善
を尽くすことができる力を与えることが重要です。これは多くの場合、人々
に罰としてではなく、彼らの成長のために説明責任を求めるという、とても

難しいことを要求することを意味します。すべての指導的立場にある専門家
は、定期的に、時には毎日、難しい会話をする必要があります。優れた上司
は、そのような難しい会話を部下にさせるのです。他人と対立している時に、
明確にコミュニケーションを取る能力は、ミニストリーで最大の課題の1つ
です。それは、イエスのようになりたいと願う人、または他の人を神との関
係により深く導きたいと願う人にとって、絶対に欠かせない資質です。上司
は部下に代わって大変な仕事をすることはできませんが、部下が自ら大変な
仕事をすることができるようになるために、耳を傾け、励まし、率直な視点
を提供することができます。

●適切な期待値を設定する

　指導的立場にある責任者は、自分が指導するスタッフの職務説明書を作成
し、維持する責任を負うことがよくあります。残念ながら、教会では、ミニ
ストリーのスタッフがパートタイムの給与とスケジュールでフルタイム以上
の仕事の責任を果たすことを期待する傾向があります。多くの牧師やスタッ
フが燃え尽きてしまうという悲劇が続いていますが、その責任は働く人と指
導する人の両方にあるのです。教会における指導とは、牧会的なケアを提供
し、教会のリーダーやスタッフのワークライフバランスを促進することです。
もっと多くの牧師や指導者が、管理しやすいミニストリー説明書の作り方を
知っていればと願います。時々、子どもや青年のためのミニストリーで募集
中のスタッフの職務説明書が送られてきて、候補者を紹介してほしいと頼ま
れます。その説明書は、しばしば次のようなものです。

- 毎週日曜日、教会学校と子ども礼拝を導く
- ミニストリーの奉仕者を募集する
- 夏休みの VBS と、年間を通しての特別イベントを主導する
- 週日のプログラムの保育と託児を提供する
- 消耗品を維持し、少ない予算を守る
- 隔週で開催されるスタッフミーティングに参加する
- 想定される労働時間は週に 10 〜 15 時間

・時給は 10 ドル

これはばかげています。このような仕事を探している、また携わっていることに気づいたならば、重大な変更を加えるべきです。教会のスタッフが疲弊しているのも無理はありません。不可能なことを可能にすることを求めているのです。

教会に指導や研修を提供するコンサルタント会社、Ministry Architects によると、フルタイムのスタッフ1人が、約75人の子どもや50人の若者のためのミニストリーを維持することができると言われています。[3] 参加者がこの人数を超えると、「もしかすると」ではなく、「いつかは」スタッフが圧倒されて、効果的に仕事ができなくなるか、またはその職を辞めてしまうと警告します。この数字を小さな教会に当てはめると、週に15時間しか働かないスタッフの場合、28人以下の子どもたちか19人以下の青年のミニストリーを維持することが合理的と言えます。もし、経費がかかりすぎると感じるのであれば、スタッフに対する現実的な期待を再考する必要があるかもしれません。教会は、スタッフを含むすべての人々にとって、癒やし、成長、力を受ける場所であることを追求すべきです。

良いスタッフであること

あなたはミニストリーの担当として採用されました。おめでとうございます！　クリスチャン用語で言うところの「イエスの手と足」になったわけです。教会のスタッフや奉仕者は、直接人々の生活にいのちと真理を語りかける実践的なミニストリーに携わることができるのです。名誉なことであり、大きな責任でもあります。

しかし、あなたの名前が組織図の一番上にない限り、あなたはリーダーや指導者に従うことになります。少なくてもある程度は、その人のビジョンを実現することがあなたの仕事です。そのビジョンの実現はあなたの創造性や使命感によって決まるかもしれませんが、あなたの仕事は、誰かのリーダーシップや働きをサポートすることから始まります。このように、誰かのビジ

ョンを実現するという召命は繊細なので、この項では、指導者の下で適切に働くためのアドバイスをまとめます。

●基礎を築く

指導者との仕事上の関係で、できるだけ早い段階で尋ねておくべき質問があります。すでに一緒に仕事をしている期間が長くても話しておくといいのですが、仕事上の関係で早ければ早いほどいいことです。その質問とは、「将来、私たちの関係で衝突があった場合、どのように対処すればいいでしょう？」です。

この質問は、ある時点で衝突が起こることを前提としています。不完全な2人が一緒に働くと、どうしても食い違いが生じます。この質問をすることで、あなたはその対立の必然性を認めると同時に、指導者の権限と意思を尊重しながら対立を解決したいという意思を示すことができます。対立がない状態でこの質問をすることで、後に関係性の不満や不一致が生じた時の道しるべになります。

この質問に対する指導者の答えは様々でしょう。密室で正直に話す許可を得ることができれば、ここでの具体的な内容は重要ではありません。部下が上司の決定や行動に強く反対する場合でも、まず上司以外の人にその対立を表明することはできません。あなたがすべきことは、できるだけ敬意をもって丁寧に話す方法の計画を立てることです。正直で愛のある対立に参加することは、どんなことであれ、非常に困難です。できる最善のことは、いざという時に有益で有意義な、脅威のない会話をするための基礎を築くことです。

自分の正直な信念や感情を指導者に伝える方法を知っておくことは、非常に重要です。指導者があなたと難しい話をする場所を確保できないことがわかったら、他の機会を探すことを検討する時期かもしれません。上司と部下は決して友人である必要はありませんが、お互いに正直に対立を乗り越える方法を見つける必要があります。それができないなら、実を結ぶミニストリーもできないかもしれません。自分のしている仕事が有意義だからといって、有害な職場環境にとどまることはできません。様々な場所で満たされるべきニーズや召命があり、あなたの時間は十分に価値のあるものなので、賢明に

用いるべきです。自分自身、家族、そして最も生産的な時間を、あなたが本来召されている奉仕を自由にさせてくれないような環境に明け渡さないようにしてください。

ミニストリーの境界線

　指導的立場にある責任者と健全な関係を築くことは、最初の一歩にすぎません。次に、自分の人生とミニストリーのバランスをどう保つかを考えましょう。ミニストリーに没頭するあまり、教会にも他の人にも役に立たなくなってしまうことは、非常によくあることです。教会での成果に対するプレッシャーは、ビジネスの世界と同じように息苦しいものです。子どもを幼稚園に迎えに行く時、同僚に憤りを感じていたことを鮮明に覚えています。私は、好きなだけ遅くまで机に座って遅れを取り戻し、前倒しで仕事をすることもできる独身や子どものいない同僚とは違い、仕事と生活の境界線を考えることを余儀なくされていました。それを羨ましく思っていた自分を情けなく思いますが、真実の姿でした。

　このように、自分と自分の仕事ぶりが優れていることを証明するために、非常識なほど長時間働きたいという願望を、元上司は「過剰適応」と呼んでいました。これは、いろいろな意味で不健全です。まず第一に、自分自身と神への信頼の欠如が仕事に現れます。また過剰適応は、周囲の人々に、彼らは神の計画を実現するために不必要な存在だと伝えてしまいます。何でも自分でやろうとし、長時間労働やセルフケアの先延ばしに翻弄されてしまう時、他の人々は、私たちの計画の中に自分たちの居場所がないことを理解し、全部任せてしまうようになります。そして最悪なのは、私たちが過剰に適応する時、ほとんどの場合、自分の仕事の領域の境界を越えて、他の人の領域に踏み込んでしまうことです。

　仕事と生活の境界線（ワークライフバランス）を無視することは、深い不安の表れです。仕事に安らぎを見出し、適切な場所に自分の価値を見出すことを学んだ人は、すべてのイベントに出席し、すべての詳細を把握し、仕事についてすべてを知る必要はありません。彼らは、誰もが交代可能であるこ

とを忘れています。時には、姿を見せないこと、主導権を握らないこと、自分たちで仕事をしないことが、教会に与えることができる最高の贈り物になることがあります。私たちが手を放すことで、他の人が主導権を取ることを学ぶからです。

　特に奉仕を始めたばかりのスタッフにとっては大変です。また、文化的に男性は、自分が不在の間、家事や家庭の詳細を配偶者に頼ることがあるため、特に労働時間が極端に長くなることがあります。そして、それがミニストリーである場合、簡単に過労に陥ってしまいます。情緒的にも身体的にも健康な働き人であるためには、利己的であると思われることがあるかもしれません。それくらい、私たちはゆがんだ価値観に影響を受けているのです。

　以下のリストは、あなたが仕事への献身から大きく一歩退いて、評価し直す必要があることを示す兆候です。

- 長時間労働の愚痴をこぼしている。
- 友人、配偶者、子どもたちが、教会に対し、長時間働きすぎていることに対して憤慨している。
- 聖書を読んだり、祈ったりすることに対し、興味がなくなり、時間を取ろうとしなくなっている。
- 過去1年間、休暇や病欠をほとんど取っていないことに誇りを感じている。最後の休暇を思い出せない。
- 電話も電子メールもショートメールも、いつ来てもすぐに返事をしている。
- 教会のイベントには必ず最初に来て、最後に帰る。
- 自分の幸福感とは無縁に感じる。
- 数週間連続して、教会から期待されている以上の時間、働いている。

　もしあなたが働きすぎなら、あなたは自分自身と他者の両方を傷つけているので、安心して休んでください。人に対する援助を職業とするなら、自分自身の必要（身体的、精神的、霊的）が満たされ、自分自身のサポートシステムが確立されていることが必要です。

自分の召命を思い出してください。ただし、やることリストや自分のアイデンティティの始まりと終わりとしてではありません。私たちはみな、有意義なミニストリー、親密な人間関係、神の創造物に対する喜び、人生の充実など、複数の価値あることに召されているのです。どんな教会の仕事も、他の場所での充実や喜びの場所を奪ってしまうほど重要ではありません。

変化を起こす

以前、ユースミニストリーにたくさんのすばらしいアイデアがありましたが、スタッフ会議で熱心に紹介したとたんに、指導者や仲間たちからの質問の重圧で、すぐに崩れてしまったことがあります。皆さんが読むだけで簡単に身につけられるように、苦労して学んだ方策を幾つか紹介したいと思います。

変化を起こすに当たっての最初のルールは、忍耐強くなることです。自分自身にも教会にも時間をかけてください。あなたが教会で働き始めて1年目であれば、その教会の人々、歴史、そして組織についてできる限り学ぶことに専念してください。最初の1年間は、変化を起こすことに非常に慎重であるべきです。あなたが望む改善は、それを実現する前に十分な時間をかけて自分の方向性を把握することで、もっと早く、苦痛なく実現できる可能性が高くなるのです。

問題の解決に取りかかる前に、人間関係を構築するために時間を使いましょう。教会の家族を訪問し、同僚とランチに行き、礼拝の合間に廊下に立って人々に話しかけましょう。人々を知り、彼らにあなたを知ってもらうのです。人々は、見知らぬ人から提案された変更よりも、友人から提案された変更に賛同する可能性のほうがはるかに高いのです。私は経験から学びましたが、最初に自分の宿題をすることなく変更を提案してはいけません。

●変革を提案する

教会では決して変化が終わることはありません。次々に来る新来会者、新しい必要、新しい技術、新しい試みなどが常に存在します。しかし、変化に

は痛みを伴うことがあります。皮肉なことに、勤続年数が短い人ほど弱点となる部分を特定し、新鮮なアイデアをもたらすのに最適な視点を持っていることが多いのです。アイデアを持つことは、変革の過程の最初の1％にすぎません。十分な準備と熟考がないまま教会に変化をもたらそうとしても、祝福よりも問題のほうが多くなります。

●提案をまとめる

　変化を提案する最初のステップは、目標を述べることです。目標のまとめは短く明確であるべきで、見つかった問題を特定し、提案したい解決策を要約する必要があります。たとえば、1年目のファミリーミニストリー担当者が、小学生の子どもたちの日曜朝のスケジュールを変えたいと考えているとします。これまで子どもたちは礼拝の初めから別の集会室で集まっていましたが、子どもたちが最初の15分間は親と一緒に礼拝に参加し、その後子どもの礼拝に移るようにしたいと考えています。この変更を行うための目標のまとめは、次のようになります。

　「世代を超えた礼拝の機会を増やし、親や他の大人が若い世代の礼拝の模範となるようにするため、毎週礼拝の最初の15分間、小学生が一緒に礼拝に出席することを提案します」

　この提案では、問題点（世代を超えた礼拝体験が不十分、家族が一緒に礼拝できない）を明確にし、単純で明確な解決策を詳細に述べています。

●関係者のリストアップ

　提案の段階に入る前に、変更によって影響を受けるすべての人とミニストリーの名前を挙げてください。後で喜んでもらえるかもしれませんが、大雑把な予測では、ミニストリーのスタッフ間の不満の約80パーセントは、他者への影響を考慮せず、コミュニケーションも取らないまま、すばらしく質の高い変更を実施する人が原因だと思います。そのような人にならないようにしましょう。

　変更によって影響を受ける可能性のある、教会内のすべてのミニストリー部門、委員会、家族、年齢層、奉仕チームをリストアップする必要があり

ます。上記の例では、以下のようなリストになるでしょう。

- 子どもミニストリーのスタッフ
- 礼拝企画チーム
- 牧師
- 案内係、受付
- 小学生の子どものいる家族
- 歓迎チーム

　スタッフ全員や教会全体に提案する前に、あなたが挙げたミニストリーの分野をまとめているスタッフや信徒リーダーと話をするようにしましょう。牧師、礼拝企画担当者、案内係のリーダー、歓迎チームのリーダーと個々に話してみましょう。彼らにどのような影響を与えるのか、どのような問題があるのか、そして、変更に賛成かどうかを尋ねます。こういう問題は、より大きなリーダーたちのグループで話題になる前に解決しておくことがお勧めです。個別に話をすることで、後でグループ全体の前で不快な質問をされるのを防ぐことができます。人々があなたの提案に反応し、自分たちが受ける影響について話し合う時に使うことばに耳を傾けることです。[4]

　沈黙という重要な反応に注意を払ってください。人は変化に対して歓迎している時に黙っていることはほとんどありませんし、沈黙はどのような場合でも同意とは異なります。黙って聞いている人に注意し、安全で個人的な機会を設定して、正直に話してもらいましょう。沈黙を警告のサインとして解釈し、沈黙を守っている人は、話すことを安全でないと感じているのだと考えて、安全に話してもらえるような方法を考えましょう。最初は黙っていた人から、最も有益なフィードバックが得られるかもしれません。

●書き留める

　目標をまとめたら、個々の会話から生まれた問題や解決策を、1ページの文書にまとめましょう。提案された変更について話しているのを聞けなかった人も、後で読めば概要がわかるし、視覚的な学習者にとっても、単に聞く

だけより記録があったほうがわかりやすいでしょう。この時点で、あなたは
ミニストリーのスタッフやチームメンバーにも賛成してもらえて、完全な勝
利者になったような気分になっているかもしれません。

●提案書を作る

　最終的に意思決定者の前でプレゼンテーションを行う際には、簡潔で意味
のあるものにしましょう。解決しようとする最初の問題点を述べ、次に提案
を示します。常に、解決策をいわば実験のように取り扱ってください[5]。あな
たのアイデアがうまくいくかもしれないし、いかないかもしれないこと、そ
して、物事がうまくいかなくなった場合にはどういう解決があるのかを明確
にしてください。実施する上でのおもな課題と、それに対する解決策を挙げ
ます。金銭的、感情的、または管理上の負担について確認することが重要で
す。その負担を負うことになる人たちは、その負担について考えていること
は間違いないでしょう。提案が引き起こす可能性のある困難を認めることで、
彼らに敬意を示してください[6]。理想的なスケジュールを示しましょう。最初
の提案では、無関係な詳細や、過去の逸話は省きます。その後、質問が始ま
ると、詳細や過去の話が出るはずです。特にこれまで考えもしなかったよう
な問題を提起された場合は、その質問を記録しておきます。そして、発表に
耳を傾けてくれたことを感謝します。また、発表を終える前に次のステップ
を挙げて、進展させるための祝福を受けることを忘れてはいけません。

　最後に、評価方法を前もって計画し、それを実行に移しましょう。アンケ
ートを作成したり、電話をかける時間を確保したり、実施後のカレンダーに
振り返り用のディスカッションの予定を設定したりします[7]。前もって準備し
ておかないと、評価を確実に見過ごすことになります。

大切な話し合い

　教会で働くということは、次から次へと重要な話し合いをすることで成り
立っています。話し合いの中には、肯定的な話もありますが、疲れ果てる話
も多くあります。ミニストリーにおいて、他者との対話の仕方、耳を傾ける

能力、そして何を話し、何を話さないかを決める判断力ほど重要なものはないでしょう。

●傾聴

性格診断テストの結果がどうであっても、私たちはみな、ミニストリーでは聞き上手でなければなりません。生まれつき聞き上手の人もいますし、そうでない人もいます。傾聴の仕方、境界線を引くタイミング、近づくタイミングを心得ていることは、私たち全員が憧れるすばらしい技術です。上手な聞き手が必要とされる場面は幾つもあります。

●フィードバックを受ける

あなたが誰かを失望させてしまったことについて、他の人から聞くのは恐ろしいことですが、しばしば非常に重要なことでもあります。教育経験や生まれつきの知恵、ミニストリーの細やかさなどに関係なく、私たちが的外れなことをし、それを他の人に指摘されることがあります。しかし、他人の評価には耳を傾けなければなりません。彼らが正しく、あなたが間違っている可能性もあることを忘れないでください。

建設的な批判をされたら、弁明や言い訳を封印し、耳を傾けましょう。なぜなら、その人は本当にあなたの味方であり、あなたのミニストリーができるだけ健全に成功することを望んでいる可能性が高いからです。たとえ情報が不十分であっても、彼らの視点はあなたにとって有効であり、貴重なものです。あなたとの対決を望んでいる人は、痛みを伴う、すさまじい贈り物をあなたに与えているのです。彼らは、他の方法では気づかなかった洞察力を持っています。彼らを理解するために耳を傾けてください。誰かが聞き取りにくいことばであなたに近づいてきたら、その中にある真実を探してください。ほとんどの人にとって、否定的な意見や傷ついたことを正直に話すことは難しいことです。それでも伝えようとしてくれるのです。それは真実の愛です。率直に話してくれた人に感謝しましょう。

時として、愛からではなく、自分の傷からあなたを批判する人がいる可能性があります。そのような時は、相手のことばをよく聞き、そのことばで自

分を決めつけないようにするために、知恵が与えられるように祈りましょう。侮辱的で軽率な、あるいは意図的に傷つけるような意見を投げかけられたとしても、そのことばの下に隠されている本当の意味を探ってみてください。

　私はある教会員から、「あなたが私の家族のクリスマスからイエス様を追い出してしまったのよ」と言われたことがあります。私はその発言によって完全に動揺して、しばらくの間ショックを受けていました。よく考えてみると、アドベントの期間中に教会が提供するイベントを変更して、その理由を十分に伝えないままでいたので、彼女を、そしておそらく他の多くの人たちをも本当に傷つけてしまったのだと気づきました。私は、クリスマスを祝う新しい方法、私にとってはずっと理にかなった方法を導入したのですが、そのために彼女が子どもたちのために期待していたクリスマスの体験を奪ってしまったのです。彼女のことばの裏には、真実が隠されていました。

●不満のはけ口になる

　指導的立場にある人は、時には不満を発散したくなることがあります。つまり、教会の信徒やあなたが指導しているスタッフが執務室に来てドアを閉めた時、目の前の仕事を中断して、話を聞くことができるようにする必要があります。多くの場合、安全な場所で不満を吐き出すだけで十分であることを覚えていてください。ことばを口にするだけですっきりするのかもしれません。誰かが話し終えたら、「そうね、わかるわ。何かできることはある？」と尋ねましょう。おそらく、相手は思いやりのある聞き手を必要としていたのでしょう。あなたの仕事は終わりです。でも、目の前の人が不満を解決するために、自分で行動を起こす必要があることも十分考えられます。私たちは、他人の問題を解決することはできませんし、文句を言っている人の代わりに話すこともできません。もし誰かが他の人との間にある問題を訴えてきたら、それを聞き、その問題を直接その人にぶつける方法を考える手助けをしてあげましょう。自分自身で問題を解決できるように手伝うことです。

　同僚が教会員に対して不適切な発言をしたのを聞いて、責任ある立場の指導者に苦情を言いに行ったことがあります。同僚は自分の仕事の条件の難しさについて不平を漏らしていたのですが、私はそのことに不満を感じていま

した。なぜそんなことを言うのか同僚のところに聞きに行く代わりに、私は
彼のことを指導者に話してしまいました。話してすっきりしたのですが、指
導者は何も言わずに聞いていた後、そのことについて彼と話してくると言っ
て、私が話したことをそのまま伝えてしまったのです。全然楽しい話ではあ
りませんでしたが、その時点で正しいことでした。同僚は、私が彼を通り越
して指導者と話していたことを知り、いい気がしなかったでしょう。しかし、
つらく短い会話をした後は、私たちの間に隠し事はなくなり、対等の立場に
戻りました。

●うわさ話

　不満とうわさ話の間には、ほとんど気づかないほどの小さな境界線があり
ますが、悲しいことに、教会はしばしばうわさ話の震源地になっています。
教会はうわさ話だけで崩壊することもあります。もし自分と指導者との間の
信頼関係を保つことを大切であると考えるならば、うわさ話禁止の原則を掲
げなければなりません。私のように人を喜ばせたいタイプの人間には、「他
の話をしよう」「指導者に相談したほうがいいと思う」のように、うわさを
遮断する文言を繰り返すのが有効です。うわさ話を聞いて黙っていることさ
え、それに賛同して加担していると解釈されることがあります。健全な教会
の家族には、うわさ話が存在してはいけません。

●話し合い

　傾聴が終わったら、次は話し合いをしましょう。これは、完璧にするのが
難しい訓練です。フィードバックを受けること、発散することについては同
意できたはずです。では、フィードバックを提供し、自分自身で適切に発散
することについてはどうでしょうか。

●フィードバックの実施

　意見が対立する際の最初の原則は、書面で議論しないことです。伝えづら
いことばは、なるべく直接会って話すか、でなければ電話で話すようにしま
しょう。傷つける可能性のあることばを文章で残すことには、非常に多くの

問題があります。第一に、電子メールやテキストで反対意見を書き綴るということは、相手がそれを読んだ時にどんな状態なのかが分からないということです。相手に嫌なことがあったり、忙しくて私たちのことばに注意を払う余裕がなかったりすると、意図したとおりにコミュニケーションを取ることが難しくなってしまいます。第二に、書かれた文章は、何度も読み直され、強調され、文脈を無視して他の人と共有されることがあります。そして、他人を傷つけ、また傷つけられる武器になりかねません。第三に、書きことばは、聞き手の質問、反応、表情、身体表現を考慮することができません。対面でのコミュニケーションと比較すると、文字で書かれたものは辛辣で無表情で、他人が会話に参加する余地を残さない一方的なコメントとなってしまうのです。

とはいえ、ミニストリーの中で、直接対決できるような心の余裕がないことがあるのも事実です。教会の有力な信徒が私に非難メールを送ってきた時、上司は私の目をじっと見て、「彼に電話をかけて返事をすることができる？」と尋ねました。私は、考えただけで茫然自失となり、頭から血の気が引いていくのを感じ、「無理です」と首を振ったことを覚えています。彼女は、短いメールの返事を作成するのを手伝ってくれました。それ以来、10年近く不快な会話を経験して来た私は、今ならこの件を違った形で処理すると思います。しかし、当時はその時できるベストを尽くすというあわれみが与えられ、感謝しています。

他人が批判や非難を文書で伝えてきても、それに対して私たちが同じ方法で対応することの言い訳にはなりません。可能な限り、そして安全である限り、批判には面と向かって対応しましょう。そして、良い機会と考えて、お気に入りのカフェかレストランに誘いましょう。私たちの多くは、文章で伝えるよりも、直接会って伝えるほうが、はるかに人間的に気品を保って伝えられることを忘れないでください。

フィードバックをする時は、相手のことを一番に考えてください。意見が一致することを見つけましょう。きっとほとんどの場合、ミニストリーに関する共通の目標が含まれているでしょう。その共通の目標を挙げて、意見の相違は神学や理論でなく、方法論にある可能性が高いことを認めます。自分

がどう感じたかを話し、自分の視点を表現しつつ、不完全な情報かもしれないと認めます。衝突に対しては好奇心で対処し、理解できない相手と同じ考え方になることを目標としながら、目標に到達するための仲間として声をかけてみましょう。情報を共有し、相手の意見を聞いてみます。

●話の出どころの人と直接話してみる

教会の働きの中では、誰かが傷ついた発言や、人を傷つけるような発言を二次的、三次的に知ることがあるかもしれません。特に、指導者や組織図で上位の誰かが、あなたに問題を感じているとわかった場合、恐怖を感じるかもしれません。絶望に沈む前に、他人を経由して自分に届いた話に対する健全な不信感を抱くようにしましょう。直接、最初の人に聞いてみてください。誰かがあなた、またはあなたのミニストリーに問題を感じているとしたら、その人は、あなたに真実を伝えることができる唯一の人なのです。その人のところに直接行って、話を聞いてみてください。繰り返しますが、非難するのではなく、好奇心を持って近づいてみましょう。

●赦しを請う

対決するような状況の中で、赦しを請うような機会を与えられる可能性があります。傷つけたことは意図的でなくとも、事実かもしれません。意図的に傷つけたかどうかは別として、傷つけてしまったとわかったら、謝罪するしかありません。

私の夫は、これまで出会った中で最高の謝罪をする人です。いつも最初に申し訳ありませんと言い、自分の非を認め、はっきりと赦しを求めて、口論を解決に導くのです。自分の行動に責任を持ち、回復を求める謙虚さと無私の愛を持った人と結婚できたことに感謝しています。

ジェニファー・トーマスは、ゲイリー・チャップマンと共に *When Sorry Isn't Enough* という本を執筆していますが、その中で適切な謝罪の5つの側面についてのブログが紹介されています。各々に表現しやすい愛のことばがあるように、各々に適切な謝罪のことばもあります。どのタイプが謝罪を受ける人にとって有意義であるかはわかりませんが、イエスの弟子としての模

範になることを願う教会のリーダーとして、謝罪の5つのタイプを知る必要
があります。

1. **後悔の念を伝える**　傷つけてしまった相手に、本当に申し訳なく思っ
   ていることを伝えることであり、自分が悲しい思いをしていること、
   傷を与えなければよかったと思っていることを明確に伝えます。
2. **責任を受け入れる**　言い訳をしたり、傷つけた相手の立場から遠ざか
   ったりすることなく、自分のしたこと、言ったことのうち、間違って
   いたことを正確に挙げます。
3. **修復・弁償**　ことばを超えて、関係を修復するために何ができるかを
   相手に尋ねたり、すでに考えている修復方法を提示したりします。
4. **純粋に悔い改める**　不当な扱いを受けた人に、行動を改めることを告
   げ、このような傷を与えることのないようにしたいと告げます。ただ
   ことばだけでなく、行動を通して謝罪します。
5. **赦しを請う**　私にとっては、ここが謝罪の最もつらい部分です。しか
   し謝罪は、相手に返答する機会を与えない限り、不完全なものです。[8]

終わりに

　組織図は、私たちを制限したり、重荷を負わせたりするために作られたも
のではありません。コミュニケーションの方法として、私たちのミニストリ
ーを助ける立場にある人は誰か、私たちが誰のミニストリーを助けることが
できるか等をわかりやすく示す図として使われているのです。教会の組織図
の中でどのように働くかを理解することは、まさに賢いリーダーシップの第
一歩です。教会での働きを始める前に、境界線が設定されています。それを
尊重することで働きが順調に進みます。

　教会で働くことは、家族と一緒に暮らすことに似ています。教会には尊重
すべき立場があり、従うべき規則があって、不完全な人間同士の関係で成り
立っているため、ほとんどの場合、非常にややこしく感じられます。本章で
まとめられているように、自分のやり方にこだわらないで、誰もが疑問を投

げかけて人間関係を築いていけるようにすれば、教会がどんなに麗しく、影響力を発揮できるかを垣間見ることができるのではないか、と思うのです。

原　注

第1章

1　Lawrence B. Finer and Mia R. Zolna, "Unintended Pregnancy in the United States:Incidence and Disparities, 2006," *Contraception* 84, no. 5 (November 2011): 478–85, https://doi.org/10.1016/j.contraception.2011.07.013.

2　Kathryn Kost, Isaac Maddow-Zimet, and Alex Arpaia, "Pregnancies, Births and Abortions Among Adolescents and Young Women in the United States, 2013: National and State Trends by Age, Race and Ethnicity," Guttmacher Institute, August 16, 2017, https://www.guttmacher.org/report/us-adolescent-pregnancy-trends-2013.

3　William Marsiglio, "Stepfathers With Minor Children Living at Home: Parenting Perceptions and Relationship Quality," *Journal of Family Issues* 13, no. 2 (June 1, 1992): 195–214, https://doi.org/10.1177/019251392013002005.

4　Michelle Hughes and Whitney Tucker, "Poverty as an Adverse Childhood Experience," *North Carolina Medical Journal* 79, no. 2 (March 1, 2018): 124–26, https://doi.org/10.18043/ncm.79.2.124.

5　The United Methodist Church, *The Book of Discipline of the United Methodist Church* (Nashville, TN: The United Methodist Publishing House, 2016), 111.

6　Diana R. Garland, *Family Ministry: A Comprehensive Guide*, 2nd edition (Downers Grove, IL: IVP Academic, 2012), 56. and Metaphor, 1st ed. (London: Routledge, 1997), 2–3, 20.

7　Halvor Moxnes, ed., *Constructing Early Christian Families: Family as Social Reality and Metaphor*, 1st ed. (London: Routledge, 1997), 2–3, 20.

8　J. H. Elliott, "Temple versus Household in Luke-Acts: A Contrast in Social Institutions," *HTS Teologiese Studies / Theological Studies* 47, no. 1 (January 9, 1991): 88-120, https://doi.org/10.4102/hts.v47i1.2356; Mauro Pesce and Adriana Destro, "Fathers and Householders in the Jesus Movement: The Perspective of the Gospel of Luke," *Biblical Interpretation* 11, no. 2 (January 1, 2003): 211–38, https://doi. org/10.1163/156851503765661285; Moxnes, *Constructing Early Christian Families: Family as Social Reality and Metaphor*, 22.

9　Roland Boer, "By Clans and Households: On the Malleability of the Kinship-Household in the Ancient Near East," *Memoria Ethnologica* 13, no. 48/49 (2013): 6–21. 10 Garland, 26.

10　Garland, 26.

11　Boer, 6–21.

12　Garland, 26.

13　Leo G. Perdue et al., *Families in Ancient Israel*. (Vol. 1st ed). Louisville, Ky: Westminster John Knox Press.

14　Ibid., 27.

15　Carolyn Osiek and David L. Balch, *Families in the New Testament World: Households and House Churches* (Louisville, KY: Westminster John Knox Press, 1997), 210–14.

16　Garland, 29.

17　John R. Gillis, A *World of Their Own Making: Myth, Ritual, and the Quest for Family Values* (Cambridge, MA: Harvard University Press, 1997), 10.

18　Donald M. Scott and Bernard W. Wishy, eds., America's Families: *A Documentary History* (New York: Harper & Row Publishers, 1982), 2–8.

19　Alex Liazos, *Families: Joys, Conflicts, and Changes* (New York: Routledge, 2015), 15.

20　Ibid., 14.

21　Allan Kulikoff, *From British Peasants to Colonial American Farmers* (Chapel Hill, NC: The University of North Carolina Press, 2000), 227-29.

22　Liazos, 31.

23 Anne M. Boylan, *Sunday School: The Formation of an American Institution, 1790-1880*, Revised (New Haven: Yale University Press, 1990), 6–7; Pamela Mitchell Legg, "The Work of Christian Education in the Seminary and the Church: Then (1812) and Now (2012)," *Interpretation* 66, no. 4 (October 1, 2012): 425, *https://doi.org/10.1177/0020964312451420*.

24 Liazos, 17–20.

25 Garland, 42.

第２章

1 親としての召命を感じながらも、不妊や流産、命の喪失という壁に直面している人たちに、ここで真心からの一言を贈ります。私たちの心はあなたと共に悲しんでいます。あなたが見捨てられることはありません。

2 大人数の前で祈るとき、私は神を父親として言及することに注意を払うようにしています。聞く人によっては、耳を傾けたくなくなる人もいるからです。

3 Frank Newport, "In U.S., Estimate of LGBT Population Rises to 4.5%," Gallup.com, May 22, 2018, https://news.gallup.com/poll/234863/estimate-lgbt-population-rises.aspx.

4 Gary Gates, "LGBT Parenting in the United States" (The Williams Institute, February 26, 2013), https://williamsinstitute.law.ucla.edu/research/census-lgbt-demographics-studies/lgbt-parenting-in-the-united-states/.Gates.

5 Ibid.

6 American Academy of Child & Adolescent Psychiatry, "Children with Lesbian, Gay, Bisexual and Transgender Parents," *Facts for Families*, August 2013.

7 L. Saffron, "Raising Children in an Age of Diversity-Advantages of Having a Lesbian Mother," *Journal of Lesbian Studies* 2, no. 4 (1998): 35–47, https://doi.org/10.1300/J155v02n04_04.

8 Sherri Sasnett, "Are the Kids All Right? A Qualitative Study of Adults with Gay and Lesbian Parents," *Journal of Contemporary Ethnography* 44, no. 2 (April 1, 2015): 196–222,https://doi.org/10.1177/0891241614540212.

9 Wendy D. Manning, Marshal Neal Fettro, and Esther Lamidi, "Child Well-Being in Same-Sex Parent Families: Review of Research Prepared for American Sociological Association Amicus Brief," *Population Research and Policy Review* 33, no. 4 (August 1, 2014): 485-502, https://doi.org/10.1007/s11113-014-9329-6.

10 Valerie Q. Glass and April L. Few-Demo, "Complexities of Informal Social Support Arrangements for Black Lesbian Couples," *Family Relations* 62, no. 5 (2013): 714–26, https://doi.org/10.1111/fare.12036.

11 3人の養子の母親であり、Adoption Assistance, Inc.の養子専門家であるエイミー・キネルと、里親であり子ども担当牧師、そして友人でもあるクリスティーナ・ホワイトに、これから話す経験とアドバイスについて特別な感謝をささげます。

12 Lynette M. Henry, Julia Bryan, and Carlos P. Zalaquett, "The Effects of a Counselor-Led, Faith-Based, School–Family–Community Partnership on Student Achievement in a High-Poverty Urban Elementary School," *Journal of Multicultural Counseling and Development* 45, no. 3 (2017): 162–82, https://doi.org/10.1002/jmcd.12072.

13 https://www.nami.org/Learn-More/Mental-Health-By-the-Numbers

14 Stephen P. Hinshaw, "The Stigmatization of Mental Illness in Children and Parents: Developmental Issues, Family Concerns, and Research Needs," *Journal of Child Psychology and Psychiatry* 46, no. 7 (2005): 714–34, https://doi.org/10.1111/j.1469-7610.2005.01456.x

15 National Alliance on Mental Illness, "Know the Warning Signs," accessed September 30, 2019, https://www.nami.org/Learn-More/Know-the-Warning-Signs.

16 Hinshaw, "The Stigmatization of Mental Illness in Children and Parents."

第３章

1 Catherine Stonehouse, *Joining Children on the Spiritual Journey: Nurturing a Life of Faith* (Grand Rapids, MI: Baker Academic, 1998), 11–12.

2 Rachel Leproult and Eve Van Cauter, "Role of Sleep and Sleep Loss in Hormonal Release and Metabolism," *Endocrine Development* 17 (2010): 11–21, https://doi.org/10.1159/000262524.

3 UN General Assembly, "Universal Declaration of Human Rights," 1948, https://www.un.org/en/universal-declaration-human-rights/index.html.

4 Elise Gould and Cooke Tanyell, "High Quality Child Care Is out of Reach for Working Families," *Economic Policy Institute* (blog), October 6, 2015, https://www.epi.org/publication/child-care-affordability/.

5 James W. Fowler, *Faithful Change: The Personal and Public Challenges of Postmodern Life* (Nashville: Abingdon Press, 2000), 58.

6 James W. Fowler, *Stages of Faith: The Psychology of Human Development and the Quest for Meaning* (San Francisco: Harper & Row, 1981), 129–30.

7 Ibid., 133-34.

8 Sofia Cavalletti et al., *The Good Shepherd and the Child: A Joyful Journey*, 1st edition (Chicago: Liturgy Training Publications, 1994), 14.

9 Sofia Cavalletti, *The Religious Potential of the Child: Experiencing Scripture and Liturgy With Young Children*, trans. Patricia M. Coulter and Julie M. Coulter, 2nd edition (Chicago: Liturgy Training Publications, 1992), 22.

10 David Hay and Rebecca Nye, *The Spirit of the Child*, Revised (London: Jessica Kingsley Publishers, 2006), 113–14.

11 Stonehouse, *Joining Children on the Spiritual Journey*, 21.

12 Ibid.

13 American Academy of Pediatrics, "Child Abuse and Neglect," HealthyChildren.org, 2018, http://www.healthychildren.org/English/safety-prevention/at-home/Pages/What-to-Know-about-Child-Abuse.aspx.

14 US Department of Health and Human Services, "Child Maltreatment 2017," 2019, 20.

15 Ibid., 25–26.

16 Andrew S. Denney, Kent R. Kerley, and Nickolas G. Gross, "Child Sexual Abuse in Protestant Christian Congregations: A Descriptive Analysis of Offense and Offender Characteristics," *Religions* 9, no. 1 (January 2018): 7, https://doi.org/10.3390/rel9010027.

17 Child Welfare Information Gateway, "What Is Child Abuse and Neglect? Recognizing the Signs and Symptoms" (U.S. Department of Health & Human Services, Administration for Children and Families, Administration on Children, Youth, and Families, Children's Bureau, 2019), 5–6, https://www.childwelfare.gov/pubs/factsheets/whatiscan/.

18 Ibid., 3.

19 Ibid..

20 Ibid.

21 Child Welfare Information Gateway, "Clergy as Mandatory Reporters of Child Abuse and Neglect" (U.S. Department of Health & Human Services, Administration for Childrenand Families, Administration on Children, Youth, and Families, Children's Bureau, 2019), https://www.childwelfare.gov/topics/systemwide/laws-policies/statutes/clergymandated/.

22 Denney, Kerley, and Gross, "Child Sexual Abuse in Protestant Christian Congregations."

23 Marilyn Metzler et al., "Adverse Childhood Experiences and Life Opportunities: Shifting the Narrative," *Children and Youth Services Review*, Economic Causes and Consequences of Child Maltreatment, 72 (January 1, 2017): 141–49, https://doi.org/10.1016/j.childyouth.2016.10.021.

24 Robert F. Anda et al., "Building a Framework for Global Surveillance of the Public Health Implications of dverse Childhood Experiences," *American Journal of Preventive Medicine* 39, no. 1 (July 2010): 93–98, https://doi.org/10.1016/j.amepre.2010.03.015.

25 V. J. Felitti et al., "Relationship of Childhood Abuse and Household Dysfunction to Many of the Leading Causes of Death in Adults. The Adverse Childhood Experiences (ACE) Study," *American Journal of Preventive Medicine* 14, no. 4 (May 1998): 245–58.

26 National Alliance on Mental Illness, "Closing the Gap for Children's Mental Health," May 8, 2012, https://www.nami.org/Blogs/NAMI-Blog/May-2012/Closing-the-Gap-for-Children-s-Mental-Health.

27 J. Ron Nelson et al., "Academic Achievement of K-12 Students With Emotional and Behavioral Disorders," *Exceptional Children* 71, no. 1 (2004): 59–73.

28 Berit Hjelde Hansen et al., "Non-Obsessive-Compulsive Anxiety Disorders in Child and Adolescent Mental Health Services--Are They Underdiagnosed, and How Accurate Is Referral Information?," *Nordic Journal of Psychiatry* 70, no. 2 (2016): 133–39, https://doi.org/10.3109/08039488.2015.1061 053

29 Mireille Silcoff, "A Mother's Journey Through the Unnerving Universe of 'Unboxing' Videos," *The New York Times*, January 19, 2018, https://www.nytimes.com/2014/08/17/magazine/a-mothers-journey-through-the-unnerving-universe-of-unboxing-videos.html.

30 Brian L. Wilcox et al., "Report of the APA Task Force on Advertising and Children" (American Psychological Association, 2004), https://www.apa.org/pi/families/resources/advertising-children.pdf.

31 Rozendaal, Esther, Buijzen, Moniek, and Valkenburg, Patti. Children's understanding of advertiser's persuasive tactics. *International Journal of Advertising*, 2011, 30(2): 329–350.

32 L. Musu-Gillette et al., "Indicators of School Crime and Safety: 2017" (National Center for Education Statistics, March 2018), https://nces.ed.gov/pubs2018/2018036.pdf.

33 Meredith Edgar-Bailey and Victoria E. Kress, "Resolving Child and Adolescent Traumatic Grief: Creative Techniques and Interventions," *Journal of Creativity in Mental Health* 5, no. 2 (2010): 158–76.

34 聖なる傾聴の資料は https://www.leanne-hadley.com/holy-listening 参照。

35 Bridget Murray Law, "Biting Questions," *Monitor on Psychology*, February 2011.

36 Robin H. Lock and Kelly Prestia, "Incorporate Sensory Activities and Choices Into the Classroom," *Intervention in School and Clinic* 39, no. 3 (January 1, 2004): 172–75, https://doi.org/10.1177/10534 512204039003701; Barbara Wilmes et al., "Coming to Our Senses: Incorporating Brain Research Findings into Classroom Instruction," *Education* 128, no. 4 (2008): 659–66.

37 Cavalletti, *The Religious Potential of the Child*, 23.

第4章

1 Eveline A. Crone and Ronald E. Dahl, "Understanding Adolescence as a Period of Social-Affective Engagement and Goal Flexibility," *Nature Reviews. Neuroscience* 13, no. 9 (2012): 636, https://doi.org/10.1038/nrn3313.

2 Ibid., 637.

3 Ibid., 640.

4 Annette Bohn, "Generational Differences in Cultural Life Scripts and Life Story Memories of Younger and Older Adults," *Applied Cognitive Psychology* 24, no. 9 (2010): 1325, https://doi.org/10.1002/acp.1641.

5 Ibid.

6 Julie Y. Takishima-Lacasa et al., "Self-Consciousness and Social Anxiety in Youth: The Revised Self-Consciousness Scales for Children," *Psychological Assessment* 26, no. 4 (December 2014): 1292–1306, https://doi.org/10.1037/a0037386.

7 Amanda Sheffield Morris et al., "Adolescent Brain Development: Implications for Understanding Risk and Resilience Processes Through Neuroimaging Research," *Journal of Research on Adolescence* 28, no. 1 (2018): 4–9, https://doi.org/10.1111/jora.12379.

8 Joanna H. Bell and Rachel D. Bromnick, "The Social Reality of the Imaginary Audience: A Grounded Theory Approach," *Adolescence* 38, no. 150 (2003): 215.

9 Ibid., 206.

10 David Buckingham et al., "Sexualised Goods Aimed at Children: A Report to the Scottish Parliament Equal Opportunities Committee," January 1, 2010.

11 Jessica H. Baker et al., "Body Dissatisfaction in Adolescent Boys," *Developmental Psychology* 55, no. 7 (n.d.): 1566–78.

12 Eric Strother et al., "Eating Disorders in Men: Underdiagnosed, Undertreated, and Misunderstood," *Eating Disorders* 20, no. 5 (2012): 346–55, https://doi.org/10.1080/10640266.2012.715512.

13 Buckingham.

14 Jo Eberhardt, "My Parenting Post Went Viral," *The Happy Logophile* (blog), January 7, 2019, https://joeberhardt.com/2019/01/07/my-parenting-post-went-viral/.

15 Catherine Stonehouse, *Joining Children on the Spiritual Journey: Nurturing a Life of Faith* (Grand Rapids, MI: Baker Academic, 1998), 37

16 Erik Porfeli and Bora Lee, *Career Development during Childhood and Adolescence*, vol. 2012, 2012, 11, https://doi.org/10.1002/yd.20011.

17 Guttmacher Institute, "Adolescent Sexual and Reproductive Health in the United States," Guttmacher Institute, September 2017, https://www.guttmacher.org/fact-sheet/american-teens-sexual-and-reproductive-health.

18 Monica McGoldrick, Nydia A. Garcia Preto, and Betty A. Carter, *The Expanding Family Life Cycle: Individual, Family, and Social Perspectives*, 5th edition (Boston: Pearson, 2015). 122–23

19 Alexa Hach and Susan Roberts-Dobie, "'Give Us the Words': Protestant Faith Leaders and Sexuality Education in Their Churches," *Sex Education* 16, no. 6 (November 1, 2016): 629, https://doi.org/10.1080/14681811.2016.1151778.

20 Heather D. Boonstra, "Matter of Faith: Support for Comprehensive Sex Education Among Faith-Based Organizations," Guttmacher Institute, March 5, 2008, 21, https://www.guttmacher.org/gpr/2008/02/matter-faith-support-comprehensive-sex-education-among-faith-based-organizations.

21 Camille Garceau and Scott T. Ronis, "The Interface between Young Adults' Religious Values and Their Sexual Experiences before Age 16," *The Canadian Journal of Human Sexuality*, July 31, 2017, 142–50, https://doi.org/10.3138/cjhs.262-a6.

22 Boonstra, 21.

23 Ibid., 22.

24 Jennifer Manlove et al., "Pathways from Family Religiosity to Adolescent Sexual Activity and Contraceptive Use," *Perspectives on Sexual and Reproductive Health* 40, no. 2 (June 2008): 105, https://doi.org/10.1363/4010508.

25 Ibid., 114.

26 Cherie L. Wooden and Frances R. Anderson, "Engaging Parents in Reproductive Health Education: Lessons Learned Implementing a Parent Designed, Peer-Led Educational Model for Parents of Preteens," *American Journal of Sexuality Education* 7, no. 4 (October 1, 2012): 464, https://doi.org/10.1080/15546128.2012.740963.

27 Ibid., 462.

28 Carol R. Freedman-Doan et al., "Faith-Based Sex Education Programs: What They Look like and Who Uses Them," *Journal of Religion and Health* 52, no. 1 (March 2013): 247, https://doi.org/10.1007/s10943-011-9463-y.

29 McGoldrick, Preto, and Carter, 140.

30 Gu Li, Karson T. F. Kung, and Melissa Hines, "Childhood Gender-Typed Behavior and Adolescent Sexual Orientation: A Longitudinal Population-Based Study," *Developmental Psychology* 53, no. 4 (2017): 764–77, https://doi.org/10.1037/dev0000281.

31 Gilbert Herdt and Martha McClintock, "The Magical Age of 10," *Archives of Sexual Behavior* 29, no. 6 (December 1, 2000): 587–606, https://doi.org/10.1023/A:1002006521067.

32 Heather L. Corliss et al., "Age of Minority Sexual Orientation Development and Risk of Childhood Maltreatment and Suicide Attempts in Women," *The American Journal of Orthopsychiatry* 79, no. 4 (October 2009): 511–21, https://doi.org/10.1037/a0017163.

33 McGoldrick, Preto, and Carter, 140.

34 Ibid., 147–48.

第5章

1　Mark H. Senter III, "A History of Youth Ministry Education in the USA," *Journal of Adult Theological Education* 11, no. 1 (2014): 46–60.

2　Karen Gilmore and Pamela Meersand, *The Little Book of Child and Adolescent Development*, 1st edition (Oxford: Oxford University Press, 2014), 125.

3　Ibid., 130.

4　Susan Eva Porter, *Relating to Adolescents: Educators in a Teenage World* (Lanham, MD: Rowman & Littlefield Education, 2009), 4.

5　Gilmore and Meersand, 131.

6　Ibid., 159–60.

7　Kara E. Powell and Chap Clark, *Sticky Faith: Everyday Ideas to Build Lasting Faith in Your Kids* (Grand Rapids, MI: Zondervan, 2011), 53–54.

8　Gilmore and Meersand, 124.

9　Powell and Clark, 176.

10　Porter, 12.

11　Michael Rutter, "Psychopathological Development Across Adolescence," *Journal of Youth and Adolescence* 36, no. 1 (January 1, 2007): 101–10, https://doi.org/10.1007/s10964-006-9125-7.

12　Powell and Clark, 52.

13　Vicky Duckworth et al., *Understanding Behaviour* 14+ (Maidenhead: Open University Press, 2012), 56–60.

14　Powell and Clark, 177–78.

15　Duckworth et al., 59–60.

16　Ibid., 72–73.

17　Porter, 14.

18　Christian Smith and Melina Lundquist Denton, *Soul Searching: The Religious and Spiritual Lives of American Teenagers* (Oxford: Oxford University Press, 2009), 56.

19　Ibid., 31–34.

20　Powell and Clark, 23–24.

21　Ibid., 71.

22　Porter, 66–82.

23　Senter III, 57.

24　Powell and Clark, 72.

25　Smith and Denton, 54.

26　Andrew Root and Kenda Creasy Dean, *The Theological Turn in Youth Ministry* (Downers Grove, IL: InterVarsity Press, 2011), 91–93.

27　Jacob Sorenson, "The Summer Camp Experience and Faith Formation of Emerging Adults," *Journal of Youth Ministry* 13, no. 1 (Fall 2014): 37.

28　Monica McGoldrick, Nydia A. Garcia Preto, and Betty A. Carter, *The Expanding Family Life Cycle: Individual, Family, and Social Perspectives*, 5th edition (Boston: Pearson, 2015), 305.

29　Root and Dean, 9.

30　Monica Anderson and Jingjing Jiang, "Teens' Social Media Habits and Experiences," Pew Research Center, November 28, 2018, https://www.pewinternet.org/2018/11/28/teens-social-media-habits-and-experiences/.

31　Monica Anderson and Jingjing Jiang, "Teens, Social Media & Technology 2018," Pew Research Center, May 31, 2018, https://www.pewinternet.org/2018/05/31/teens-social-media-technology-2018/.

32　Monica Anderson, "A Majority of Teens Have Experienced Some Form of Cyberbullying," Pew Research Center, September 27, 2018, https://www.pewinternet.org/2018/09/27/a-majority-of-teens-have-experienced-some-form-of-cyberbullying/.

33　Center for Disease Control. https://www.cdc.gov.

34　Ibid.

35 Thomas J. Schofield et al., "Intergenerational Continuity in Adverse Childhood Experiences and Rural Community Environments," *American Journal of Public Health* 108, no. 9 (September 2018): 1148–52, https://doi.org/10.2105/AJPH.2018.304598.

36 Thomas J. Schofield, Rosalyn D. Lee, and Melissa T. Merrick, "Safe, Stable, Nurturing Relationships as a Moderator of Intergenerational Continuity of Child Maltreatment: A Meta-Analysis," *The Journal of Adolescent Health* 53, no. 4 (October 2013): S32–38,

37 Powell and Clark, 180.

38 Ibid., 183.

39 Kate Ott. Sex + Faith: *Talking with Your Child from Birth to Adolescence* (Louisville, KY: Westminster John Knox Press, 2013)

40 Ibid., 128.

41 Renée Perrin-Wallqvist and Josephine Lindblom, "Coming out as Gay: A Phenomenological Study about Adolescents Disclosing Their Homosexuality to Their Parents," *Social Behavior and Personality* 43, no. 3 (January 22, 2015): 467–480, https://doi.org/10.2224/sbp.2015.43.3.467.

42 Cody J. Sanders, *A Brief Guide to Ministry with LGBTQIA Youth* (Louisville, KY: Westminster John Knox Press, 2017), 8.

43 Ibid., 20.

44 Ibid., 25.

45 Ibid., 68.

46 Ibid., 72.

47 Ibid.

48 Ibid., 77.

49 Ibid., 86–7.

50 Ibid., 10.

51 McGoldrick, Preto, and Carter, 122.

52 Ott, Sex + *Faith*, 128.

53 Ott, Sex + *Faith*, 128–9.

54 Root and Dean, 85–88.

55 Robert C. Dykstra, "Ministry with Adolescents: Tending Boundaries, Telling Truths," *Pastoral Psychology* 62, no. 5 (October 1, 2013): 639–47, https://doi.org/10.1007/s11089-013-0509-9.

56 Kate Ott, "Using Sex + Faith as a Parent and Teen Sunday School Curriculum," </Kate> (blog), September 19, 2014, http://kateott.org/using-sex-faith-as-a-parent-andteen-sunday-school-curriculum/.

第6章

1 Brett Scott Provance, *Pocket Dictionary of Liturgy & Worship* (Downers Grove, IL: InterVarsity Press, 2009), 79.

2 Ibid., 110.

3 Catherine Stonehouse, *Joining Children on the Spiritual Journey: Nurturing a Life of Faith* (Grand Rapids, MI: Baker Academic, 1998), 40.

4 Kara E. Powell and Chap Clark, *Sticky Faith: Everyday Ideas to Build Lasting Faith in Your Kids* (Grand Rapids, MI: Zondervan, 2011), 129–36.

第7章

1 Kara E. Powell and Chap Clark, *Sticky Faith: Everyday Ideas to Build Lasting Faith in Your Kids* (Grand Rapids, MI: Zondervan, 2011), 118.

2 MennoMedia, "Faith Markers: Marking Each Child's Faith Journey" (MennoMedia), 2, accessed July 23, 2019, https://www.faithandliferesources.org/Curriculum/FaithMarkers/pdf/FaithMarkersMin.pdf.

3 Fraser N. Watts, Rebecca Nye, and Sara B. Savage, *Psychology for Christian Ministry* (London: Routledge, 2002), 77–78.

4　David Hindman, "An Order for Blessing New Drivers," Discipleship Ministries, 2013, https://www. umcdiscipleship.org/resources/an-order-for-blessing-new-drivers.

第8章

1　Marc Shell, "Moses' Tongue," *Common Knowledge* 12, no. 1 (January 4, 2006): 150–76. 2 Genesis 32:22-31.

2　Genesis 32:22-31.

3　Stephen K. Mathew and Jeyaraj D. Pandian, "Newer Insights to the Neurological Diseases Among Biblical Characters of Old Testament," *Annals of Indian Academy of Neurology* 13, no. 3 (July 2010): 164–66, https://doi.org/10.4103/0972-2327.70873.

4　Martijn Huisman, "King Saul, Work-Related Stress and Depression," *Journal of Epidemiology and Community Health* 61, no. 10 (October 2007): 890, https://doi.org/10.1136/jech.2007.066522.

5　Candida Moss, "Biblical Families: Families Have Never Been Just a Mom, Dad, and 2.5 Children," *U.S. Catholic* 83, no. 4 (April 2018): 17–19.

6　2 Samuel 4:4.

7　Amos Yong, "Zacchaeus: Short and Un-Seen," *Christian Reflection: A Series in Faith and Ethics— Disability*, 2012, 11–17.

8　United States Department of Justice Civil Rights Division, "Americans with Disabilities Act of 1990, AS AMENDED with ADA Amendments Act of 2008," accessed August 14, 2019, https:// www.ada.gov/pubs/adastatute08.htm#12102.

9　American Psychiatric Association, "What Is Mental Illness?," accessed August 14, 2019, https:// www.psychiatry.org/patients-families/what-is-mental-illness.

10　Heather Avis, *Scoot Over and Make Some Room* (Grand Rapids, MI: Zondervan, 2019), 105–12.

11　Kathleen R. Bogart, Nicole M. Rosa, and Michael L. Slepian, "Born That Way or Became That Way: Stigma toward Congenital versus Acquired Disability," *Group Processes & Intergroup Relations* 22, no. 4 (June 1, 2019): 4, https://doi.org/10.1177/1368430218757897.

12　Catherine A. Okoro et al., "Prevalence of Disabilities and Health Care Access by Disability Status and Type Among Adults — United States, 2016," *Morbidity and Mortality Weekly Report* 67, no. 32 (2018): 882–87, https://doi.org/10.15585/mmwr.mm6732a3.

13　Sandra Peoples, "Reflections on the #disablityinchurch Discussion," Key Ministry (blog), accessed October 28, 2019, https://www.keyministry.org/church4everychild/2017/4/27/disability-in-church.

第10章

1　Walter W. Wymer, "Strategic Marketing of Church Volunteers," *Journal of Ministry Marketing & Management* 4, no. 1 (April 8, 1998): 1–11, https://doi.org/10.1300/J093v04n01_01.

2　Walter W. Wymer and Becky J. Starnes, "Conceptual Foundations and Practical Guidelines for Recruiting Volunteers to Serve in Local Nonprofit Organizations: Part I," *Journal of Nonprofit & Public Sector Marketing* 9, no. 1–2 (January 10, 2001): 63–96, https://doi.org/10.1300/ J054v09n01_05.

3　Nancy L. Macduff, "Managing Older Volunteers: Implications for Faith-Based Organizations," *Journal of Religious Gerontology* 16, no. 1–2 (January 3, 2004): 107–22, https://doi.org/10.1300/ J078v16n01_07.

4　Jennifer Hoffman and Edward Miller, "Engaging with Volunteers," *NonProfit Times* 32, no. 9 (September 2018): 14.

5　Rebecca Nesbit, Robert K. Christensen, and Jeffrey L. Brudney, "The Limits and Possibilities of Volunteering: A Framework for Explaining the Scope of Volunteer Involvement in Public and Nonprofit Organizations: The Limits and Possibilities of Volunteering: A Framework for Explaining the Scope of Volunteer Involvement in Public and Nonprofit Organizations," *Public Administration Review* 78, no. 4 (July 2018): 502–13, https://doi.org/10.1111/puar.12894.

6　Stephanie T. Solansky et al., "On the Same Page: The Value of Paid and Volunteer Leaders Sharing Mental Models in Churches," *Nonprofit Management and Leadership* 19, no. 2 (September 2008): 203–19, https://doi.org/10.1002/nml.215.

7　安全な聖域について、詳しくは *https://www.umcdiscipleship.org/equipping-leaders/safe-sanctuaries.*

8　Child Welfare Information Gateway, "What Is Child Abuse and Neglect? Recognizing the Signs and Symptoms" (U.S. Department of Health & Human Services, Administration for Children and Families, Administration on Children, Youth, and Families, Children's Bureau, 2019), https://www.childwelfare.gov/pubs/factsheets/whatiscan/.

9　Mark A. Hagar and Jeffrey L. Brudney, "Volunteer Management Practices and Retention of Volunteers," Technical, Volunteer Management Capacity Study Series (Washington, D.C.: The Urban Institute, June 2004).

第11章

1　Diana R. Garland, Family Ministry: *A Comprehensive Guide*, 2nd edition (Downers Grove, IL: IVP Academic, 2012), 70.

2　Ibid., 72.

3　Monica McGoldrick, Nydia A. Garcia Preto, and Betty A. Carter, *The Expanding Family Life Cycle: Individual, Family, and Social Perspectives*, 5th edition (Boston: Pearson, 2015), 260.

4　Ibid.

5　Ibid., 261.

6　Ibid., 377.

7　Garland, Family Ministry, 169.

8　Ibid., 259.

9　Ibid., 252.

10　Kevin M. Watson, *Pursuing Social Holiness: The Band Meeting in Wesley's Thought and Popular Methodist Practice*, 1st Edition (Oxford: Oxford University Press', 2014), 72–98.

11　Neal F. McBride, *How to Lead Small Groups* (Colorado Springs, CO: NavPress, 1990), 46–48.

12　Ibid., 94.

13　Zappia, Ron & Jody. *The Marriage Knot: 7 Choices that Keep Couples Together*, Moody Publishers: Chicago, IL, 2019, pp 27-46.

14　The reThinkGroup, host, "How Transparency Can Save Marriages in Your Church," The Think Orange Podcast (podcast), February 5, 2019, accessed November 11, 2019, http://orangeblogs.org/thinkorangepodcast/081-how-transparency-can-save-marriages-in-your-church/.

15　Garland, *Family Ministry*, 227.

16　McGoldrick, Preto, and Carter, *The Expanding Family Life Cycle*, 264.

17　Garland, *Family Ministry*, 169-173.

18　Mary Ellen Konieczny, "Individualized Marriage and Family Disruption Ministries inCongregations: How Culture Matters," *Sociology of Religion* 77, no. 2 (June 2016): 144–70,https://doi.org/10.1093/socrel/srw010.

19　Garland, *Family Ministry*, 231.

20　McGoldrick, Preto, and Carter, *The Expanding Family Life Cycle*, 376.

21　Ibid., 259.

22　Ibid., 380.

23　Garland, *Family Ministry*, 226–27.

24　Ibid., 227.

25　McGoldrick, Preto, and Carter, *The Expanding Family Life Cycle*, 380–81.

26　Garland, *Family Ministry*, 228.

27　Ibid., 234.

28　Ibid.

第12章

1　Catherine N. Dulmus and Carolyn Hilarski, "When Stress Constitutes Trauma and Trauma Constitutes Crisis: The Stress-Trauma-Crisis Continuum," *Brief Treatment and Crisis Intervention* 3, no. 1 (March 1, 2003): 27–36, https://doi.org/10.1093/brief-treatment/mhg008.

2   Richard S. Lazarus, "Puzzles in the Study of Daily Hassles," *Journal of Behavioral Medicine* 7, no. 4 (December 1984): 376, https://doi.org/10.1007/BF00845271.

3   A. Baum, "Stress, Intrusive Imagery, and Chronic Distress," *Health Psychology: Official Journal of the Division of Health Psychology, American Psychological Association* 9, no. 6 (1990): 653–75.

4   Dulmus and Hilarski, "When Stress Constitutes Trauma and Trauma Constitutes Crisis," 29.

5   Ibid., 30.

6   Diana R. Garland, Family Ministry: *A Comprehensive Guide*, 2nd edition (Downers Grove, IL: IVP Academic, 2012), 259.

7   Lucy Johnstone and Mary Boyle, "The Power Threat Meaning Framework: An Alternative Nondiagnostic Conceptual System," *Journal of Humanistic Psychology*, August 5, 2018, 187, https://doi.org/10.1177/0022167818793289.

8   Cathy Kezelman and Pam Stavropoulos, "'The Last Frontier'—Practice Guidelines for Treatment of Complex Trauma and Trauma Informed Care and Service Delivery" (Blue Knot Foundation (Formerly Adults Surviving Child Abuse), 2012), 14.

9   Garland, 258.

10 James N. Meindl and Jonathan W. Ivy, "Mass Shootings: The Role of the Media in Promoting Generalized Imitation," *American Journal of Public Health* 107, no. 3 (March 2017): 368–70, https://doi.org/10.2105/AJPH.2016.303611.

11 Garland, 12.

12 Monica McGoldrick, Nydia A. Garcia Preto, and Betty A. Carter, *The Expanding Family Life Cycle: Individual, Family, and Social Perspectives*, 5th edition (Boston: Pearson, 2015), 498.

13 Ibid., 493.

14 Ibid., 159.

15 Stephen B. Roberts et al., "Compassion Fatigue Among Chaplains, Clergy, and Other Respondents After September 11th," *Journal of Nervous and Mental Disease* 191, no. 11 (2003): 756–58, https://doi.org/10.1097/01.nmd.0000095129.50042.30.

16 Debra Larsen and Beth Hudnall Stamm, "Professional Quality of Life and Trauma Therapists," in *Trauma, Recovery, and Growth: Positive Psychological Perspectives on Posttraumatic Stress* (Hoboken, NJ, US: John Wiley & Sons Inc, 2008), 275–93.

17 Ekundayo A. Sodeke-Gregson, Sue Holttum, and Jo Billings, "Compassion Satisfaction, Burnout, and Secondary Traumatic Stress in UK Therapists Who Work with Adult Trauma Clients," *European Journal of Psychotraumatology* 4 (December 30, 2013), https://doi.org/10.3402/ejpt.v4i0.21869.

18 John P. Wilson, "PTSD and Complex PTSD: Symptoms, Syndromes and Diagnoses," in *Assessing Psychological Trauma and PTSD*, ed. John P. Wilson and Terence M. Keane, 2nd Edition (New York, NY: Guilford Publications, 2004), 7–44.

19 Sodeke-Gregson, Holttum, and Billings, "Compassion Satisfaction, Burnout, and Secondary Traumatic Stress in UK Therapists Who Work with Adult Trauma Clients."

20 Ibid.

21 McGoldrick, Preto, and Carter, 455.

22 Rachel N. Lipari and Struther L. Van Horn, "Children Living with Parents Who Have a Substance Use Disorder," Substance Abuse and Mental Health Services Administration, 2017, https://www.samhsa.gov/data/report/children-living-parents-who-have-substanceuse-disorder.

23 McGoldrick, Preto, and Carter, 461.

24 Ibid., 455.

25 Ibid., 454.

26 "Principles of Adolescent Substance Use Disorder Treatment: A Research-Based Guide" (National Institute on Drug Abuse, 2014), https://www.drugabuse.gov/publications/principles-adolescent-substance-use-disorder-treatment-research-based-guide/frequently-asked-questions/what-are-signs-drug-use-in-adolescents-what-role-can-parents-play-in-getting-treatment.

27 "Alcohol Use Disorder - Symptoms and Causes," Mayo Clinic, accessed September 20, 2019, https://www.mayoclinic.org/diseases-conditions/alcohol-use-disorder/symptoms-causes/syc-20369243.

28 McGoldrick, Preto, and Carter, 360.

29 Ibid., 361.

30 Atle Dyregrov, Grief in Children: *A Handbook for Adults*, 2nd ed. (London, England: Jessica Kingsley Publishers, 2008), 15.

31 Ibid., 17–18.

32 Kate Braestrup, "The House of Mourning," The Moth Radio Hour (podcast), July 21, 2015, accessed November 11, 2019, https://themoth.org/stories/the-house-of-mourning.

33 Dyregrov, 19–20.

34 Ibid., 20–21.

35 McGoldrick, Preto, and Carter, 363.

36 Connie Goldsmith, *Understanding Suicide: A National Epidemic* (Minneapolis: Twenty-First Century Books, 2016), 6–7.

37 Ibid., 10.

38 Dyregrov, 63.

39 Goldsmith, 11–12.

40 Garland, 408.

41 Tommy MacKay, "False Allegations of Child Abuse in Contested Family Law Cases: The Implications for Psychological Practice," *Educational and Child Psychology* 31 (September 1, 2014): 85–96.

42 Philip Rumney, "False Allegations of Rape," *The Cambridge Law Journal* 65 (March 12, 2006), https://doi.org/10.1017/S0008197306007069.

43 Silvia M. Straka and Lyse Montminy, "Family Violence: Through the Lens of Power and Control," Journal of Emotional Abuse 8, no. 3 (August 26, 2008): 255–79, https://doi.org/10.1080/10926790802262499.

44 Nancy P. Kropf and Barbara L. Jones, "When Public Tragedies Happen: Community Practice Approaches in Grief, Loss, and Recovery," *Journal of Community Practice* 22, no. 3 (July 3, 2014): 281–98, https://doi.org/10.1080/10705422.2014.929539.

45 Ibid.

46 Matthew J. Friedman and Anica Mikus-Kos, eds., *Promoting the Psychosocial Well Being of Children Following War and Terrorism*, vol. 4, NATO Security through Science Series (Amsterdam: IOS Press, 2005).

第13章

1 Robert H Welch, Church Administration: *Creating Efficiency for Effective Ministry*. (Nashville: B & H Pub. Group, 2011), 27–28.

2 Ibid., 28–29.

3 "Staffing Your Ministry Strategically," Ministry Architects, August 27, 2018, https://ministryarchitects.com/staffing-your-ministry-strategically/.

4 Diana R. Garland, Family Ministry: *A Comprehensive Guide*, 2nd edition (Downers Grove, IL: IVP Academic, 2012), 540–41.

5 Garland.

6 Ibid.

7 Ibid.

8 Jennifer Thomas, "What to Say When Sorry Isn't Enough," April 18, 2018, https://www.drjenniferthomas.com/2018/04/18/say-sorry-isnt-enough/.

参考文献

American Academy of Child & Adolescent Psychiatry. "Children with Lesbian, Gay, Bisexual and Transgender Parents." *Facts for Families*, August 2013.

American Academy of Pediatrics. "Child Abuse and Neglect." Healthy-Children.org, 2018. *http://www.healthychildren.org/English/safety-prevention/at-home/Pages/What-to-Knowabout-Child-Abuse.aspx.*

American Psychiatric Association, "What Is Mental Illness?" accessed August 14, 2019, *https://www.psychiatry.org/patients-families/what-is-mental-illness.*

Anda, Robert F., Alexander Butchart, Vincent J Felitti, and David W. Brown. "Building a Framework for Global Surveillance of the Public Health Implications of Adverse Childhood Experiences." American Journal of Preventive Medicine 39, no. 1 (July 2010): 93–98. *https://doi.org/10.1016/j.amepre.2010.03.015.*

Anderson, Monica. "A Majority of Teens Have Experienced Some Form of Cyberbullying." Pew Research Center, September 27, 2018. *https://www.pewinternet.org/2018/09/27/a-majority-of-teens-have-experienced-some-form-of-cyberbullying/.*

Anderson, Monica, and Jingjing Jiang. "Teens, Social Media & Technology 2018." Pew Research Center, May 31, 2018. *https://www.pewinternet.org/2018/05/31/teens-social-media-technology-2018.*

-----. "Teens' Social Media Habits and Experiences," Pew Research Center, November 28, 2018. *https://www.pewinternet.org/2018/11/28/teens-social-media-habits-and-experiences/.*

Avis, Heather. *Scoot Over and Make Some Room.* Grand Rapids, MI: Zondervan, 2019.

Baker, Jessica H., M. K. Higgins Neyland, Laura M. Thornton, Cristin D. Runfola, Henrik Larsson, Paul Lichtenstein, and Cynthia Bulik. "Body Dissatisfaction in Adolescent Boys." *Developmental Psychology* 55, no. 7 (n.d.): 1566–78.

Baum, A. "Stress, Instrusive Imagery, and Chronic Distress." *Health Psychology: Official Journal of the Division of Health Psychology, American Psychological Association* 9, no. 6 (1990): 653–75.

Bell, Joanna H., and Rachel D. Bromnick. "The Social Reality of the Imaginary Audience: A Grounded Theory Approach." *Adolescence* 38, no. 150 (2003): 205–19.

Boer, Roland. "By Clans and Households: On the Malleability of the Kinship-Household in the Ancient Near East." *Memoria Ethnologica* 13, no. 48/49 (2013): 6–21.

Bogart, Kathleen R., Nicole M. Rosa, and Michael L. Slepian. "Born That Way or Became That Way: Stigma Toward Congenital versus Acquired Disability." *Group Processes & Intergroup Relations* 22, no. 4 (June 1, 2019): 594–612. *https://doi.org/10.1177/1368430218757897.*

Bohn, Annette, "Generational Differences in Cultural Life Scripts and Life Story Memories of Younger and Older Adults." *Applied Cognitive Psychology* 24, no. 9 (2010): 1324–45. https://doi.org/10.1002/acp.1641.

Boonstra, Heather D. "Matter of Faith: Support for Comprehensive Sex Education Among Faith-Based Organizations." Guttmacher Institute, March 5, 2008. *https://www.guttmacher.org/gpr/2008/02/matter-faith-support-comprehensive-sex-education-among-faith-based-organizations.*

Boylan, Anne M. Sunday School: *The Formation of an American Institution, 1790-1880.* Revised. New Haven: Yale University Press, 1990.

Braestrip, Kate, "The House of Mourning," The Moth Radio Hour (podcast), July 21, 2015, accessed November 11, 2019, *https://themoth.org/stories/the-house-of-mourning.*

Buckingham, David, Rebekah Willett, Sara Bragg, and Rachel Russell. "Sexualised Goods Aimed at Children: A Report to the Scottish Parliament Equal Opportunities Committee." January 1, 2010.

Cavalletti, Sofia. *The Religious Potential of the Child: Experiencing Scripture and Liturgy With Young Children.* Translated by Patricia M. Coulter and Julie M. Coulter. 2nd edition. Chicago: Liturgy Training Publications, 1992.

Cavelletti, Sofia, Patricia Coulter, Gianna Gobbi, and Silvana Q Montanaro. *The Good Shepherd and the Child: A Joyful Journey.* 1st edition. Chicago: Liturgy Training Publications, 1994.

Centers for Disease Control and Prevention. "About Adverse Childhood Experiences," April 15, 2019. *https://www.cdc.gov/violenceprevention/childabuseandneglect/acestudy/aboutace.html.*

Child Welfare Information Gateway. "Clergy as Mandatory Reporters of Child Abuse and Neglect." U.S. Department of Health & Human Services, Administration for Children and Families, Administration on Children, Youth, and Families, Childrens' Bureau, 2019. *https://www.childwelfare.gov/topics/systemwide/laws-policies/statutes/clergymandated/.*

-----. "What Is Child Abuse and Neglect? Recognizing the Signs and Symptoms." U.S. Department of Health & Human Services, Administration for Children and Families, Administration on Children, Youth, and Families, Childrens' Bureau, 2019. *https://www.childwelfare.gov/pubs/factsheets/whatiscan/.*

Corliss, Heather L., Susan D. Cochran, Vickie M. Mays, Sander Greenland, and Teresa E. Seeman. "Age of Minority Sexual Orientation Development and Risk of Childhood Maltreatment and Suicide Attempts in Women." *The American Journal of Orthopsychiatry* 79, no. 4 (October 2009): 511–21. *https://doi.org/10.1037/a0017163.*

Crone, Eveline A., and Ronald E. Dahl. "Understanding Adolescence as a Period of Social- Affective Engagement and Goal Flexibility." *Nature Reviews. Neuroscience* 13, no. 9 (2012): 636–50. *https://doi.org/10.1038/nrn3313.*

Denney, Andrew S., Kent R. Kerley, and Nikolas G. Gross. "Child Sexual Abuse in Protestant Christian Congregations: A Descriptive Analysis of Offense and Offender Characteristics." *Religions* 9, no. 1 (January 2018): 27. *https://doi.org/10.3390/rel9010027.*

Duckworth, Vicky, Karen Flanagan, Karen McCormack, and Jonathan Tummons. *Understanding Behaviour 14+.* Maidenhead: Open University Press, 2012.

Dulmas, Catherine N., and Carolyn Hilarski. "When Stress Constitutes Trauma and Trauma Constitutes Crisis: The Stress-Trauma-Crisis Continuum." *Brief Treatment and Crisis Intervention* 3, no. 1 (March 1, 2003): 27–36. *https://doi.org/10.1093/brief-treatment/ mhg008.*

Dyregrove, Atle. *Grief in Children: A Handbook for Adults.* 2nd ed. London, England: Jessica Kingsley Publishers, 2008.

Dykstra, Robert C. "Ministry with Adolescents: Tending Boundaries, Telling Truths." Pastoral Psychology 62, no. 5 (October 1, 2013): 639–47. *https://doi.org/10.1007/s11089-013-0509-9.*

Eberhardt, Jo. "My Parenting Post Went Viral." *The Happy Logophile* (blog), January 7, 2019. *https//joeberhardt.com/2019/01/07/my-parenting-post-went-viral/.*

Edgar-Bailey, Meredith, and Victoria E. Kress. "Resolving Child and Adolescent Traumatic Grief: Creative Techniques and Interventions." Journal of Creativity in Mental Health 5 no. 2 (2010): 158–76.

Elliott, J. H. "Temple versus Household in Luke-Acts: A Contrast in Social Institutions," *HTS Teologiese Studies / Theological Studies* 47, no. 1 (January 9, 1991): 88–120. *https://doi.org/10.4102/hts.v47i1.2356.*

Felitti, V. J., R. F. Anda, D. Nordenberg, D. F. Williamson, A. M. Spitz, V. Edwards, M. P. Koss, and J. S. Marks. "Relationship of Childhood Abuse and Household Dysfunction to Many of the Leading Causes of Death in Adults. The Adverse Childhood Experiences (ACE) Study." *American Journal of Preventive Medicine* 14, no. 4 (May 1998): 245–58.

Finer, Lawrence B., and Mia R. Zolna. "Unintended Pregnancy in the United States: Incidence and Disparities, 2006." *Contraception* 84, no. 5 (November 2011): 478–85. *https://doi.org/10.1016/j.contraception.2011.07.013.*

Fowler, James W. Faithful Change: *The Personal and Pubic Challenges of Postmodern Life.* Nashville: Abingdon Press, 2000.

-----. *Stages of Faith: The Psychology of Human Development and the Quest for Meaning.* San Francisco: Harper & Row, 1981.

Freedman-Doan, Carol R., Leanna Fortunato, Erin J. Henshaw, and Jacqueline M. Titus. "Faith-Based Sex Education Programs: What They Look Like and Who Uses Them." *Journal of Religion and Health* 52, no. 1 (March 2013): 247–62. *https://doi.org/10.1007/s10943-011-9463-y.*

Friedman, Matthew J., and Anica Mikus-Kos, eds. *Promoting the Psychosocial Well Being of Children Following War and Terrorism.* Vol. 4. NATO Security through Science Series. Amsterdam: IOS Press, 2005.

Garceau, Camille, and Scott T. Ronis. "The Interface Between Young Adults' Religious Values and Their Sexual Experiences Before Age 16." *The Canadian Journal of Human Sexuality*, July 31, 2017. *https://doi.org/10.3138/cjhs.262-a6.*

Garland, Diana R. Family Ministry: *A Comprehensive Guide.* 2nd edition. Downers Grove, IL: IVP Academic, 2012.

Gates, Gary. "LGBT Parenting in the United States." The Williams Institute, February 26, 2013. *https:// williamsinstitute.law.ucla.edu/research/census-lgbt-demographics-studies/lgbt-parenting-in-the-united-states/Gates.*

Gillis, John R. *A World of Their Own Making: Myth, Ritual, and the Quest for Family Values.* Cambridge, MA: Harvard Univerity Press, 1997.

Gilmore, Karen, and Pamela Meersand. *The Little Book of Child and Adolescent Development.* 1st edition. Oxford: Oxford University Press. 2014.

Glass, Valerie Q., and April L. Few-Demo. "Complexities of Informal Social Support Arrangements for Black Lesbian Couples." *Family Relations* 62, no. 5 (2013): 714–26. *https://doi.org/10.1111/ fare.12036.*

Goldsmith, Connie. *Understanding Suicide: A National Epidemic. Minneapolis*: Twenty-First Century Books, 2016.

Gould, Elise, and Cooke Tanyell. "High Quality Child Care Is Out of Reach for Working Families." Economic Policy Institute (blog), October 6, 2015. *https://www.epi.org/publication/child-care-affordability/.*

Guttmacher Institute. "Adolescent Sexual and Reproductive Health in the United States." Guttmacher Institute, September 2017. *https://www.guttmacher.org/fact-sheet-/american-teens-sexual-and-reproductive-health.*

Hach, Alexa, and Susan Roberts-Dobie. "Give Us the Words: Protestant Faith Leaders and Sexuality Education in Their Churches." Sex Education 16, no. 6 (November 1, 2016): 619–33. *https://doi.org /10.1080/14681811.2016.1151778.*

Hagar, Mark A., and Jeffrey L. Brudney. "Volunteer Management Practices and Retention of Volunteers." Technical Volunteer Management Capacity Study Series. Washington, D.C.: The Urban Institute, June 2004.

Hansen, Berit Hjelde, Beate Oerbeck, Benedicte Skirbekk, and Hanne Kristensen. "Non-Obsessive-Compulsive Anxiety Disorders in Child and Adolescent Mental Health Services–Are They Underdiagnosed, and How Accurate Is Referral Information?" *Nordic Journal of Psychiatry* 70, no. 2 (2016): 133–39. *https://doi.org/10.3109/08039488.2015.1061053.*

Hay, David, and Rebecca Nye. *The Spirit of the Child.* Revised. London: Jessica Kingsley Publishers, 2006.

Henry, Lynette M., Julia Bryan, and Carlos P. Zalaquett. "The Effects of a Counselor-Led,Faith-Based, School-Family-Community Partnership on Student Achievement in a High-Poverty Urban Elementary School." *Journal of Multicultural Counseling and Development* 45, no. 3 (2017): 162–82. *https://doi.org/10.1002/jmcd.12072.*

Herdt, Gilbert, and Martha McClintock. "The Magical Age of 10." *Archives of Sexual Behavior* 29, no. 6 (December 1, 2000): 587–606. *https://doi.org/10.1023/A:1002006521067.*

Hindman, David. "An Order for Blessing New Drivers." Discipleship Ministries, 2013. *https://www. umcdiscipleship.org/resources/an-order-for-blessing-new-drivers.*

Hinshaw, Stephen P. "The Stigmatization of Mental Illness in Children and Parents: Developmental Issues, Family Concerns, and Research Needs." *Journal of Child Psychology and Psychiatry* 46, no. 7 (2005): 714–34. *https://doi.org/10.1111/j.1469-7610.2005.01456.x.*

Hoffman, Jennifer, and Edward Miller. "Engaging with Volunteers." *NonProfit Times* 32, no. 9 (September 2018): 14.

Hughes, Michelle, and Whitney Tucker. "Poverty as an Adverse Childhood Experience." *North Carolina Medical Journal* 79, no. 2 (March 1, 2018): 124–26. *https://doi.org/10.18043/ ncm.79.2.124.*

Huisman, Martijn. "King Saul, Work-Related Stress and Depression." *Journal of Epidemology and Community Health* 61, no. 10 (October 2007): 890. *https://doi.org/10.1136/jech.2007.066522.*

Johnstone, Lucy, and Mary Boyle. "The Power Threat Meaning Framework: An Alternative Nondiagnostic Conceptual System." *Journal of Humanistic Psychology*, August 5, 2018. *https://doi. org/10.1177/0022167818793289.*

Kezelman, Cathy, and Pam Stravrospoulos. "'The Last Frontier'--Practice Guidelines for Treatment of Complex Trauma and Trauma Informed Care and Service Delivery." Blue Knot Foundation (Formerly Adults Surviving Child Abuse). 2012.

Konieczny, Mary Ellen. "Individualized Marriage and Family Disruption Ministries in Congregations: How Culture Matters." *Sociology of Religion* 77, no. 2 (June 2016): 144–70. *https://doi.org/10.1093/ socrel/srw010.*

Kost, Kathryn, Isaac Maddow-Zimet, and Alex Arpaia. "Pregnancies, Births and Abortions Among Adolescents and Young Women in the United States, 2013: National and State Trends by Age, Race and Ethnicity." Guttmacher Institute, August 16, 2017. *https://www.guttmacher.org/report/us-adolescent-pregnancy-trends-2013.*

Kropf, Nancy P., and Barbara L. Jones. "When Public Tragedies Happen: Community Practice Approaches in Grief, Loss, and Recovery." *Journal of Community Practice* 22, no. 3 (July 3, 2014): 281–98. *https://doi.org/10.1080/10705422.2014.929539.*

Kulikoff, Allan. *From British Peasants to Colonial American Farmers*. Chapel Hill, NC: The University of North Carolina Press, 2000.

Larsen, Debra, and Beth Hudnall Stamm. "Professional Quality of Life and Trauma Therapist." In *Trauma, Recovery, and Growth: Positive Psychological Perspectives on Posttraumatic Stress*, 275–93. Hoboken, NJ, US: John Wiley & Sons Inc. 2008.

Law, Bridget Murray. "Biting Questions," *Monitor on Psychology*, February 2011. Lazarus, Richard S. "Puzzles in the Study of Daily Hassles." *Journal of Behaviorial Medicine* 7, no. 4 (December 1984): 375–89. *https://doi.org/10.1007/BF00845271.*

Legg, Pamela Mitchell. "The Work of Christian Education in the Seminary and the Church: Then (1812) and Now (2012)," *Interpretation* 66, no. 4 (October 1, 2012): 425, *https://doi. org/10.1177/0020964312451420.*

Leproult, Rachel, and Eve Van Cauter. "Role of Sleep and Sleep Loss in Hormonal Release and Metabolism." *Endocrine Development* 17 (2010): 11–21. *https://doi.org/10.1159/000262524.*

Li, Gu, Karson T. F. Kung, and Melissa Hines. "Childhood Gender-Typed Behavior and Adolescent Sexual Orientation: A Longitudinal Population-Based Study." *Developmental Psychology* 53, no. 4 (2017): 764–77. *https://doi.org/10.1037/dev0000281.*

Liazos, Alex. Families: *Joys, Conflicts, and Changes*. New York: Routledge. 2015.

Lipari, Rachel N., and Struther L. Van Horn. "Children Living with Parents Who Have a Substance Use Disorder." Substance Abuse and Mental Health Services Administration, 2017. *https://www.samhsa. gov/data/report/children-living-parents-who-have-substanceuse-disorder.*

Lock, Robin H., and Kelly Prestia. "Incorporate Sensory Activities and Choices Into the Classroom." *Intevention in School and Clinic* 39, no 3 (January 1, 2004): 172–75. *https://doi.org/10.1177/105345 12040390030701.*

Macduff, Nancy L. "Managing Older Volunteers: Implications for Faith-Based Organizations." *Journal of Religious Gerontology* 16, no. 1–2 (January 3, 2004): 107–22. *https://doi.org/10.1300/ J078v16n01_07.*

MacKay, Tommy. "False Allegations of Child Abuse in Contested Family Law Cases: The Implications for Psychological Practice." *Educational and Child Psychology* 31 (September 1, 2014): 85–96.

Manlove, Jennifer, Cassandra Logan, Kristin A. Moore, and Erum Ikramullah. "Pathways from Family Religiosity to Adolescent Sexual Activity and Contraceptive Use." *Perspectives on Sexual and Reproductive Health* 40, no. 2(June 2008): 105–17. *https://doi.org/10.1363/4010508.*

Manning, Wendy D., Marshal Neal Fettro, and Esther Lamidi. "Child Well-Being in Same-Sex Parent Families: Review of Research Prepared for American Sociological Association Amicus Brief." *Population Reserach and Policy Review* 33, no. 4 (August 1, 2014): 485–502. *https://doi.org/10.1007/s11113-014-9329-6.*

Marsiglio, William. "Stepfathers With Minor Children Living at Home: Parenting Perceptions and Relationship Quality." *Journal of Family Issues* 13, no. 2 (June 1, 1992): 195–214. *https://doi.org/10.1177/019251392013002005.*

Mathew, Stephen K., and Jeyaraj D. Pandian. "Newer Insights to the Neurological Diseases Among Biblical Characters of Old Testament." *Annals of Indian Academy of Neurology* 13, no. 3 (July 2010): 164–66. *https://doi.org/10.4103/0972-2327.70873.*

Mayo Clinic. "Alcohol Use Disorder - Symptoms and Causes." Accessed September 20, 2019. *https://www.mayoclinic.org/diseases-conditions/alcohol-use-disorder/symptoms-causes/syc-20369243.*

McBride, Neal F. *How to Lead Small Groups.* Colorado Springs, CO: NavPress, 1990.

McGoldrick, Monica, Nydia A. Garcia Preto, and Betty A. Carter. *The Expanding Family Life Cycle: Individual, Family, and Social Perspectives.* 5th edition. Boston: Pearson, 2015.

Meindl, James N. and Jonathan W. Ivy. "Mass Shootings: the Roles of the Media in Promoting Generalized Imitation." *American Journal of Public Health* 107, no. 3 (March 2017): 368–70. *https://doi.org/10.2105/AJPH.2016.303611.*

MennoMedia. "Faith Markers: Marking Each Child's Faith Journey." MennoMedia. Accessed July 23, 2019. https://www.faithandliferesources.org/Curriculum/FaithMarkers/pdf/FaithMarkersMin.pdf.

Metzler, Marilyn, Melissa T. Merrick, Joanne Klevens, Katie A. Ports, and Derek C. Ford. "Adverse Childhood Experiences and Life Opportunities: Shifting the Narrative." *Children and Youth Services Review*, Economic Causes and Consequences of Child Maltreatment, 72 (January 1, 2017): 141–49. *https://doi.org/10.1016/j.childyouth.2016.10.021.*

Ministry Architects. "Staffing Your Ministry Strategically," August 27, 2018. *https://ministryarchitects.com/staffing-your-ministry-strategically/.*

Morris, Amanda Sheffield, Lindsay M. Squeglia, Joanna Jacobus, and Jennifer S. Silk. "Adolescent Brain Development: Implications for Understanding Risk and Resilience Processes Through Neuroimaging Research." *Journal of Research on Adolescence* 28, no. 1 (2018): 4–9. *https://doi.org/10.1111/jora.12379.*

Moss, Candida. "Biblical Families: Families Have Never Been Just a Mom, Dad, and 2.5 Children." *U.S. Catholic* 83, no. 4 (April 2018): 17–19

Moxnes, Halvor, ed. *Constructing Early Christian Families: Family as Social Reality and Metaphor.* 1st ed. London: Routledge, 1997.

Musu-Gillette, L., A. Zang, K. Wang, J. Zhang, J. Kemp, M. Diliberti, and B. A. Oudekerk. "Indicators of School Crime and Safety: 2017." National Center for Education Statistics, March 2018. *https://nces.ed.gov/pubs2018/2018036.pdf.*

National Alliance on Mental Illness. *https://www.nami.org/Learn-More/Mental-Health-Bythe-Numbers.*

-----. "Closing the Gap for Children's Mental Health," May 8, 2012. *https://www.nami.org/Blogs/NAMI-Blog/May-2012/Closing-the-Gap-for-Children-s-Mental-Health.*

-----. "Know the Warning Signs." Accessed September 30, 2019. *https://www.nami.org/Learn-More/Know-the-Warning-Signs.*

"Principles of Adolescent Substance Use Disorder Treatment: A Research-Based Guide." National Institute on Drug Abuse, 2014. *https://www.drugabuse.gov/publications/principles-adolescent-substance-use-disorder-treatment-research-based-guide/frequently-asked-questions/what-are-signs-drug-use-in-adolescents-what-role-can-parents-playin-getting-treatment.*

Nelson, J. Ron, Gregory J. Benner, Kathleen Lynne Lane, and Benjamin W. Smith. "Academic Achievement of K-12 Students With Emotional and Behavioral Disorders."

Exceptional Children 71, no. 1 (2004): 59–73.

Nesbit, Rebecca, Robert K. Christensen, and Jeffrey L. Brudney. "The Limits and Possibilities of Volunteering: A Framework for Explaining the Scope of Volunteer Involvement in Pubilc and Non-profit Organizations." *Public Administration Review* 78, no. 4 (July 2018): 502–13. *https://doi.org/10.1111/puar.12894.*

Newport, Frank. "In U.S., Estimate of LGBT Population Rises to 4.5%." Gallup.com, May 22, 2018. *https://news.gallup.com/poll/234863/estimate-lgbt-population-rises.aspx.*

Okoro, Catherin A., NaTasha D. Hollis, Alissa C. Cyrus, and Shannon Griffin-Blake. "Prevalence of Disabilities and Health Care Access by Disability Status and Type Among Adults–United States, 2016." *Morbidity and Mortality Weekly Report* 67, no. 32 (2018): 882–87. *https://doi.org/10.15585/mmwr.mm6732a3.*

Osiak, Carolyn, and David L. Balch. *Families in the New Testament World: Households and House Churches.* Louisville, KY: Westminster John Knox Press, 1997.

Ott, Kate. *Sex + Faith: Talking with Your Child from Birth to Adolescence.* Louisville, KY: Westminster John Knox Press, 2013.

-----. "Using Sex + Faith as a Parent and Teen Sunday School Curriculum." </Kate> (blog), September 19, 2014. *http://kateott.org/using-sex-faith-as-a-parent-and-teen-sundayschool-curriculum/.*

Peoples, Sandra. "Reflections on the #disabilityinchurch Discussion." *Key Ministry* (blog). Accessed October 28, 2019. *https://www.keyministry.org/church4everychild/2017/4/27/disability-in-church.*

Perdue, Leo G., Joseph Blenkinsopp, John J. Collins, and Carol Meyers. *Families in Ancient Israel.* Louisville, KY: Westminster John Knox Press 1997.

Perrin-Wallqvist, Renée, and Josephine Lindblom. "Coming Out as Gay: A Phenomenological Study About Adolescents Disclosing Their Homosexuality to Their Parents." *Social Behavior and Personality* 43, no. 3 (January 22, 2015): 467–480. *https://doi.org/10.2224/sbp.2015.43.3.467.*

Porfeli, Erik, and Bora Lee. *Career Development During Childhood and Adolescence.* Vol. 2012, 2012. *https://doi.org/10.1002/yd.20011.*

Porter, Susan Eva. *Relating to Adolescents: Educators in a Teenage World.* Lanham, MD: Rowman & Littlefield Education, 2009.

Powell, Kara E., and Chap Clark, *Sticky Faith: Everyday Ideas to Build Lasting Faith in Your Kids.* Grand Rapids, MI: Zondervan, 2011.

Provance, Brett Scott. *Pocket Dictionary of Liturgy & Worship.* Downers Grove, IL: Inter-Varsity Press, 2009.

ThereThinkGroup, host, "How Transparency Can Save Marriages in Your Church." the Think Orange Podcast (podcast), February 5, 2019, accessed November 11, 2019, http://orangeblogs.org/thinkorangepodcast/081-how-transparency-can-save-marriages-in-your-church/.

Roberts, Stephen B., Kevin J. Flannelly, Andrew J. Weaver, and Charles R. Rigley. "Compassion Fatigue Among Chaplains, Clergy, and Other Respondents After September 11th." Journal of Nervous and Mental Disease 191, no. 11 (2003): 756–58. *https://doi.org/10.1097/01.nmd.0000095129.50042.30.*

Root, Andrew, and Kenda Creasy Dean. *The Theological Turn in Youth Ministry.* Downers Grove, IL: InterVarsity Press, 2011.

Rozendaal, Esther, Moniek Euijzen, and Patti Valkenburg. "Children's Understanding of Advertiser's Persuasive Tactics." *International Journal of Advertising*, 2011, 30(2), pp.329–350.

Rumney, Philip. "False Allegations of Rape." *The Cambridge Law Journal* 65 (March 12, 2006). *https://doi.org/10.1017/S0008197306007069.*

Rutter, Michael. "Psychopathological Development Across Adolescence." *Journal of Youth and Adolescence* 36, no. 1 (January 1, 2007): 101–10. *https://doi.org/10.1007/s10964-006-9125-7.*

Saffron, L. "Raising Children in an Age of Diversity-Advantages of Having a Lesbian Mother." *Journal of Lesbian Studies* 2, no. 4 (1998): 35–47, *https://doi.org/10.1300/J155v02n04_04.*

Sanders, Cody J. *A Brief Guide to Ministry with LGBTQIA Youth*. Louisville, KY: Westminster John Knox Press, 2017.

Sasnett, Sherri. "Are the Kids All Right? A Qualitative Study of Adults with Gay and Lesbian Parents." *Journal of Contemporary Ethnography* 44, no. 2 (April 1, 2015): 196–222. https://doi. org/10.1177/0891241614540212.

Schofield, Thomas J., M. Brent Donnellan, Melissa T. Merrick, Katie A. Ports, Joanne Klevens, and Rebecca Leeb. "Intergenerational Continuity in Adverse Childhood Experiences and Rural Cominity Environments." *American Journal of Public Health* 108, no. 9 (September 2018): 1148–52. *https://doi.org/10.2105/AJPH.2018.304598.*

Schofield, Thomas J., Rosalyn D. Lee, and Melissa T. Merrick. ."Safe, Stable, Nurturing Relationships as a Moderator of Intergenerational Continuity of Child Maltreatment: A Meta-Analysis." *The Journal of Adolescent Health* 53, no. 4 (October 2013): S32–38. *https://doi.org/10.1016/j. jadohealth.2013.05.004.*

Scott, Donald M., and Bernard W Wishy, eds. *America's Families: A Documentary History*. New York: Harper & Row Publishers, 1982

Senter III, Mark H. "A History of Youth Ministry Education in the USA." *Journal of Adult Theological Education* 11, no. 1 (2014): 46–60.

Shell, Marc. "Moses' Tongue." *Common Knowledge* 12, no. 1 (January 4, 2006): 150–76.

Silcoff, Mireille. "A Mother's Journey Through the Unnerving Universe of 'Unboxing' Videos." The New York Times, January 19, 2018. *https://wwwnytimes.com/2014/08/17/magazine/a-mothers-journey-through-the-unnerving-universe-of-unboxing-videos.html.*

Smith, Christian, and Melina Lundquist Denton. Soul Searching: *The Religious and Spiritual Lives of American Teenagers*. Oxford: Oxford University Press, 2009.

Sodeke-Gregson, Ekundayo A., Sue Holttum, and Jo Billings. "Compassion Satisfaction, Burnout, and Secondary Traumatic Stress in UK Therapists Who Work with Adult Trauma Clients." *European Journal of Psychotraumatology* 4 (December 30, 2013). *https://doi.org/10.3402/ejpt.v4i0.21869.*

Solansky, Stephanie T., Dennis Duchon, Donde Ashmos Plowman, and Patricia G. Martinez. "On the Same Page: The Value of Paid and Volunteer Leaders Sharing Mental Models in Churches." *Nonprofit Management and Leadership* 19, no. 2 (September 2008): 203–19. *https://doi. org/10.1002/nml.215.*

Sorenson, Jacob. "The Summer Camp Experience and Faith Formation of Emerging Adults." *Journal of Youth Ministry* 13, no. 1 (Fall 2014): 17–40.

Stonehouse, Catherine. *Joining Children on the Spiritual Journey: Nurturing a Life of Faith*. Grand Rapids, MI: Baker Academic, 1998.

Straka, Silvia M., and Lyse Montminy, "Family Violence: Through the Lens of Power and Control." *Journal of Emotional Abuse* 8, no. 3 (August 26, 2008): 255–79. *https://doi. org/10.1080/10926790802262499.*

Strother, Eric, Raymond Lemberg, Stevie Chariese Stanford, and Dayton Turberville. "Eating Disorders in Men: Underdiagnosed, Undertreated, and Misunderstood." *Eating Disorders* 20, no. 5 (2012): 346–55. *https://doi.org/10.1080/10640266.2012.715512.*

Takishima-Lacasa, Julie Y., Charmaine K. Higa-McMillan, Chad Ebesutani, Rita L. Smith, and Bruce F. Chorpita. "Self-Consciousness and Social Anxiety in Youth: The Revised Self-Consciousness Scales for Children." *Psychological Assessment* 26, no. 4 (December 2014): 1292–1306. *https://doi. org/10.1037/a0037386.*

Thomas, Jennifer. "What to Say When Sorry Isn't Enough," April 18, 2018. *https://www. drjenniferthomas.com/2018/04/18/say-sorry-isnt-enough/.*

The United Methodist Church. *The Book of Discipline of the United Methodist Church*. Nashville, TN: The United Methodist Publishing House, 2016.

UN General Assembly. "Universal Declaration of Human Rights," 1948. *https://www. un.org/en/ universal-declaration-human-rights/index.html.*

US Department of Health and Human Services. "Child Maltreatment 2017," 2019, 261. United States Department of Justice Civil Rights Division. "Americans with Disabilities Act of 1990, AS AMENDED with ADA Amendments Act of 2008." Accessed August 14, 2019. *https://www.ada. gov/pubs/adastatute08.htm#12102.*

Watson, Kevin M. *Pursuing Social Holiness: The Band Meeting in Wesley's Thought and Popular Methodist Practice.* 1st Edition. Oxford: Oxford University Press, 2014.

Watts, Fraser N., Rebecca Nye, and Sara B. Savage. *Psychology for Christian Ministry.* London: Routledge, 2002.

Welch, Robert H. *Church Administration: Creating Efficiency for Effective Ministry.* Nashville: B & H Pub. Group, 2011.

Wilcox, Brian L., Dale Kunkel, Joanne Cantor, Peter Dowrick, Susan Linn, and Edward Palmer. "Report of the APA Task Force on Advertising and Children." American Psychological Association, 2004. *https://www.apa.org/pi/families/resources/advertising-children.pdf.*

Wilson, John P. "PTSD and Complex PTSD: Symptoms, Syndromes and Diagnoses." In *Assessing Psychological Trauma and PTSD*, edited by John P. Wilson and Terence M. Keane, 2nd Edition, 7–44. New York, NY: Guilford Publications, 2004.

Wooden, Cherie L., and Frances R. Anderson. "Engaging Parents in Reproductive Health Education: Lessons Learned Implementing a Parent Designed, Peer-Led Educational Model for Parents of Preteens." *American Journal of Sexuality Education* 7, no. 4 (October 1, 2012): 461–73. *https://doi. org/10.1080/15546128.2012.740963.*

Wymer, Walter W. "Strategic Marketing of Church Volunteers." *Journal of Ministry Marketing & Management* 4, no. 1 (April 8, 1998): 1–11. *https://doi.org/10.1300/J093v04n01_01.*

Wymer, Walter W., and Becky J. Starnes. "Conceptual Foundations and Practical Guidelines for Recruiting Volunteers to Serve in Local Nonprofit Organizations: Part I." *Journal of Nonprofit & Public Sector Markeing* 9, no. 1–2 (January 10, 2001): 63–96. *https://doi.org/10.1300/ J054v09n01_05.*

Yong, Amos. "Zacchaeus: Short and Un-Seen." *Christian Reflection: A Series in Faith and Ethics– Disability*, 2012, 11–17.

Zappia, Ron & Jody. The Marriage Knot: *7 Choices that Keep Couples Together*, Moody Publishers: Chicago, IL, 2019, 27–46.

訳者あとがき

　本書は、サラ・フラナリー先生が著された *Children and Family Ministry Handbook* の全訳です。現在、訳者は超教派の聖契神学校で「キッズ＆ファミリーミニストリー」というクラスを担当していますが、適切なテキストを探している中で、本書に出会い、導きを感じて参考書として用いることにしました。

　当初は、英語の本を参考にすることは難しいかもと迷いつつ、2022 年の受講生の方々に原書をお送りしたところ、概要をまとめ、授業で発表を担当してくれました。その作業の中で AI というツールを使いこなす技術力にも驚いたのですが、本の内容の的確性にも感動を覚えました。教会の現場でずっと葛藤していたもやもやに対する対応策がずばりと指摘されていて、「この本に、もっと早く出会いたかった」と切実に思いました。

　これまで教会学校や子どもミニストリーについて、多くの書籍が出版され、教案誌の連載記事などでも取り上げられてきました。しかしながら、本書は教会教育の域にとどまらず、①教会の子どもミニストリーから、教会の全世代へのミニストリーにまでどう発展させるか（教会全体で、子どもたちの信仰をどう育て、彼らの奉仕を導くか）についても触れている、②子どもだけでなく保護者対象のミニストリーにも言及していて、家庭で親が子どもと、どのように「いのち」について語り合うかの工夫も書かれている、③「障がい者とその家族」、「一人親家庭」、「LGBTQIA 家族」等、必要を覚えている家族への柔軟な接し方の具体例にあふれている、④子どもの誕生・入学・卒業など生涯にわたるライフイベントを成長の節目としてとらえ、神の家族である教会全体の牧会に着実に取り入れる方策を示している、など今まで語られなかった斬新なアプローチは、本書の最大の特徴であると思います。内容が子どもと家族への愛にあふれていて、実践的で用いやすく、最新の研究結果の裏づけがあり信頼できるのも大きな魅力です。本文の中に、多数のウェ

ブサイトが含まれていることは隔世の感ですが、すぐに情報を参照して、読者に紹介できるヒントになっていると思いました。

　様々な感慨に浸っている中で、日本でも訳書が出版されれば、教会の少子高齢化、CS の消滅等、深刻な状況と向かい合っている教会の教職者、キッズ・ユーススタッフや奉仕者の方々への励ましと希望の光になるのでは、とビジョンが与えられました。教会の全世代に視野を広げて、世代を超えた神の家族としての視点を忘れないようにしていくところから、将来への展望が見えてくるのではないか、と希望が確信に変えられて、翻訳と出版への道を祈り始めました。

　今回、本書の出版までの道筋を開いてくださった方々には特に感謝を表したいと思います。お忙しい中、実践神学の立場から岡村直樹先生に「推薦のことば」をいただくことができ、非常に光栄に思っています。また、教育アドバンストコースの立ち上げにご尽力くださった聖契神学校の関野祐二・清美先生、出版についていのちのことば社にご紹介くださり、内容を確認してくださった松原智先生、訳語の表現の的確性を確認してくださった吉川直美先生にも心からの感謝を表したいと思います。2022 年に受講し、本書の概要をまとめてくださった浅野留津子姉、Yukiko Kanemitsu 姉、牧田守兄には、きっかけを作っていただき、お世話になりました。カウンセリング専門のお立場から訳語について助言くださった岩上真歩子先生のご協力にも感謝です。訳者の次男の杉本巌兄には、翻訳作業や編集の裏方として助けてもらいました。最後に、丁寧に忍耐強く校正を担当してくださったいのちのことば社の佐藤祐子姉には、本当に支えられました。

　日本のすべてのキリスト教会が祝福され、教会の次世代の子どもたち、ユース、及び全世代の兄弟姉妹が豊かに主に祝福されることを祈りつつ。

　　2023 年 8 月

　　　　　　　　　　　　　　　　　　　　　　　　　　　杉本玲子

著者

サラ・フラナリー（Sarah Flannery）

米国アズベリー大学卒、ケンタッキー大学大学院でファミリーサイエンスを専攻する。ケンタッキー州レキシントンの第一合同メソジスト教会でキッズ＆ファミリーミニストリー担当の副牧師として奉仕をしている。本書では広範囲な現代的課題に向き合いながら、教会での15年間の牧会経験と家庭での子育て経験を基に、教会と家庭が一致して次世代ミニストリーに取り組むためのヒントと実践例を紹介している。

訳者

杉本玲子（すぎもと・れいこ）

米国ホイートン大学大学院、トリニティ神学校で神学、キリスト教教育学、発達心理学を学ぶ。博士課程修了（Ph.D）。町田中央教会 教育牧師。聖契神学校教師（キリスト教教育・キッズ＆ファミリーミニストリー）、青山学院兼任講師（キリスト教概論）。共著『21世紀の教会と子どもへの伝道』、『21世紀教会学校ハンドブック』（共にCS成長センター）、『子どもプロジェクトDATA BOOK』（第6回日本伝道会議子どもプロジェクト）。

＊聖書 新改訳 2017ⓒ2017 新日本聖書刊行会

＊本書掲載のウェブサイトのアドレスは原書出版時に閲覧
　可能であったものです

キッズ＆ファミリー
ミニストリー　ハンドブック

2023 年 10 月 1 日発行

著　者　　サラ・フラナリー
訳　者　　杉本玲子
装　丁　　Yoshida grafica　吉田ようこ
印刷製本　日本ハイコム株式会社
発　行　　いのちのことば社
　　　　　〒164-0001 東京都中野区中野2-1-5
　　　　　　電話　03-5341-6923（編集）
　　　　　　　　　03-5341-6920（営業）
　　　　　　FAX　03-5341-6921
　　　　　e-mail:support@wlpm.or.jp
　　　　　http://www.wlpm.or.jp/